मेरी रजनीशपुरम यात्रा

मेरी रजनीशपुरम यात्रा

स्वामी अगेह भारती

डायमंड बुक्स

www.diamondbooks.in

प्रकाशक : डायमंड पॉकेट बुक्स (प्रा.) लि.
X-30 ओखला इंडस्ट्रियल एरिया, फेज-II
नई दिल्ली-110020
फोन : 011-40712200
ई-मेल : wecare@diamondbooks.in
वेबसाइट : www.diamondbooks.in
संस्करण : 2025
मुद्रक : रेप्रो (इंडिया)

Meri Rajneeshpuram Yatra
By : Swami Ageh Bharti

समर्पित

स्वामी प्रेम चिन्मय
एवं
मा आराधना को

जिनके सहयोग से ही
रजनीशपुरम पहुंचना संभव हुआ ।

अपनी बात

मेरी रजनीशपुरम यात्रा एक चमत्कार थी। चमत्कार माने यही कि जो हर तरह से असंभव हो और संभव हो जाए। हां, न जाने को पैसा, न कुछ। और पहुंच गया ! न केवल पहुंचा, वरन् ओशो के अतिथि की भांति देर तक रुके रहने का भी सौभाग्य मिला। पर यह आधा सत्य है। शेष आधा सत्य यह है कि जो भी वहां गया या जो वहां कम्यूनवासी की भांति रहा, रजनीशपुरम यात्रा ही नहीं, रजनीशपुरम नगर भी चमत्कार से कम किसी के लिए नहीं था। वह युगों-युगों से ऋषियों-मुनियों द्वारा देखा गया सपना था जिसे ओशो ने साकार किया था। जैसे पानी में प्रवेश करने से कोई गीला हो जाता है, और अग्नि में कोई जल जाता है, वैसे ही रजनीशपुरम में होकर कोई शांत, शीतल एवं उत्सवपूर्ण हो जाता।

सच यह है कि रजनीशपुरम को समग्रतः पुस्तक में कोई लिख नहीं सकता, न कोई कैमरा ही पकड़ सकता है। वह तो एक विराट ऊर्जाक्षेत्र था जो मूलतः अनुभव करने की बात थी। साथ ही जहां सहस्रों चीजें एक साथ हरपल घटित हो रही थीं। तो रजनीशपुरम का वर्णन न कोई कर पाया है, न कर पाएगा। मैं तो यदि एक झलक भी दे पाया होऊं तो इसे एक सफल कृति मान लूंगा।

मैं रजनीशपुरम यात्रा लिखने का ख्याल छोड़ चुका था, पर अनेक-अनेक मित्रों ने बार-बार तकाजा किया। मेरे मन में एक बार एक ख्याल यह भी कौंधा कि क्या 'रजनीशपुरम यात्रा' लिखे जाने का अभी भी कोई अर्थ है जब कि वह नगर ही नष्ट हो गया ? पर तुरंत ही ख्याल आया कि 'रजनीशपुरम' ओशो के कार्य का वह महत्वपूर्ण एवं अविस्मरणीय अध्याय है जिसका महत्व और अर्थ कभी भी कम न होगा। फिर एक अर्थ में रजनीशपुरम कभी नष्ट

नहीं होगा। वह तो एक यात्रा है सतत्, एक अभीप्सा है निरंतर। ओशो ने अमरीका जैसे देश में, जिसका धर्म ही हिंसा है, प्रेम और ध्यान के जो बीज बो दिए हैं, वे अपने समय पर पल्लवित-पुष्पित होंगे और अमरीकी संतानें अपने बाप-दादाओं से जवाब मांगेंगी। और अनेक रजनीशपुरम भविष्य में बनेंगे। ओशो ने बार-बार कहा है भविष्य कम्यूनों का है। आज तक ओशो ने जो भी कहा वह सब सामने होता जा रहा है, यह भी होगा। कम्यून बनेंगे। तमाम कम्यून बनेंगे।

रांची (बिहार) के स्वामी हरि प्रेम भारती एवं उनकी बहन मनीषा बहुत-बहुत धन्यवाद के पात्र हैं जो उन्होंने बहुत कम समय में मेरी डाक्टरी लिखावट वाली पांडुलिपि का पुनर्लेखन कर सुपठनीय बनाया।

स्वामी निकलंक भारती, स्वामी प्रज्ञान भारती, स्वामी प्रेम शादाब, स्वामी राकेश भारती, स्वामी प्रेम सुदर्शन, स्वामी बोधि जफर व और भी तमाम-तमाम ओशो-प्रेमियों को धन्यवाद जिन्होंने इस पुस्तक के लिए बार-बार प्रेरित किया और यह आपके सामने आ सकी।

और उन तमाम-तमाम ओशो-प्रेमियों को धन्यवाद जो मेरी कृतियों को इतना प्रेम से पढ़ते हैं, जो नई पुस्तक आने की प्रतीक्षा करते रहते हैं।

ओशो- स्मरण के साथ,

स्वामी अगेह भारती
'ओशो-विला' 62, प्रभात विहार,
पन्ना रोड, सतना-485001 (म० प्र०)
दूरभाष : 0762–26707

एक

रजनीशपुरम का जिक्र चले और पूना याद न आए, यह कैसे संभव है ? ओशो का जिक्र चले और रजनीशपुरम याद न आए, यह भी कैसे संभव है ? वह रजनीशपुरम जो नए मनुष्य के लिए विश्व की राजधानी बन गया था । वह रजनीशपुरम जहां की हवा में उत्सव था, जहां से निरंतर उत्सव की गंध वातावरण में छिटकती एवं दूर-दूर तक फैलती जाती । परंतु रजनीशपुरम से पहले थोड़ा-सा पूना-एक के दिनों की तरफ ले चलता हूं ।

क्या ओशो से यह कहकर उऋण हुआ जा सकता है कि वे बड़े कृपालु हैं ? या कि उनकी अनुकंपा अपार है ? या कि वे गुरुओं के गुरु या भगवानों के भगवान हैं ? नहीं, उन्होंने अपने को इतना लुटाया है, इतना लुटाया है कि उनसे उऋण होना करीब-करीब असंभव है ! पर उनका ऋण बोझ जैसा नहीं है, उनका ऋण, वस्तुत: ऋण जैसा भी नहीं है; ऋण तो भाषा की गरीबी के कारण कहना पड़ता है; वरना उनका ऋण तो प्रेम जैसा है, प्रेम ही है । फिर प्रेम से कौन अभागा मुक्त होना चाहेगा ? मगर फिर भी नहीं रहा जाता, हां उनकी कृपाओं का स्मरण आता है तो बिना कहे नहीं रहा जाता कि प्रभो, तुम्हारी करुणा अपार है ! तुम्हारी अनुकंपा अपार है ! !

जैसा कि ओशो ने स्वयं, और बार-बार कहा है, उनका हर संन्यासी उनसे व्यक्तिगत रूप से—इंडिविजुअली—जुड़ा है; उनका हर शिष्य उनकी अपार अनुकंपा को निजी तौर पर अलग-अलग ढंग से अनुभव करता है । यह तो निश्चित है कि उनका हर शिष्य उनकी अनुकंपा को अपार कहता, उनकी असीम कृपा के गीत गाते थकता नहीं; उल्टे थकान हो भी

तो वह उससे मुक्त हो ताजा अनुभव करने लगता है। पर अनुभव हर एक के अलग-अलग हैं और जब मैं लिखने बैठा हूं तो अपने निज के ही अनुभव लिख सकता हूं। अपनी आंखों से देखी उनकी कृपा, अपने हृदय में अनुभव की गई उनकी अनुकंपा का ही बखान कर सकता हूं। उनकी अनुकंपा के अनंत प्रकार हो सकते हैं। उदाहरण के लिए उनका हर शिष्य (विद्यार्थी नहीं) उनकी रोशनी से भर उठा है, यह उनकी अनुकंपा ही है। बाहर के जगत में, ऐसे अनेक भारतीय शिष्यों को जानता हूं जिनकी आर्थिक स्थिति कमजोर थी पर ओशो से मिलने के बाद दिन दूनी रात चौगुनी प्रगति होती गयी; यह उनकी अनुकंपा है। ऐसे शिष्यों को भी जानता हूं जिनकी आर्थिक स्थिति अच्छी थी, ओशो से मिलने के बाद खराब होती चली गयी, यह भी उनकी अनुकंपा है।

मेरे विभाग (रेलवे) के एक तानाशाह अधिकारी ने मेरे साथ आखिरी-आखिरी दिनों में जो असहनीय अन्याय किया वह भी ओशो की अनुकंपा है, क्योंकि उससे मेरी भीतरी समृद्धि बढ़ी। हां, मैं तमाम उन लोगों से जुड़ गया, जिनके साथ कभी भी अन्याय हुआ है या होगा यानि जो थे तो निर्दोष पर उन्हें जबरदस्ती दोषी करार करके दंडित किया गया, ऐसे तमाम लोगों के दर्द को मैंने अनुभव किया, चाहे वे अतीत में हुए हों, या आज हों या कभी भी हों, मैं उनसे स्वयं को जुड़ा हुआ पाता हूं और इस घटना से मेरी सहन शक्ति भी बढ़ी है। यह भी उनकी अनुकंपा है कि मेरे बड़े पुत्र स्वामी कृष्णदेव भारती गेरुए कपड़े व माला में होने के कारण रेलवे सर्विस कमीशन द्वारा चुने न गए। हां, वह लिखित परीक्षा में अच्छे अंकों से सफल थे। इंटरव्यू में उनसे कुछ पूछा ही नहीं गया। मात्र कहा कि आप तो अमरीका जाएंगे। उसने कहा, 'नहीं सर, मुझे तो भारत में ही रहना है', चेयरमैन ने कहा—'नहीं-नहीं, आप तो अमरीका जाएंगे।' कृष्णदेव ने कहा, 'नहीं सर, मेरा तो विवाह भी हो गया है मुझे यहीं रहना है'। चेयरमैन ने कहा— 'ओ० के०, तुम जाओ।' और कृष्णदेव समझते रहे कि उसने कुछ नहीं पूछा, तो उत्तीर्ण किया है, पर उसने कुछ न पूछकर असफल किया था। वह कोई ओशो-विरोधी था। पर यह ओशो-प्रेमी होने की कीमत है थोड़ी-सी, हां, थोड़ी-सी ही है। इसमें भी उनकी अनुकंपा ही है। हां, महान अनुकंपा है कि किसी ने गर्दन ही नहीं काट ली। केवल परीक्षा में बिना कुछ पूछे फेल कर दिया, नौकरी नहीं मिली, पर जिंदा है। सक्रिय ध्यान करते हैं। कुंडलिनी ध्यान करते हैं जो कि उस बेचारे चेयरमैन रेलवे सर्विस कमीशन के भाग्य में नहीं है। सो उनकी अनुकंपा के अनंत रूप हैं। मैं तो जब से ओशो से जुड़ा हूं, निरंतर उनकी अनुकंपा ही अनुकंपा बरसते देखा और जाना हूं। आज मैं रजनीशपुरम चलने के पहले ओशो की कुछ कृपाओं का वर्णन करना चाहता हूं।

दो बार तो रेलवे ट्रेन एक्सीडेंट ऐसे हुए कि मुझे एक में भी जीवित नहीं बचना था, पर न केवल जीवित बचा, महाआश्चर्य ! मुझे खरोंच तक न आई ! एक बार यूं ही मोटर-ट्रक दुर्घटना व दो बार स्कूटर दुर्घटना। बार-बार स्कूटर पर पीछे बैठी संबोधि के हाथ-पैर टटोलता व पूछता हूं पर वे कहती हैं कहीं चोट नहीं आई। मुझे भरोसा नहीं आता, बार-बार उसे चूमता हूं व सच-सच बताने को कहता हूं पर वह कहती हैं कहीं चोट नहीं। हालांकि ओशो के उपदेश जिस तल के हैं उसमें शरीर के रहने, न रहने में कोई अंतर नहीं। इसलिए यह जरूरी नहीं कि शरीर बच गया तो कृपा है, शरीर नहीं बचा तो कृपा नहीं है। मैं जानता हूं कि उनकी कृपा से शरीर बच भी सकता है और उनकी कृपा से शरीर विदा भी हो सकता है। पर मुझे यह ख्याल आना शायद स्वाभाविक है कि जब इतनी-इतनी बार ओशो (अस्तित्व) ने इस शरीर की रक्षा की है तो कोई आशय होगा, कोई अर्थ होगा, इस शरीर को बचाने में। उसी आशय और अर्थ की प्रतीक्षा में हूं !

यह भी आश्चर्य की बात है कि ओशो के शरीर के बाबत पूना आश्रम में रहने वाले संन्यासी को पता नहीं रहता था और मुझे सतना में रहकर खबर लग जाती। बड़े रहस्यमय ढंगों से खबर हो जाती। अक्सर तो यह होता कि वही गड़बड़ी मेरे शरीर में भी होने लगती जो वहां प्रभु श्री को होती। यह अनेक बार, इतना साफ हो गया कि मैंने तो शरीर का इलाज करवाना ही बंद कर दिया। क्योंकि मेरा शरीर करीब-करीब रोग रहित है तो जब तकलीफ होती समझ लेता कि ओशो के शरीर को यह तकलीफ हुई है। अनेक बार मैं उनकी तकलीफ का अहसास कर रोता भी।

तो सुनें एक प्रसंग। कैसे ओशो की रीढ़ की तकलीफ का पता मुझे सतना रहकर चल गया। मार्च 14 से मार्च 23, 1981 पूना रहकर आया था। प्रभु श्री के अमृत प्रवचन हर रोज होते रहे हैं। पर सतना में अप्रैल के लगभग दूसरे सप्ताह से मेरी रीढ़ की हड्डी का नीचे से तीसरा या चौथा जोड़ दर्द करता। संबोधि जी तेल वगैरह से मालिश करतीं, पर उससे तो कोई लाभ न होता; कभी-कभी उसमें स्वतः आराम सा लगता, राहत सी लगती। यहां तक कि जब यह बिना किसी कारण का दर्द मेरे पास ठहर सा गया तो मैं ख्याल करने लगा कि ओशो को तो ऐसी कोई तकलीफ कभी सुनी भी नहीं है, संभावना भी नहीं है। खैर समझने की चेष्टा छोड़ दी, पर अपने को किसी डाक्टर को न दिखाया। दर्द सहन शक्ति के भीतर था। असल में खास दर्द न था, सिर्फ इतना भर था कि मेरा ध्यान वहीं बना रहता।

पिपरिया में 24, 25, 26 अप्रैल 1981 को ध्यान शिविर था। सतना से 23 अप्रैल को, हावड़ा-बंबई मेल द्वारा मा योग संबोधि, स्वामी कृष्णदेव भारती, स्वामी अमृत भारती व मा

किरण भारती, स्वामी सत्यानंद भारती एवं मुझे शिविर हेतु जाना था। सतना में केवल स्वामी राघवेंद्र भारती 'रघू' (मझले पुत्र) को रहना था क्योंकि उनकी परीक्षा चल रही थी। कोई पेपर 26 अप्रैल को ही था, अतः उन्हें छोड़ देना पड़ा। हम 23 अप्रैल को उचित समय पर सतना रेलवे स्टेशन पहुंच गए। ए० सी० में दो ही लोगों के लिए जगह थी, अतः सब एक साथ प्रथम श्रेणी में बैठने हेतु एक कैबिन में सामान रख दिए। अमृत भारती अंदर बैठे रहे, हम सब बाहर प्लेटफार्म पर विदा देने आए राघवेंद्र भारती व अन्य मित्रों से बातें कर रहे थे।

उन दिनों हम गहरे गेरुआ रंग के कपड़े पहनते थे व माला भी बाहर रखने के निर्देश थे। जिसके कपड़े जितने गाढ़े रंग के हों वह उतना नंबर एक व जिसके जितने फीके हों वह उतना नंबर दो का संन्यासी लगता। आशय यह रहता कि फीका रंग दिखाई न पड़ेगा भीड़-भाड़ में। ओशो ने स्वयं एकाध बार प्रवचन में कहा है कि कुछ संन्यासी इतने फीके कपड़े पहनते हैं कि मैं भी धोखा खाने लगता हूं। आंखें फाड़-फाड़कर देखने-पहचानने की कोशिश करता हूं कि सफेद कपड़ा है या गेरुआ? पर मैं कुछ समझ नहीं पाता। जाहिर है कि सभी के चटख गेरुआ कपड़े दूर से ही दिखते।

मैंने देखा कि जिस प्रथम श्रेणी में मेरा पूरा परिवार बैठने को है उसमें केवल एक सज्जन और बैठे हैं, और वे अमृत भारती से कुछ बात कर रहे हैं। कुछ क्षणों बाद वे सज्जन टायलट में घुसे और अमृत भारती जी (छोटे पुत्र) ने बाहर आकर मुझे बताया कि साथ में कोई डॉक्टर हैं जो बैठे हैं, वे ध्यान में रुचि रखते हैं। अनेक प्रश्न पूछ रहे थे ध्यान के बाबत, कुछ जिनका उत्तर मैं दे सकता था दिया, शेष के लिए मैंने कह दिया कि पिताजी आकर बैठेंगे तो उनसे बात कीजिएगा, वे अवश्य आपको संतुष्ट करेंगे।

मैंने अमृत भारती को कहा: 'अच्छा है ट्रेन चलेगी तो बात कर लूंगा।' और वह जाकर पुनः डिब्बे में बैठ गया। कुछ क्षणों बाद ड्राइवर ने सीटी दी, गार्ड ने हरी झंडी दिखाई, हम एक-एक कर डिब्बे में चढ़े और धीमे से ट्रेन चल दी। जब तक राघवेंद्र ओझल न हुआ, मैं दरवाजे पर खड़ा देखता व हाथ हिलाता रहा। वह भी ओशो का शिष्य है और उसे घर पर अकेला छोड़कर जा रहा हूं। हालांकि उस समय उसकी उम्र लगभग 20 साल थी; फिर भी मोहब्बत के तो अपने ही ढंग होते हैं ना! जब ट्रेन प्लेटफार्म से बाहर चली गई व रघू का दिखना बंद हो गया तब मैंने कैबिन में प्रवेश किया। तब तक मेरे लिए जगह खाली छोड़, शेष सारे सदस्य बैठ चुके थे। मैं भी बैठ गया खाली जगह पर। पांच-छह मिनट बैठा रहा पर सब अपने-अपने में ही थे, अतः मैंने ब्रीफकेस से ओशो की एक पुस्तक निकाली। पढ़ना शुरू करने को ही था कि उन सज्जन ने पूछा: 'आप लोग भगवान श्री रजनीश के ध्यान शिविर में

शामिल होने जा रहे हैं ?'

'जी हां ।'

'ध्यान क्या होता है ?'

'क्या आप कृपया अपना परिचय बताएंगे ?'

'मैं डॉ० मजूमदार पूना से हूं। डॉ० सनचेटी की क्लीनिक में उनका सहयोगी हूं। महाराजा रीवा को अटेंड करने के लिए कल यहां आया था। मेल से उतरा, रीवा से कोई लेने आए थे उनकी कार में बैठकर रीवा गया, महाराजा रीवा को अटेंड किया, अब आज वापस जा रहा हूं। जबलपुर मेडिकल कालेज में एक सेमीनार में भाग लेना है, सो वहां उतरूंगा, पूना दो दिन बाद जाऊंगा।'

'बहुत धन्यवाद ! तो आप वहीं से हैं जहां हमारे प्रभु श्री रहते हैं !' उन्होंने 'हां' में सिर हिलाया।

उनका प्रश्न था—'ध्यान क्या है ?' मैंने उन्हें कहा—'चित्त की निर्विचार, जागरूक अवस्था का नाम 'ध्यान' है। उस दशा में पहुंचने के लिए बुद्ध पुरुष जो विधियां सुझाते हैं, उन विधियों का हम प्रयोग करते हैं। उन विधियों को भी ध्यान ही कहने का चलन है। तो एक तो 'ध्यान' है विधि का नाम, दूसरा 'ध्यान' है वह अवस्था जिसमें हम निर्विचार चुनावरहित एवं सजग होते हैं वह है ध्यानावस्था। उस दशा को अनुभव करने के लिए ध्यान के विभिन्न प्रयोग करते हैं। आप पूना में रहते हैं कभी ओशो आश्रम जाकर ध्यान के प्रयोग कर सकते हैं।

उन्होंने पूछा—'आप कब से ध्यान के प्रयोग करते हैं और आपको क्या अनुभव हुए हैं ?'

मैं तो जब से ओशो से जुड़ा हूं फरवरी 1967, तभी से ध्यान में होता हूं। अनुभवों का जिक्र ध्यानी लोगों से ही करना ठीक होता है। सब मिलाकर मैं आनंदित हूं, मेरी पत्नी व बच्चे भी मस्त हैं, आप इन्हें देख ही रहे हैं। हमारा जीवन बहुत प्रफुल्लता व उत्साह से भरा रहता है। चिंता व तनाव से हमारा कोई संबंध नहीं रह गया है।'

'इसमें तो कोई संदेह नहीं कि आप सबों के चेहरों पर जो चमक है वह समाज में दूसरों के चेहरों पर नहीं दिखाई पड़ती। मैं भी ध्यान में होना सीखूंगा जैसे समय मिला। अभी तो बहुत व्यस्त रहना पड़ता है।'

'हां, थोड़ा समय इसी व्यस्तता में से निकालना चाहिए। क्योंकि स्व सत्ता को

पहचानना प्राथमिक है। रोटी भी मूल्यवान इसलिए है, जब हम स्वयं से परिचित होने के लिए प्रयासरत हों, जब हमारा उद्देश्य आत्मज्ञान हो। वरना मात्र रोटी का कोई भी मूल्य नहीं है।'

'मैं आपकी बातें गंभीरता से समझ रहा हूं, धन्यवाद है आपको। समय निकलेगा, थोड़ा रुककर।' 'ठीक है' मैंने कहा।

अब उन्होंने पूछा—'क्या आपको मालूम है कि भगवान श्री रजनीश बहुत सख्त बीमार हैं?' नहीं: हमें नहीं मालूम है। अभी तो 23 मार्च को तीन बजे दिन तक मैं वहीं था, वे अच्छे थे!'

'वे बहुत ज्यादा बीमार हैं। यह बात आश्रम में रहने वालों को भी नहीं मालूम है। यह 'टाप सीक्रेट' बात है। आश्रम के मात्र दो चार निकटतम शिष्यों को मालूम होगी, बस। उन्हें स्विटजरलैंड या अमरीका या रायल इंस्टीट्यूट आफ मेडिकल साइंसेज, इंग्लैंड ले जाने की बात चल रही थी। हो सकता है आज कल में जा रहे हों। यह भी हो सकता है जा चुके हों।'

'क्या तकलीफ है भगवान श्री को?'

'भगवान श्री को फ्रिक्टोथ्रोमोसिस टु स्पाइनल कार्ड 3 आर 4 है। यह जो रीढ़ की हड्डी है न, इसकी नीचे से तीसरी या चौथी कार्ड है जिसमें तकलीफ है।' (यह वही है जिसमें मुझे तकलीफ थी)

'क्या तकलीफ है?' मैंने पूछा।

डॉ० मजूमदार ने कहा: 'यह बहुत विरल (rare) बीमारी है और यह ज्यादातर लेखक व उस किस्म के बुद्धिजीवियों को होती है जो नित्य घंटों बैठकर कार्य करते हैं, तो बैंठे-बैठे कोई कार्ड वार्न आउट हो (घिस) जाती है उसके कारण उठने, बैठने, चलने सब में बहुत तकलीफ होती है, दर्द होता है।'

'इस बीमारी का अंतिम परिणाम क्या हो सकता है?' मैंने पूछा।

डॉ० मजूमदार ने बताया 'यह, जहां तक मैं जानता हूं—और हम भले उतने एडवांस्ड न हों मेडिकल साइंस में, पर दुनिया के एडवांस्ड से एडवांस्ड मुल्कों के बारे में जानकारी तो रहती ही है कि मेडिकल क्षेत्र में क्या हो रहा है—तो मेरे हिसाब से तो एडवांस्ड मुल्कों में भी स्पाइनल कॉर्ड (Spinal cord) का न तो रिप्लेसमेंट होना (बदला जाना) संभव है; न कोई दूसरा उपाय है। एडवांस्ड से एडवांस्ड मुल्क भी ज्यादा से ज्यादा कर सकता है तो यही कि एक चेयर पर भगवान श्री सीधे बैठे रहें, दाढ़ी व सिर में चमड़े की कोई ऐसी चीज पहना दी जाए जिसके सहारे बैठे रहें ताकि उस बिंदु पर जोर न पड़े, पर न हिल सकते हैं न डुल सकते

हैं। किसी भी काम के नहीं रहेंगे। सिर्फ 'डमी' की तरह जिंदा भर रखे जा सकते हैं। मैं जहां तक जानता हूं उससे ज्यादा और कुछ संभव नहीं है।'

मेरी आंखों से एक बूंद आंसू बाहर निकल गया और मैंने कहा: 'हम भगवान को इस तरह डमी की तरह जिंदा रखना नहीं पसंद करेंगे।'

डॉक्टर ने कहा 'मुझे खेद है कि मैंने आपको दुःखद समाचार दिया।'

मैंने कहा: 'नहीं डाक्टर, आपका मैं हृदय से धन्यवाद करता हूं कि आपने कृपा करके हमारे प्यारे गुरु के स्वास्थ्य के बारे में जानकारी दी। अब हम सोचेंगे कि कैसे जल्दी पूना जाएं! और मैं आपका पुनः धन्यवाद करता हूं और बताना चाहता हूं कि हम संन्यासी हैं, सत्य को प्रेम करते हैं वह चाहे कितना भी अप्रिय हो, सत्य है।'

अब ट्रेन जबलपुर स्टेशन पर खड़ी हो रही है। हमने डॉक्टर मजूमदार को सप्रेम सादर विदा दी। उन्होंने पता यूं दिया था—

11, आविष्कार,
मॉडल कॉलोनी, पूना।
दूरभाष-443627

यदि यह पुस्तक किसी तरह डॉ० मजूमदार के हाथ लग जाए तो उनको पुनः धन्यवाद देना चाहता हूं उस दिन मेरे गुरु के स्वास्थ्य के बारे में खबर देने के लिए।

1981 की 23 अप्रैल को मेरे व उनके बीच तीन घंटे की यात्रा में क्या व किन शब्दों में बातें हुई हैं वह आज याद नहीं है। इसलिए ऊपर जो वार्तालाप जैसा दिया है वह भी सब मेरे अपने शब्द हैं। पर डॉक्टर ने जो मुझे कहा उसका भाव, उसकी आत्मा पूर्णरूपेण सही व सुरक्षित है।

अस्तुः जो शब्द ऊपर वार्तालाप जैसे दिए गए हैं, उससे पता नहीं यह प्रकट हो पाता है या नहीं, इसलिए अलग से इतना बताना चाहता हूं कि डॉ० मजूमदार एकदम सरल, सिंसिअर, सहानुभूति रखने वाले निहायत सज्जन इंसान लगे थे मुझे व उनकी बातों में भूलकर भी मुझे एक प्रतिशत भी कहीं कुछ गलत होने का ख्याल तक नहीं आया। यानि शत-प्रतिशत जैसा वे बताते गए, वैसा ही मैं जानता-मानता गया। जबलपुर स्टेशन पर मैंने डॉक्टर को वहीं से विदा कर दिया, बाहर नहीं निकला क्योंकि जबलपुर के भी अनेक मित्र इस ट्रेन से चल रहे होंगे। मैं किसी से मिलने की मनोदशा में नहीं था। भीतर कहीं सब कुछ गलता-पिघलता

हुआ महसूस कर रहा था मैं।

रास्ते में मैंने संबोधि व बच्चों से कहा कि ध्यान शिविर में तुम लोग इसके बाबत किसी से कोई जिक्र न करना। मैं प्रज्ञान भर को बता दूंगा बस। और शिविर समाप्त होते ही सतना वापस चलकर राघवेंद्र भारती को भी लेंगे और तुरंत पूना के लिए प्रस्थान कर देंगे। पत्नी व बच्चों को धन्यवाद देता हूं कि इन्होंने उस बात को अपने तक ही सीमित रखा। पिपरिया पहुंचकर मैंने स्वामी प्रज्ञान भारती को पूरी बात सविस्तार बतायी।

ध्यान शिविर में स्वामी निकलंक भारती (ओशो के अनुज) भी आए थे, मैंने सोचा निकलंक जी को और बता दिया जाए। संबोधि जी से राय लिया व प्रज्ञान जी से भी, दोनों ने 'हां' किया। रात सोने के समय मैं और प्रज्ञान जी दोनों निकलंक जी के पास गए। वे उठकर मुसकराते हुए बैठ गए। प्रज्ञान जी मौन बैठे रहे। मैंने पूरी खबर निकलंक जी को बताई। निकलंक जी ने झट से कहा—'जो ओशो के शरीर मात्र से जुड़ा रहेगा वह तो तकलीफ में पड़ेगा ही एक दिन!'

प्रज्ञान जी ने मेरी ओर देखा मैंने उनकी ओर। साफ था कि हम दोनों को उनका 'रिस्पांस' जंचा नहीं। हम क्षणभर ही और बैठे रहकर उठे और वहां से चले आए और अपने-अपने बिस्तर पर जा पड़े। मैं आंखें बंद कर ओशो, पूना, शायद चले गए हों, शायद जा रहे हों, यही सब ख्याल करता सो गया। रात यह भी सोचा और आश्चर्य भी लगा कि निकलंक जी ने ऐसा कहा। लाख उनकी आत्मा से जुड़े हों, पर उनका शरीर में होना और शरीर में न होना दो अलग बातें हैं, इससे कोई इंकार नहीं कर सकता। जिसने हमें सोते से जगाया, जिसने हमें जीवन दिया, अमृत दिया और भिखारी से सम्राट बनाया; उसके शरीर में इतनी खतरनाक तकलीफ है, उस समय हम आत्मा-परमात्मा की बातें करें मेरी समझ के बाहर थी यह बात!

लेकिन निकलंक जी ने कह भले दिया हो, उस खबर को इतनी आसानी से पचा पाना हंसी-खेल नहीं था। और वही हुआ। प्रातः साढ़े चार बजे के आसपास जब मैं जगा तो उन्हें मेरे बेड के पास खड़ा मेरे जगने की प्रतीक्षा करते पाया। मेरी आंख खुलने पर सर्वप्रथम उन्हीं के दर्शन हुए मुझे। मैं जगते ही ऐक्टिव होने की दशा में नहीं था पर उन्होंनें दोनों हाथ जोड़कर नमस्कार भाव प्रकट किया तो मैं उठकर बैठ गया और उन्हें भी बैठाया।

उन्होंने पूछा—'भइया वह डॉक्टर जो आपको मिला था वह कोई 'ऐंटी' (विरोधी) तो नहीं था कि यूं ही कह दिया हो?'

मेरी समझ में तो वह ऐंटी (विरोधी) नहीं था। उसने जो भी कहा, उसमें मुझे शतशः भरोसा है कि वह सही बात है।'

'तो फिर मैं शिविर छोड़कर पूना के लिए चल पड़ता हूं।'

'उचित तो यही है' मैंने कहा और कि 'मैं पूरा शिविर अटेंड करूंगा तीन दिनों का। क्योंकि शिविर भी उन्हीं का है और ये डेढ़-दो सौ संन्यासी-गैर संन्यासी शिविरार्थी जो इकट्ठा हैं यदि मैं भी सपरिवार चल दूं, तो इनके मन में भी पक्का संदेह हो जाएगा कि कुछ गड़बड़ अवश्य है? निकलंक जी भी चले गए। अगेह भारती जी भी चले गए? और राघवेंद्र का पेपर 26 को है और उसे भी छोड़ना नहीं चाहता, तो मैं शिविर अटेंड करूंगा, सतना जाऊंगा, राघवेंद्र को लूंगा और सीधा पूना आ जाऊंगा।'

उन्होंने बताया 'मैं कार लेकर आया हूं तो यहां से होशंगाबाद जाता हूं। जिज्जी (मा योगभक्ति) के यहां कार छोड़कर पूना के लिए पहली ट्रेन पकड़ लूंगा।'

प्रातः निकलंक जी होशंगाबाद गए कि कार वहीं छोड़कर चले जाएंगे पहली ट्रेन से। वहां मिल गए स्वामी शैलेंद्र सरस्वती (ओशो के पांचवें छोटे भाई) जो कि रजनीश आश्रम पूना में रहते थे और वे ही मात्र भारतीय डॉक्टर थे जो आश्रम की क्लीनिक में कार्य करते थे, बाकी सब पश्चिमी स्टाफ था। तो निकलंक जी ने सब कुछ बताया तो शैलेंद्र जी जो उसी दिन आए थे पूना से उन्होंने इस संबंध में पूर्ण अनभिज्ञता प्रकट की। साथ ही यह भी कहा कि यदि ऐसा कुछ हो भी तो उन्हें कुछ भनक नहीं लगने पाती। निकलंक जी ने उन्हें सुझाव दिया कि चूंकि शैलेंद्र का कार्यक्रम गाडरवारा व जबलपुर जाने का है, वे कार लेकर पिपरिया होते हुए गाडरवारा जाएं ताकि रास्ते में अगेह जी को मिलकर बात करते जाएं; और कि वे (निकलंक जी) पूना के लिए रवाना हो रहे हैं।

शिविर की पहली ही रात को लगभग 11.30 बजे जब मैं सो गया था तब स्वामी शैलेंद्र सरस्वती पास में आकर बैठ गए और धीमे से आवाज दी। मैं जग गया व शैलेंद्र के वहां होने पर खुशी व आश्चर्य भी व्यक्त किया। उन्होंने बताया कि वे पूना से आज ही होशंगाबाद आए थे। एक दिन रुककर तब गाडरवारा जाते। दो दिन गाडरवारा रुककर, जबलपुर जाते 10-12 दिन वहां रहते। उन्होंने मुझसे डॉ० मजूमदार द्वारा दी हुई खबर के बारे में जानना चाहा। मैंने उन्हें पूरी बात बताई और यह भी कि मुझे शत-प्रतिशत भरोसा है कि डाक्टर ठीक कह रहा है। क्योंकि वह निहायत सिंसिअर व आदर योग्य लग रहे थे। दूसरे मेरी रीढ़ में भी तीसरी 'कार्ड' में कुछ दिन से तकलीफ है तो यह दूसरी ओर से खबर की पुष्टि करती है।

शैलेंद्र जी ने कहा, 'इसका मतलब मैं कार्यक्रम में परिवर्तन कर देता हूं। गाडरवारा

अभी रात में ही चल देता हूं। दिन में 12 बजे आज ही वहां से हावड़ा मेल द्वारा जबलपुर चला जाता हूं और वहां एक दिन रहकर ही वापस पूना चल देता हूं!'

मैंने कहा—'ठीक है, मैं भी ध्यान शिविर के बाद सतना जाऊंगा, छुट्टी नए सिरे से लेनी पड़ेगी, राघवेंद्र को भी साथ लूंगा तब सब कोई पूना के लिए चल देंगे।'

मैं सारे ध्यान कार्यक्रमों में शामिल हो रहा था संबोधि व बच्चे भी। सक्रिय ध्यान व इस तरह के दूसरे ध्यानों में भी और जोर-शोर से शामिल होता था। आज कुछ भी स्मरण नहीं कि ध्यान गहरे होते थे या नहीं? यह जरूर है कि ध्यान के अलावा समय में तो निरंतर यह ख्याल बना ही रहता कि ओशो को जबरदस्त तकलीफ है। वे भारत में अभी हैं या बाहर जा चुके हैं, इसकी मुझे ज्यादा चिंता न थी, चिंता थी तो बस यही कि उनको तकलीफ है।

मैं जब बहुत दु:खी या रंजीदा होता हूं तो मेरे भीतर से वह दर्द गुनगुनाहट का रूप लेकर व्यक्त होता रहता है। मुझे आज मेरी माधुरी भाभी याद हो आईं। तब मैं जबलपुर रहता था, कोई 1965 के लगभग की बात होगी। मैं बहुत रंजीदा था और आंगन में एक तखत पर लेटा गुनगुना रहा था। बगल से भाभी जी गुजरीं और मैंने उन्हें संबोधि जी (तब शांता) से कहते सुना—'भइया गुनगुना रहे हैं आज किसी बात को लेकर दु:खी लगते हैं।' भाभी जी ने ।क़दम ठीक समझा था। तो उस दिन पिपरिया में भी मेरे भीतर दर्द की एक अंतर्धारा निरंतर चल रही थी।

गुनगुनाते-गुनगुनाते कभी ओशो के दर्द को महसूस करता और आंसू आ जाते। यूं ही गुनगुनाते-गुनगुनाते 24 अप्रैल 1981 को निम्नलिखित भाव पिपरिया में उतरे जो कि ओशो से ही की गई प्रार्थना है—

(1)

थोड़ा और अभी रास ये चलने दो!
जर्रा-जर्रा अभी संवरने दो!!
अभी तो मयकदे में रिंद आए हैं,
शराब जरा और अभी ढलने दो!
तेरी रहमत का कहीं छोर नहीं,
थोड़ी और अभी बरसने दो।
परवाने आ गए हैं शमा के करीब
बस थोड़ी देर और उसे जलने दो!

(2)

मैं अब खुद के साथ हूं,
मैं अब खुद के प्यार में हूं
क्योंकि मुझको नहीं मालूम कि मैं कौन हूं
मुझको नहीं मालूम कि मैं कौन हूं।
इसलिए मैं अब खुद के साथ हूं,
मैं अब खुद के प्यार में हूं।

* *

25 अप्रैल 1981 को भी एक भाव कागज पर उतरा—

रजनीश नाम है मीठा !
रजनीश नाम है मीठा ! !
भज लो, खुद चख लो—
सच कहता या झूठा !
रजनीश नाम है मीठा !
रजनीश नाम है मीठा ! !
जो भी ध्याया, वो ही पाया,
मिट गया सकल फजीता !
रजनीश नाम है मीठा !
रजनीश नाम है मीठा ! !
हम उसी नाम के दीवाने,
हम उसी धाम के मस्ताने,
लगता सब जग फीका !
रजनीश नाम है मीठा !
रजनीश नाम है मीठा ! !

शिविर सुंदर रहा। शिविर समाप्त होते ही हम पहली ट्रेन से सतना के लिए चल दिए। वहां पहुंचकर राघवेंद्र को भी तैयार किया। एक दिन के लिए ड्यूटी भी ज्वाइन किया। नए सिरे से छुट्टी लिया और पूना के लिए पूरा परिवार चल दिया। 1 मई को पूना पहुंचे तो पता चला उसी दिन से ओशो बुद्धा हाल में आना शुरू किए हैं केवल मौन सत्संग होता है। यह मौन सत्संग की प्रथम शुरूआत थी।

स्वामी निकलंक भारती से भेंट हुई तो उन्होंने कहा कि 'भइया ऐसी तो कोई बात नहीं है यहां।' मैंने कुछ नहीं कहा पर भीतर जानता था कि ओशो का स्वास्थ्य खराब है इसीलिए उनकी करुणा ने मौन सत्संग देना शुरू किया है। मेरी छुट्टी 10 मई तक थी। एक बार हवा में अफवाह फैली कि ओशो कहीं जा रहे हैं। कोई कहता आठ को जा रहे हैं कोई कहता नौ को जा रहे हैं। पर ओशो द्वारा मौन सत्संग दिया जाना जारी रहा। तब अफवाह उड़ी कि 13 को निश्चित कहीं जा रहे हैं। अत: मैंने रेलवे से छुट्टी बढ़ाने के लिए तार कर दिया। 13 मई को भी प्रभु श्री का सत्संग चलता रहा। फिर हुआ कि 17/5 तक जा रहे हैं। इस तरह मैंने दो बार छुट्टी बढ़वाई, तब तक पैसे भी खत्म हो रहे थे। आज यह रिकार्ड नहीं मिल रहा है कि किस तारीख को हम वापस सतना के लिए चल दिए थे। अनुमानतः 17/5 को सत्संग के बाद चले होंगे या एकाध दिन और रुके होंगे बस।

सतना आकर ड्यूटी ज्वाइन किया व अपनी रीढ़ के दर्द पर ध्यान करने लगा। उसे कभी भी किसी भी डॉक्टर को नहीं दिखाया, मुझे इतना साफ था कि यह ओशो की तकलीफ का ही रिफ्लेक्शन है। शायद 2 जून 1981 को समाचार पत्रों में पढ़ा कि ओशो अज्ञात स्थान के लिए भारत छोड़ गए। 31/5 को अपराह्न पूना से बंबई गए, 1/6 को कहीं चले गए। कहां गए पता नहीं। यह समाचार पढ़कर तनिक भी अचंभा न हुआ, यह जानता ही था।

* * *

20 मार्च 1981 को ओशो ने प्रवचन में मेरा दूसरा प्रश्न लिया था। उसी दिन बुलवाकर मुझे ओशो का एक रोब दिया गया था जो कि आज भी यहां है। मई में ओशो ने मेरे लिए एक बहुत सुंदर-सा पेन दिया, वह भी है। वे एक नजर में सारा बुद्धा हाल देख लेते कि कौन आया। एक भी नवागंतुक उनकी तेज नजर से अनदेखा न रह पाता।

इस तरह मुझे सतना में होते हुए भी ओशो की शारीरिक अस्वस्थता का पता चल गया था जबकि आश्रम की क्लीनिक में काम कर रहे ओशो के भाई व किसी भी अन्य को कुछ नहीं मालूम था। उनके जाने की खबर पर भी मैं 'रिलैक्स' ही था। सभी अपनी-अपनी अटकलें लगाते कि ओशो कहां गए; समाचार पत्र भी, प्रेमी भी। मैं तो न पता लगा रहा था न कौतूहल था जानने का। मुझे पक्का मालूम था कि उचित समय पर अस्तित्व स्वयं खबर करेगा कि मेरे प्रभु श्री कहां हैं।

ओशो के पूना से अज्ञात स्थान के लिए चले जाने पर हिंदुस्तानी अखबार नवीसों ने किस-किस तरह से उस खबर को छापा उसका अनुमान मेरे इस एक पत्र से भी लग जाएगा जो मैंने 25 जून 1981 को 'करंट' साप्ताहिक (हिंदी) को लिखा—

प्रिय संपादक जी,

महावीर अधिकारी का लिखा 'भगवान भाग गए' (करंट: 20 जून) उनके अंधेपन का प्रमाण है। इतना भी उनको नहीं दिखता कि जो व्यक्ति दुनिया की तमाम पाखंडपूर्ण संस्कृतियों, सभ्यताओं पर अंगारा बनकर बरसा, जो तमाम धूर्त, बेईमान एवं हत्यारी सरकारों के निरंतर कान उमेठता रहा; जिसकी एक भी बात का उत्तर दुनिया में किसी के पास नहीं रहा; वह क्या किसी से डरकर भाग जाएगा जैसा कि ये अखबार वाले शोर मचा रहे हैं ? डरकर तो हम नहीं भाग रहे हैं जो कि उनके शिष्य हैं। यमराज से नहीं डरते तो फिर किससे डरेंगे ? हिंदुस्तानी पत्रकार से ?

कुछ बातें जो मैं समझता हूं महाडरपोक अनाधिकारी व उस तरह के लोगों की जानकारी के लिए लिख रहा हूं। वह यह कि भगवान श्री करुणा के कारण चुपचाप चले गए हैं। 1971-72 में भी जब माउंट आबू पर साधना शिविर लगते थे तब हम देख चुके हैं कि भगवान की कार को प्रेमियों की भीड़ के कारण चलना मुश्किल हो जाता था। अहमदाबाद में गुजरात मेल पर ओशो को विदा देने वालों की संख्या इतनी अधिक हो जाती कि आसपास के डिब्बों में किसी को मिलना या ट्रेन में बिठाना बहुत कष्टप्रद हो जाता।

साफ है कि 1981 में भगवान अगर अपने जाने की सूचना या घोषणा करते तो पूना में फुटपाथ पर भी जगह खोजे न मिलती। परिणाम होता, हैजा, अव्यवस्था व इससे संबंधित अनेक जटिलताएं।

एक दूसरा पहलू भी है इसका। उनका यूं अचानक चले जाना साधना जगत में संन्यासियों के प्रति एक गहरे प्रयोग की भांति स्मरण किया जाएगा कि शिष्यों को भविष्य से एकदम काट दिए। भविष्य की कल्पना, सपना एवं अतीत की स्मृतियां इनका जोड़ ही तो मन है, न!

शिष्यों को शून्य से साक्षात्कार की परिस्थिति निर्मित कर गए। हम शून्य का रस ले रहे हैं। बताकर जाते तो ज्यादा से ज्यादा विदा देते, प्रणाम कर लेते और क्या होता ? इतनी महान परिस्थिति न उपस्थित होती जिसमें कि निरंतर शून्य का बोध बना रहे। सदगुरु तो वही है जो हर स्थिति का उपयोग शिष्यों के हित के लिए कर लेता है! उनकी करुणा अपार है! उनकी महिमा अपार है!!

दो

स्वामी योग प्रताप भारती के दो तीन पत्र नजर आ गए हैं जो उन्होंने पूना से लिखे थे, उन्हें भी यहां ले लेता हूं। हजारों पत्र नष्ट किए जा चुके हैं, दर्जनों अभी भी होंगे। पर जो सामने पड़ गया उन्हें ही ले रहा हूं।

मैं 18 मई 1977 तक जबलपुर रहा, 19 मई 1977 से सतना। संबोधि व बच्चे जबलपुर से सतना जून में आए। प्रताप जी का यह पत्र 15 सितंबर 1976 का है जबलपुर के पते पर। आशा है आप पूना के उन दिनों में वापस चल सकेंगे व महसूस कर सकेंगे।

आदरणीय, भाई साहब, भाभी जी, प्रणाम।
प्रिय कृष्ण, राघव, किरण, अमृत को प्रेम, प्रणाम।

आपका अंतर्देशीय पत्र आया इसके दो दिन पूर्व आपका कार्ड भी।

भाई साहब बहुत ज्यादा पीछे भी न पड़ना इस मामले के। अब इतनी सुविधा व सहयोग नहीं है अपने साथ, तो कोई बात नहीं। हम सदा की भांति फिर भी चुप रह सकते हैं—सुखपूर्वक चुप रह सकते हैं। जानता तो मैं भी था कि कौन अखबार ऐसा छाप सकेगा? फिर भी लिखा आप लोगों को। क्षमा करेंगे। पूरा ख्याल रखें आप आगे कि अपनी छटपटाहट भरी अभिव्यक्ति कभी भी उत्तेजना की गिरफ्त में न पड़े। कभी किसी भी परिस्थिति व क्षण में किसी मित्र की वैसी स्थिति बन ही पड़े तो इतना भर ख्याल रखना है कि

ठीक, उत्तेजना में प्रवेश से ठीक पलभर पूर्व भगवान को याद करेंगे। बस ! होश संभल जाएगा। सिर्फ उत्तेजना ही एक चीज है जो हमारा अहित कर सकती है। बाकी जगत में अब कोई भी शक्ति कोई भी— भगवान का अहित कर सकने वाली नहीं।

एक परसाई व नवीन दुनिया तो क्या, ऐसे अगर मौहल्ले-मौहल्ले से अखबार छपने लगें तो भी भगवान का कार्य अब पूरा हो चुका है; करोड़ों बीज वृक्ष बन चुके हैं—जिसमें प्रत्येक में करोड़-करोड़ बीज और लटक रहे हैं—और अब इन सारे वृक्षों को नेस्तनाबूद किया ही नहीं जा सकता। भगवान रजनीश प्रेम हैं, भगवान रजनीश प्राण हैं, भगवान रजनीश की अनंत जय !

11 सितंबर की टेप संस्थान द्वारा मंगाई जा सकती है और उसका वह भाग जिसमें भगवान ने जबलपुर व परसाई के प्रति कुछ कहा है, चाहें तो उतना परमानंद भाई को सुनाया जा सकता है। पर अब इसको बहुत सीरियसली न लें।

आज 15/9 का सूत्र प्रवचन Tremendous!

अगेह भारती में बहुत फ्लवरिंग (खिलावट) है। अगेह भारती को पता भर नहीं है, इतना ही भेद है। पर ये भी शायद शुभ ही है पता न होना—'पता' का न होना— तभी तो अगेह भारती—अगेह—बेपता !

सब को प्रणाम सहित,

प्रताप
15/9/76

इस पत्र में परसाई का नाम आया है। परसाई वही हरिशंकर परसाई हैं जो व्यंग्य लिखने के लिए देश में विख्यात हैं। उन्होंने एक नासमझी भरा लेख 'नवीन दुनिया' नामक दैनिक में लिखा था। परमानंद पटेल एक बड़े उद्योगपति हैं, कभी वे मध्यप्रदेश के शिक्षा मंत्री भी रह चुके हैं, सन् संवत् याद नहीं। उन्हें सुनाने के लिए क्यों लिखा है, आज संदर्भ नहीं स्मरण कर पा रहा हूं, क्षमा करेंगे।

स्वामी योग प्रताप भारती का दूसरा पत्र 25 सितंबर 1977 का है—

आदरणीय भाई साहब, भाभी जी,

प्रणाम निवेदित है। ....

दद्दा 2 या 3 दिन हुए अस्पताल से आ गए हैं। किंतु अभी भी विश्राम के लिए ही

डॉक्टरों ने कहा है। शायद 4 से 5 बजे के बीच दर्शनार्थी प्रेमी जन मिलते-जुलते हैं। चाचा, चाची अभी यहीं हैं। अम्मू भी। तथा तीन दिन पूर्व से अकलंक जी भी सपत्नीक आए हुए हैं।

मैंने कुछ बातें आपकी पुस्तक के बारे में पूछी थीं; अभी न लिखे हों तो कृपया लिखें। आपका शिविर सानंद समाप्त हुआ होगा।

अब कुछ समाचार—

आश्रम का गुजरात स्थानांतरण तय। कच्छ में मांडवी के निकट एक राजा का महल surrounded by 700 Acrs of land–[जिसके चारों ओर 700 एकड़ जमीन है—अगेह] ले लिया गया है। 65 लाख रुपए in all – initial payment बाईस लाख। यह स्थान भुज जिले में है। भुज तक ट्रेन जाती है। भुज से बस से जाना होता है। उस स्थान से निकटतम टाउन मांडवी ही है—4 या 5 मील पर तथा निकटतम उससे बड़ा टाउन भुज। वह स्थान नितांत एकांत में है—जहां कोई बस्ती नहीं। समुद्र तट केवल कुछ फर्लांग महल से। बहुत भव्य (ताजमहल की resemblance का) महल। [अर्थात् ताजमहल से मिलता-जुलता महल—अगेह भारती] प्रभु श्री उसी में रहेंगे। उसकी छत पर से कभी भी सारे आश्रम को देख सकेंगे, दूर-दूर तक देख सकेंगे, उन्हें कोई न देख सकेगा। महल का कंपाउंड इतना बड़ा कि मेन गेट दो मील पर है।

पूरा आश्रम 4 दिसंबर 1977 को पूना से great move (महाप्रस्थान) की तारीख तय, पूरी ट्रेन यहां से वहां तक बुक होगी। फिर भी मैं नहीं समझता कि सारा कुछ उसी बार में जा सकेगा। पर यह मेन ट्रिप होगी वहां जाने की। जन्मदिवस महोत्सव वहीं। यह एक बहुत बड़ी घटना होने जा रही है। कल्पना करना कठिन है कि इतना सारा इस्टेब्लिश्ड आश्रम छोड़कर कूच का निर्णय ले लिया है प्रीतम प्यारे ने। और एक ऐसी जगह चलने को जहां अभी अर्द्ध-रेगिस्तान से ज्यादा कुछ भी नहीं है। सदगुरु के अलावा ऐसे-ऐसे अभयपूर्ण कदम उठाने की हिम्मत और कौन कर सकता है। परसों से फिर मा (योग लक्ष्मी -अगेह भारती) गई हुई हैं वहां—न जाने कितनी यात्राएं इस संबंध में वह कर चुकीं, विगत कुछ महीनों के दरम्यान। धन्य है उनकी क्षमता, धन्य है उनकी पात्रता, धन्य है उनकी दिव्यता कि वह ऐसे महामहा सदगुरु का सक्रिय शरीर बन गई हैं। केवल अस्तित्व ही उसकी पात्रता की दाद देने का हकदार है, हम तो वह भी नहीं।

ऐसा प्रतीत हो रहा है कि अब यह आश्रम महामहा भगवान श्री रजनीश की लीलाओं

का सर्वथा नया व अज्ञेय आयाम होगा। काश, आप लोग इस महापर्व पर वहां शरीक हो पाते (11 दिसंबर 1977)........

फिर जैसा होगा लिखता रहूंगा। पत्रोत्तर दीजिएगा। सभी बच्चों को प्यार। नई बातें हों तो लिखेंगे।

सप्रेम,

स्वामी योग प्रताप भारती

25/9/77

[नोट—दद्दा = ओशो के पिता श्री को प्यार एवं आदर से दद्दा कहा जाता था।

अकलंक = ओशो के तीसरे छोटे भाई।

अम्मू = अमित भारती - ओशो के छठवें भाई—अगेह भारती]

यह महाप्रस्थान तत्कालीन प्रधानमंत्री मोरारजी देसाई के अविवेकपूर्ण हस्तक्षेपों के कारण संभव न हो सका, जो कि करीब-करीब तय था। यदि यह संभव होता तो कम्यून अमरीका में निश्चित न बनता। ओशो इलाज के बाद वापस भारत आ जाते —यह मेरा अनुमान है।

मा योग लक्ष्मी ने मोरारजी को लिखा—

श्री मोरार जी देसाई, 31 दिसंबर 1978
प्रधानमंत्री, भारत सरकार,
नई दिल्ली।

प्यारे श्री देसाई,

प्रेम।

चार से अधिक महीने पहले भगवान श्री रजनीश ने आपकी सरकार को एक खुला और सार्वजनिक निमंत्रण दिया था कि वह श्री रजनीश आश्रम, पूना की गतिविधि की जांच के लिए आयोग नियुक्त करे। यह निमंत्रण श्री एल॰ के॰ अडवानी द्वारा सत्रह अगस्त को सभा में दिए गए वक्तव्य के उत्तर में दिया गया था। इस वक्तव्य में श्री अडवानी ने कहा था कि बी॰ बी॰ सी॰ द्वारा आश्रम पर बनायी गयी फिल्म विदेशों में भारत की अच्छी छवि नहीं प्रस्तुत करेगी!

श्री अडवानी ने यह स्पष्ट किया था कि उनका यह निर्णय विदेश के समाचार पत्रों में

छपे प्रतिकूल विवरणों पर आधारित था। भगवान श्री के निमंत्रण का उद्देश्य था कि न्यायनिष्ठ, बुद्धिमान और सार्वजनिक हित से प्रेरित लोगों की एक प्रवर समिति आश्रम और उसकी गतिविधि की प्रत्यक्ष जांच-पड़ताल कर निर्णय दे कि समाचार पत्रों के विवरण कहां तक सही हैं।

रजनीश फाउंडेशन ने बार-बार कहा है कि आश्रम के पास कुछ भी छिपाने को नहीं है और उसने सदा विश्वास व्यक्त किया है कि जांच आयोग भारतीय जनता और संसार की आंखों में आश्रम की प्रतिष्ठा को उजागर करेगा।

फाउंडेशन ने धैर्य से प्रतीक्षा की कि सरकार भगवान श्री के निमंत्रण को स्वीकार करे और इसने इस आशा में आश्रम के विरुद्ध आपकी सरकार के भेद मूलक अभियान को, जो दिनों दिन अधिकाधिक क्रूर हो रहा है, बर्दाश्त किया कि अंत में औचित्य और न्याय की जीत होगी। फाउंडेशन ने आपको और आपके मंत्रियों को यह अवसर दिया कि जब तक स्वतंत्र आयोग स्थिति के सच्चे तथ्यों की जांच करेगा, आप लोग ऐसे गैर लोकतंत्रीय कामों से बाज आएंगे।

उसकी जगह आपने भगवान श्री के निमंत्रण की उपेक्षा की। तथ्यों की चिंता किए बिना ही आपकी सरकार ने आश्रम और उसके शिष्यों को सताने की ठान रखी है। आपकी सरकार ने हमें जमीन खरीदने से वंचित कर रखा है। उसने हमें इंपोर्ट लाइसेंस देने से इंकार किया है और आपकी सरकार ने सभी विदेशी फिल्म और टेलीविजन कंपिनयों को संसार के सामने आश्रम की सच्ची छवि प्रस्तुत करने से वंचित कर दिया है।

आपने संसार में घूमकर लोकतंत्रीय और धार्मिक स्वतंत्रता के महान सिद्धांतों के प्रति अपनी अडिग प्रतिबद्धता की घोषणा की है, और तो और आपने यह उचित नहीं समझा कि हमसे ये हमारे बुनियादी अधिकार छीनने के पहले आश्रम के संबंध में सत्य की जांच कर लें। इससे बाध्य होकर हम आपको सूचित करते हैं कि यदि आपकी सरकार ने एक महीने के भीतर आयोग की नियुक्ति नहीं की तो हम अपनी ओर से ईमानदार, प्रतिष्ठित और प्रसिद्ध व्यक्तियों को ऐसा आयोग गठित करने के लिए आमंत्रित करेंगे।

हम इन मान्य व्यक्तियों से अनुरोध करेंगे कि वे आश्रम और उसकी गतिविधियों की जांच कर अपने निर्णय प्रकाशित कर दें, ताकि भारत और संसार के लोग तय कर सकें कि आपकी सरकार ने इस बात में न्याय से काम लिया है या नहीं।

हमने इस आशा में बहुत धैर्य से काम लिया है कि एक दिन आपके कृत्य, आपके

सुंदर शब्दों की ऊंचाई और महिमा के अनुरूप होंगे। अब हमारा धैर्य समाप्त हो रहा है। हमारा अनुरोध है कि आप या तो सत्य को जानने के लिए आयोग की नियुक्ति करें या हमारे विरुद्ध चलने वाले सुनियोजित भेद मूलक अभियान को तुरंत बंद करें।

प्रभु श्री के आशीष !

मा योग लक्ष्मी,
मैनेजिंग ट्रस्टी,
रजनीश फाउंडेशन,
स्वामी कृष्ण प्रेम
2 जनवरी 1979

तानाशाह मोरार जी को रजनीश जी द्वारा चुनौती

भगवान श्री रजनीश ने अपने एक ताजा प्रवचन में प्रधानमंत्री मोरार जी देसाई को चुनौती देते हुए कहा कि श्री रजनीश आश्रम-पूना के खिलाफ वे अपना विरोध खुलकर सार्वजनिक रूप से विवाद द्वारा प्रकट करें बजाय धूर्तता, बेईमानी, कायरता एवं नाजी ढंग से आश्रम के कार्यों में रोड़े अटकाने के। उन्होंने कहा—'मोरार जी देसाई बहुत नियमानुसार नाजी ढंग से व्यवहार कर रहे हैं जो कि बहुत कायराना है। रजनीश ने आश्रम के जाधववाडी (सासवड) ले जाए जाने में नौकरशाही द्वारा उपस्थित की गई दर्जनों बाधाओं का उल्लेख किया।

रजनीश ने कहा, 'यदि तुम मेरे खिलाफ हो तो मैं तुमसे विवाद करने को तैयार हूं। तुम्हारी बातों का उत्तर देने तुम्हारी पार्लियामेंट में आ सकता हूं।' उन्होंने कहा कि 'एक स्वतंत्र एवं प्रजातांत्रिक समाज में मोरार जी को सिर्फ इसलिए कि धर्म के बाबत मेरी दृष्टि से उनका मतभेद है, उन्हें तानाशाही ढंग अख्तियार करने का कोई हक नहीं। ऐसा कोई कानून नहीं जो हमें एक 'कम्यून' बनाने से रोक सके। मोरार जी देसाई का राजी होना या एकमत होना कतई जरूरी नहीं। यही तो स्वतंत्रता और प्रजातंत्र का अर्थ है कि जो एकमत न हों वे भी साथ-साथ रह सकें। लेकिन चूंकि उनका मेरी दृष्टि से मतभेद है वे बड़ी धूर्तता से मेरे काम में बाधा डालते हैं। वे 'नहीं' कह नहीं सकते, और 'हां' कहना नहीं चाहते। वे प्रजातंत्र की सीधी हत्या कर रहे हैं। स्वतंत्रता उनका महज नारा है, यथार्थ नहीं।' रजनीश ने आगे कहा 'मोरार जी डिप्टी कलेक्टर रह चुके हैं और उनका काम करने का ढंग अभी भी वही डिप्टी कलेक्टर का है। वे इतने बड़े देश के प्रधानमंत्री होने योग्य नहीं हैं।'

'भारत छोड़ने का मेरा कोई विचार नहीं' रजनीश ने कहा, 'पर यदि यहां रहकर काम करना असंभव हो गया तो मुझे देश छोड़ना पड़ेगा और मेरे साथ हजारों-हजारों लोग देश छोड़ेंगे ! तब विश्व के समक्ष तुम्हारे महानतम प्रजातंत्र का खोखलापन दिखलाई पड़ेगा। चर्चिल ने भविष्यवाणी की थी कि भारत अभी स्वतंत्रता के लिए तैयार नहीं, और कि भारत स्वतंत्रता के तीस वर्षों के भीतर दुष्टों, धूर्तों बेईमानों एवं ठगों के जाल में गिर जाएगा। तीस साल पूरे हो गए। चर्चिल की भविष्यवाणी सही सिद्ध होती लगती है।

सूचना :— स्वामी कृष्ण प्रेम,
प्रेस आफिस, श्री रजनीश आश्रम, पूना।

और तब स्वामी योग प्रताप भारती का एक पत्र पूना से 18 जून 1981 का लिखा। पत्र अंग्रेजी भाषा में है, मैं उसका हिंदी रूपांतर प्रस्तुत कर रहा हूं—

मेरे प्यारे भाई,

प्रेम और प्रणाम।

मैं हूं पुनः। भगवान निश्चित ही कहीं गए हैं पर यह सचमुच नहीं ज्ञात है कि कहां गए। परंतु भरोसा रखें और रिलेक्सड रहें, वे अच्छे हैं। चिंता की कोई बात नहीं। मैंने पहले लिखा होता, दरअसल मैंने एक पत्र लिखा था, पर उसे फाड़ दिया, क्योंकि उस समय लिखना शायद ठीक नहीं था।

—प्रताप

[ओशो के आसपास इतनी घटनाएं घटती रहतीं और इतनी तेजी से कि अगेह भारती का सतना आवास तक उन गतिविधियों में बड़ा इन्वाल्वड व गतिशील रहता। कभी स्वामी योग प्रताप भारती को स्कूल लीविंग सर्टीफिकेट की कापी चाहिए क्योंकि उन्होंने सर्टीफिकेटें कभी फेंक-फांक दी थीं, कहीं कोई ऐफीडेविट चाहिए। कहीं राघवेंद्र को प्रतापगढ़ भेज रहा हूं कहीं खुद जा रहा हूं। कभी राघवेंद्र गाडरवारा भाग रहे हैं, आज उन पत्रों को देखकर खुद हैरान होता हूं कि इतना सब कैसे हो पाता था ! और कि इस दृष्टि से भी पूना और रजनीशपुरम से कितना जुड़ा हुआ था यह शून्यदीप ध्यान केंद्र !]

तीन

तो मैं पूर्णत: निश्चिंत था कि मेरे प्रभु श्री जहां भी होंगे, उचित समय पर स्वयमेव पता चलेगा। अस्तित्व में इतनी श्रद्धा तो हो ही चुकी थी ओशो के इतने पास रहकर।

और लो, वही हुआ। एक दिन मैंने महसूस किया कि इस दरम्यान जितने भी पश्चिमी ध्यान केंद्रों, आश्रमों के नाम देखने को मिलते हैं; हर बार एंटीलोप अमरीका का चिद् विलास रजनीश मेडिटेशन सेंटर अपनी ओर ज्यादा ही आकृष्ट करता हुआ सा लगता है और अकारण, जैसे चुंबक खींचता है लोहे को, वैसे चिद्विलास नाम खींच रहा था अगेह भारती को। अत: मैंने एक पत्र चिद्विलास को लिखा—शायद जुलाई में क्योंकि न तो मेरे पास मेरे पत्र की कापी रखी थी न आज शीला का वह पत्र ढूंढे मिल रहा है जो उसने मुझे प्रत्युत्तर में लिख भेजा था। तो तारीख याद नहीं है, मुख्य मैटर अवश्य याद है। मैंने लिखा—

प्यारे स्वामी/प्यारी मा,

बहुत-बहुत प्रेम।

क्या आपके यहां अथवा आपके आसपास कहीं भगवान श्री हैं? यदि हां तो उनका स्वास्थ्य कैसा है? बताने का कष्ट करेंगे?

आप सभी सानंद हैं ऐसी कामना के साथ,

अगेह भारती

मेरे उपर्युक्त पत्र के उत्तर में मा आनंद शीला का पत्र मिला—

प्रिय अगेह भारती,

प्रेम।

आपका... का पत्र मिला धन्यवाद। भगवान श्री यहीं पर हैं और उनका स्वास्थ्य काफी बेहतर है, तनिक भी चिंता की बात नहीं है। आपका पत्र पाकर अच्छा लगा।

भगवान श्री के आशीष!

हस्ताक्षरित

मा आनंद शीला

भगवान श्री की निजी सचिव

शायद पूरे भारत में यह सौभाग्य अगेह भारती को मिला कि सबसे पहले पता चल गया कि ओशो कहां हैं व कैसे हैं।

जहां तक याद कर पाता हूं मैंने जब दूसरा पत्र भेजा तब उसके उत्तर में शीला ने यह भी लिखा कि अन्य मित्रों को बता दें कि वे भी पत्र लिख सकते हैं। जब यह बात मैंने अपने मित्रों—स्वामी प्रज्ञान भारती (नरसिंहपुर), स्वामी मोहन भारती (उस समय राबर्ट्स गंज, मिर्जापुर) तथा मा प्रेम निधि (इलाहाबाद)—को बताई तब उन लोगों ने भी पत्र लिखे और उनके पास उत्तर आए। उन तीनों मित्रों के पत्र 'रूपांतरण' पत्रिका में प्रकाशित हुए हैं, और 'रूपांतरण' की वह कापी मेरे पास उपलब्ध है। अतः उन तीनों पत्रों को भी दे रहा हूं। काश मैंने भी अपना पत्र 'रूपांतरण' में प्रकाशन हेतु भेजा होता या प्रज्ञान जी ने स्वयं मांगा होता तो आज वह पत्र भी रूपांतरण में सुरक्षित होता। वास्तव में सतना से न्यू कटनी ट्रांसफर होना, रेलवे का बंगला खाली करना, फिर वापस सतना आना किराए के मकान में और तब 25 जुलाई 1992 को नव-निर्मित 'ओशो-विला' में शिफ्ट होना। इतने सारे स्थानांतरणों में अनेक कागजात गुम गए लगते हैं। खैर, तो पढ़ें उन मित्रों के लिए आए पत्र—

मा प्रेम निधि के लिए 23 सितंबर 1981 का लिखा पत्र

Beloved Nidhi,

Love.

We received your letter of August 30th and are happy to hear from you. Bhagwan is fine and his health is much improved. He is still in silence and communicates in this way. The new commune is happening and all the centres around the world blossoming into Buddhafields- you can stay in touch with Rajneesh dham, 17, Koregaon Park, Poona for further news.

There is no need to believe all the News papers stories—just enjoy them for what they are.

Much love!

His Blessings,
Ma Anand Mehbuba
for Ma Anand Sheela

स्वामी मोहन भारती के लिए अक्टूबर 5, 1981 का पत्र

Beloved Bharati,

Love.

We received your note to Bhagwan and are happy to hear from you.

Bhagwan's health has improved and he is feeling fine. He is in silence and communicates in this way at present. 'You may be thousands of miles away, but if your heart is beating with me, if you are attuned with me, if there is an inner communication, then you are in my physical presence. Neither time makes any difference, nor space. The thing that makes difference is love.'

His Blessings,
Ma Anand Sheela

स्वामी प्रज्ञान भारती के लिए 31 अक्टूबर, 1981 का लिखा पत्र

Beloved Pragyan Bharti,

Love.

Thank you for your recent letter. Bhagwan's health is very much improved and everything is fine.

'....the physical part of the Master is not significant. If you are more meditative you can consult the Master every moment. The physical presence is not necessary....'

His blessings,

Geeta

for *Ma Anand Sheela*

रजनीशपुरम से आनंद शीला व योग प्रताप भारती से करीब-करीब नियमित पत्र-व्यवहार था मेरा। उनके कुछ पत्र जो ढूंढ पाया हूं उन्हें यहां दे रहा हूं— पहले शीला के पत्र पढ़ें—

मई 3, 1982

प्यारे अगेह भारती,

प्रेम।

आपका प्रेम-अश्रु भरा पत्र पाकर खुशी हुई। भगवान श्री आपसे दूर कहां हैं—अपने ही हृदय से पूछ लो जरा! प्रेम की पीड़ा भी एक मदिरा है—सौभाग्यशालियों को मिलती है। यह भी सुंदर है कि आप प्रतीक्षा कर रहे हैं। प्रतीक्षा सार्थक है। शून्यदीप को दिया गया रोब शून्यदीप के लिए ही है, मौन-साधकों के लिए नहीं, अतः उपयोग के बाद वापस ले लें। असल में वह स्वयं आपकी साधना के लिए है। प्रेमपूर्वक वापस ले लें। वहां सभी को प्रेम। आप सानंद होंगे।

भगवान श्री के आशीष,

मा आनंद शीला

भगवान श्री की निजी सचिव

9 अगस्त, 1982 का पत्र

Beloved Agch Bharti,

Love.

We received your letters and BHAGWAN'S blessings are with you.

Thank you for letting us know that the robe has been returned to you.

There are many new projects happening at the ranch. The heavy machinery crew is busy in building a dam. New roads are being made and old roads are being improved. Crops are continuously being planted and harvested. It's so good to be a part of Bhagwan's work wherever we are!

His blessings

Ma Anand Sheela
Personal Secretary to Bhagwan Shree Rajneesh

15 जनवरी, 1984 का पत्र

प्रिय अगेह भारती,

प्रेम।

आपका पत्र मिला व 'नवीन दुनिया' की कतरनें भी। आपके सुझाव अनुसार 'नवीन दुनिया' के संपादक को पत्र लिख दिया है। यह ज्ञात कर प्रसन्नता हुई कि फरवरी में सतना में ध्यान शिविर का आयोजन तथा साहित्य प्रदर्शनी की व्यवस्था की जा रही है। यहां विगत डेढ़ मास से बर्फ जमी हुई है, जिससे रजनीशपुरम की सुंदर पहाड़ियां और भी मनोहारी हो गई हैं।

'शून्यदीप' के सभी-मित्रों को प्रेम!

आशा है सानंद होंगे। भगवान श्री के आशीष

मा आनंद शीला
भगवान श्री की निजी सचिव

'नवीन दुनिया' दैनिक जबलपुर को लिखा पत्र यहां दे रहा हूं जिसे उन्होंने 1 फरवरी 1984 को हूबहू प्रकाशित किया—

Rajneesh Foundation International 15.1.84
P. O. Box 9 Rajneeshpuram
Oregon – 97741 U.S.A.

प्रिय मित्र,

प्रेम।

सतना के स्वामी अगेह भारती द्वारा प्रेषित 'नवीन दुनिया' की कतरनों को हमने देखा, प्रसन्नता हुई।

विराट जनमानस की पृष्ठभूमि तैयार करने में समाचार पत्र सर्वाधिक उत्तरदायी हैं। और यदि वे गलत दिशाओं में मानवता के अग्रणी होने में सफल हो सके हैं, तो कोई कारण नहीं कि सत्य के आयाम में आदमी की यात्रा के प्रेरणा-स्रोत बनने में कोई बाधा आए! आवश्यकता है— केवल अपना उत्तरदायित्व समझने की। भगवान श्री के वचन स्मरण रखें:

'हमें आदमी चाहिए कृष्ण जैसे, जीसस जैसे, बुद्ध जैसे, महावीर जैसे। अगर हम आने वाले कुछ वर्षों में वैसे आदमी पैदा नहीं करते हैं तो मनुष्य जाति एक अत्यंत अंधकारपूर्ण युग में प्रविष्ट होने को है। उसका कोई भविष्य नहीं है। इसलिए जिन लोगों को भी लगता है कि वे जीवन के लिए कुछ कर सकते हैं, उनके लिए एक बड़ी चुनौती है।'

'नवीन दुनिया' विधायक-पत्रकारिता की दिशा में कदम उठाकर, एक नए मनुष्य की एक नवीन दुनिया की संभावना को वास्तविकता में परिणत करने में सहयोगी हो, ऐसी हम आशा करते हैं।

भगवान श्री का स्वास्थ्य बहुत सुंदर है।

वहां सबको प्रेम! भगवान श्री के आशीष

मा आनंद शीला
भगवान श्री की निजी सचिव

3 फरवरी 1984 का पत्र

Beloved Ageh Bharti,

Love.

Thank you for your loving gift of the beautiful photographs of Bhagwan for our museum at the Academy of Rajneeshism. We send our Master's blessings.

'In the court of a Master an inner grace is needed, an inner silence, a prayerful heart. One has to become a temple. So sacred is the inner silence that it makes you a temple. One has to make a cave in one's heart, for the Master to dwell in.'

His blessings

Ma Anand Sheela

22 मार्च 1984, का पत्र

प्रिय अगेह भारती,

प्रेम।

आपका पत्र मिला, एवं न्यूज पेपर कटिंग्स भी। इलाहाबाद में आयोजित पुस्तक-प्रदर्शनी तथा वीडियो-दर्शन की खबर से प्रसन्नता हुई।

भगवान श्री का संदेश जन-जन तक पहुंचा देना है। सभी लोग प्यासे हैं, आनंद की, प्रेम की, शांति की खोज में हैं; मगर दुर्भाग्य यह कि उन्हें स्वयं ज्ञात नहीं कि वे क्या तलाश रहे हैं!

ध्यान को पाए बिना जीवन में कोई तृप्ति नहीं, संतुष्टि नहीं, घर-घर खबर पहुंचा देनी है, कोई भी प्यासा न रह जाए!

'उतारो परमात्मा को थोड़ा तुमसे, पृथ्वी पर लाओ, सेतु बनो। द्वार बनो उसके। सीढ़ियां बनो कि नाचता परमात्मा तुमसे धरती पर उतर सके। बहुत हो चुकीं स्वर्ग की बातें जो कहीं और है, अब इस पृथ्वी पर स्वर्ग बनाओ।'

आशा है सानंद होंगे। शून्यदीप के सभी मित्रों को प्रेम कहें।

भगवान श्री के आशीष,

मा आनंद शीला,
भगवान श्री की निजी सचिव

2 अगस्त 1984 का पत्र

प्रिय अगेह भारती,

प्रेम।

आपका प्रेम भरा पत्र पाकर प्रसन्नता हुई। अब प्रेम को फैलने दो, दूर-दूर तक पहुंचने दो। सारी सीमाएं तोड़कर प्रेम की धारा को बहने दो।

'इस जगत में बड़े से बड़ा काम होने को शेष है—जमीन पर स्वर्ग को उतारना है; आदमी को प्रेम के पाठ, आनंद के पाठ सिखाने हैं। मगर वे ही सिखा सकेंगे ये पाठ जो प्रेम में आनंद में डूबे हैं।'

बहुत लोग प्रेम की खोज में हैं, आनंद की तलाश में हैं; लेकिन न तो उन्हें इसकी समझ है, न ठीक दिशा का पता है। मृग की भांति लोग भटक रहे हैं, और 'कस्तूरी कुंडल बसे'! जरूरत है सिर्फ रुकने की, ठहरकर स्वयं को देखने की, कस्तूरी स्वयं में है। प्रेम और आनंद के श्रोत स्वयं में हैं। सारी संपदाओं की संपदा भीतर है। बाहर से दृष्टि भर हटाने की बात है और अंतस् के खजाने उपलब्ध हो जाते हैं।

शेष कुशल। वहां सबको प्रेम!

भगवान श्री के आशीष

मा आनंद शीला
भगवान श्री की निजी सचिव

18 सितंबर 1984 का पत्र

प्रिय अगेह भारती,

प्रेम।

आपका पत्र मिला तथा अखबारों की कटिंग्स भी। सर्विस के संबंध में जैसा आपको योग्य प्रतीत हो, वैसा करें। जिस भांति भी आप सहज, सरल और सुखी रह सकें, वही उचित है। सारी अमरीका से कई-कई हजार बेघर-बार लोगों को लाकर रजनीशपुरम में बसाया जा रहा है—आजकल यह समाचार देश के सभी टेलीविजनों और अखबारों पर छाया हुआ है।

बहुत तीव्रता से यहां काम घट रहा है। अगले जुलाई महोत्सव पर आने के लिए अभी से तैयारी शुरू कर दें।

शेष शुभ! 'शून्यदीप' के सभी मित्रों को प्रेम कहें।

भगवान श्री के आशीष

मा आनंद शीला
भगवान श्री की निजी सचिव

जब ओशो ने जून 1984 में इन पंक्तियों के लेखक के संबुद्धत्व की घोषणा की तब से चेतना पर तो हो ही रहा था, शरीर पर भी अनेक चीजें घटित हो रही थीं। इसका सविस्तार वर्णन 'एक ओशो-शिष्य की अंर्तयात्रा' नामक मेरी पुस्तक में मिलेगा। अनुमानतः उसी समय गड़बड़ करते शरीर के कारण सर्विस के बाबत पूछा रहा होगा। तभी शीला का उपर्युक्त पत्र आया।

कहना न होगा कि जब कोई पत्र रजनीशपुरम से आता तो पत्र का 'कॉमा', 'फुलस्टाप' तो देखता ही, लिफाफे के ऊपर का एक-एक शब्द पढ़ता, वहां का पूरा पता, फोन नं० पढ़ता, बार-बार पढ़ता। वहां की सील भी मोहब्बत से और गौर से देखता-पढ़ता। वहां से आने वाले पत्रों के एक-एक शब्द नई ऊर्जा, नए उल्लास, नया जीवन लेकर आते। इन पत्रों का ओशो के निकट ऐतिहासिक संदर्भ तो है ही, इनका वास्तविक मजा तभी ले सकते हैं जब उस कालखंड में खड़े होकर चीजों और घटनाओं को देखें और महसूस करें।

अब स्वामी योग प्रताप भारती के पत्र पढ़ें—

जुलाई 9, 1982 का पत्र

प्यारे अगेह भइा,

प्रणाम व प्रेम।

वहां एक-एक को प्रणाम, प्रेम व स्मृतियां। मैं यहां 18 जून की शाम आ गया था, अगले ही दिन भगवान (उन दिनों ओशो को भगवान कहा जाता था, अतः जैसा पत्र में लिखा गया है, वैसा ही देना ठीक लग रहा है—अगेह भारती) ने दर्शन में बुलवाया। भगवान इतने सुंदर इतने दिव्य हो गए हैं कि क्या कहूं! भगवान एक बड़े कमरे में विराजमान रहते हैं। पीछे

शीला ले गई मुझे। जैसे ही दरवाजा खुला, मैंने देखा उन्हें, मैं बेकाबू फफक-फफक कर रो पड़ा। पूरा कमरा उनकी उपस्थिति से भरा हुआ था। कमरे में हवा भी नहीं थी, वे ही थे, केवल वे। कमरे का जर्रा-जर्रा वे थे। इतनी सघन उपस्थिति भगवान की कभी न देखी थी। चरणों में सिर रखा तो रोना और उमड़ पड़ा। उन्होंने होने दिया किंतु शीघ्र ही मैंने अपने को संभाला-शीघ्र-ताकि उनको कष्ट न हो जाए। पीछे खिसक गया उसी शिष्य मुद्रा में, या सूफी मुद्रा कहते हैं कोई-कोई, पता नहीं। आहिस्ता से सिर उठाया, देखा तो इतना सागर आंखों में उनकी कभी न देखा था। बगल से उन्होंने अपनी एक प्यारी सी कैप, जो वे पहनते रहे हैं, उठाई। मैं आगे सरक आया और उन्होंने बड़े इत्मीनान से आहिस्ता-आहिस्ता कैप मेरे सिर पर पहना दी—नहीं, पहनायी ही नहीं, जमायी बड़े प्यार से। अब आप दिल थाम कर सुनना आगे। मैं फिर पीछे सरका, बहुत आहिस्ता से गर्दन उठाई उनकी ओर कि थोड़ा-थोड़ा देख सकूं। और वे करुणा की मूर्ति सारा सागर उड़ेले दे रहे थे नजरों से और उसी तरह मुझपर देखते हुए पता है पहला वाक्य क्या कहा मुझसे? बोले—'शिव कैसा है?' मेरा हृदय हर्षातिरेक से एक पल को अंदर ही अंदर फफक पड़ा। और तत्क्षण मैंने कहा—'अच्छे हैं, भगवान पर आपको 'मिस' करते हैं।' पलभर को नजरें ऊपर की ओर उठीं और बोले मेरी ओर देखकर—'सब व्यवस्थित हो जाने दो जरा, फिर कुछ करना पड़ेगा उसके लिए।' इतना कहते-कहते नजरें बगल में बैठी शीला की ओर घूम गईं। फिर मुझसे बोले 'घड़ी भेजी थी, वह मिली उसको?' मैंने कहा, 'नहीं अब तक तो नहीं।' भगवान अचकचा से गए। मैंने कहा, 'कोई छह सप्ताह पहले मैंने उनको अंतिम बार देखा था, पर तब तक तो नहीं मिली थी, निगाहें शीला पर रुक गईं। वह बोली—(मैं बहुत स्पेस्ड आउट सा था, ठीक वाक्य याद नहीं उसका), प्रभु बोले, 'पर जनवरी में भेजी थी, बहुत समय हो गया, कब की मिल जानी चाहिए थी!' भगवान अचकचाए से ही रहे। शीला बोली: 'दूसरी भेजते हैं।' (आपकी जानकारी के लिए, भगवान ने कुछ प्यारों के लिए यह तोहफा जनवरी में पहली बार भेजा था, तब मैं वहीं था, उसी में आपके लिए भी, खैर इधर-उधर हो गई होगी) यह सब मैं आपके लिए लिख रहा हूं, आप समझ सकते हैं क्यों? साथ ही जानता हूं कि आप इसका सही उपयोग कर सकेंगे। 'इट इज आल नथिंग टु ब्रैग अबाउट, रादर टु फील एंड फील अगेन हिज लव आन यू एंड गेट ड्राउंड मोर एंड मोर इन हिम, इन हिज लव, इन हिज कंपैशन, एंड कीप रेडी टू व्हेन द टाइम कम्स।' इसके बाद कुछ बातें मेरे संबंध में, पर शुरू के चार-पांच मिनट आपके लिए था। अंतिम दो-तीन मिनट मेरे लिए। वे जानते हैं कि मैं आप में समाहित हूं। मेरे आनंद का पारावार न था जब उन्होंने शुरूआत शिव से की!

पांच दिनों का मुख्य उत्सव पूरा हो चुका है, पर अभी बहुत लोग हैं यहां। कोई दस हजार से कुछ अधिक संन्यासी पूरी पृथ्वी से उपस्थित हुए थे। बुद्धाहाल में 15 से 18 हजार तक लोग लिए जा सकते हैं कशमकश के साथ। जो कुछ यहां हुआ है इन दिनों में, वह सब कैसे बयान करूं, अब कोई उपाय नहीं है। एक ही तमन्ना है कि भारत का एक-एक संन्यासी इन पांच सत्संग और एक दर्शन की टेप रखे और पिए-मिटे। और यह भी कि कोई मित्र इन पांचों सत्संग, एक दर्शन व भगवान के साथ घटे अन्य समस्त क्रिया-कलापों की वीडियो टेप पूरे भारत में समस्त संन्यासियों को घूम-घूमकर दिखाए—या कैसे भी सब तक पहुंचाए। खैर, दूसरे दिन के सत्संग से भगवान जब जाने के लिए उठते तो शक्तिपात करते थे। दर्शन की संध्या भी। बार-बार हाथों के इशारे से भगवान एक ही संदेश देते रहे, दे रहे हैं: रिज्वाइस, सेलीब्रेट ...रिज्वाइस ...रिज्वाइस ! इस समस्त उत्सव का जो सार-संदेश, सार मंत्र मिला है, दिखा है उनकी ओर से वह यही कि—रिज्वाइस ! रिज्वाइस... [बिकाज ए बुद्धा इज एमंग यू एंड/ आर बिकाज यू आर विद ए बुद्धा] एक ही संदेश बरसाते थे कि तुम्हें कुछ करना-धरना है, ऐसा नहीं, जस्ट रिज्वाइस ! एंड दैट इज इनफ। दैट विल टेक केयर आफ डुइंग आर इवन बीइंग, जस्ट रिज्वाइस... ! ! ! (एंड दि रीजन ! जस्ट बिकाज यू ऑर विद ए बुद्धा, दि रीजन: जस्ट बिकाज ए बुद्धा इज एमंग यू)। दस हजार लोगों के साथ गोपियों जैसी वह सब दशा, घटना घटती थी।

भगवान का और कुछ संदेश नहीं है अब, (कम से कम मेरे हिसाब से), बस केवल एक कि रिज्वाइस... ! सेलीब्रेट... ! रिज्वाइस... ! और फिर अंतिम सत्संग के बाद जो विदा दी है भगवान ने अपने प्यारों को, जिस ढंग से, वह सब, अस्तित्व के प्राणों में समा गया होगा। कौन उसे लिखे, कौन उसे बताए ! और कैसे ! !

जहां भी हो, जो भी हो, जैसे भी हो, अब कुछ और करना-धरना नहीं है (कुछ पाने या घटने के लिए) बस जस्ट रिज्वाइस रिज्वाइस_सिम्पली रिज्वाइस ! ! ! आप 'पुरम के पते से एक पत्र देना मुझे पर और के पत्र अभी नहीं चाहता मैं। प्रज्ञान जी को बहुत प्रणाम व प्रेम संप्रेषित करना न भूलें मेरे। सबको, प्रिय संतोष कुमार पाराशर जी को विशेष स्मरण व प्रेम। जीवन धन्यता से भर उठा है !

पुनश्चः भगवान इतने सुंदर कभी न थे।

प्रताप

14 नवंबर 1982 का पत्र

प्यारे स्वामी जी

प्रणाम।

आपका पत्र आज ही दिन में 1.30 पर मिला। भगवान का प्रसाद आपको मिला, जानकर बहुत-बहुत खुशी हुई। हां सवी बहुत-बहुत ग्रेसफुल है। भगवान की झलक उसमें मिली हो तो जरा भी अचरज नहीं। आपने ठीक पहचाना। मुझे भी बहुत हर्ष है कि आप सवी से मिले, और प्रभु का यह प्रसाद आपको उसके हाथों से मिला, मुबारक!

यहां सब आनंद है।

प्रताप

नोट: सवी = सविता

1 जून, 1983 का पत्र

प्यारे भाई साहब व भाभी,

प्रणाम व प्रेम निवेदित है।

आपका मई 15 का पत्र मई 28 को मिला था, सारी जानकारियों से बहुत सुख मिला।

उसके 2-4 दिन पूर्व ही दूधू-बाबू के संन्यास की सूचना मिल चुकी थी। जीवन कृतार्थ हो गया हम सबका! अब क्या बचा है और इससे बड़ा सुख! जिस संन्यासी के मां-बाप भी संन्यस्त हो गए उसे जीवन ने सब कुछ लुटा दिया, और कितना प्यारा नाम है:—मा आनंद मीरा! स्वामी आनंद रमेश! धन्य हैं मेरे मां-बाप! धन्य हैं हम! परमात्मा उन पर सब कुछ बरसा दे!

जीवन ने अंतिम गांठ भी खोल दी। अब हम परममुक्त हैं, परम कृतार्थ हैं! अब कहीं कोई बिछड़ना नहीं, कहीं कोई दूरी नहीं, हम अपने माता-पिता के साथ शाश्वत जीवन के अंग हो गए।

उन दोनों के, प्यारे माता-पिता के, मा आनंद मीरा व स्वामी आनंद रमेश के निर्मल चरणों में कोटि-कोटि प्रणाम अर्पित है।

आपने गाडरवारा जाकर सारे कागजांत तैयार किए यह बहुत खुशी की बात है।....

दूधू-बाबू के संन्यास के कागज यहां पहुंचे थे, जो अचानक देखने को मिल गए थे। उनके नवीनतम व प्यारे चित्र भी देखे। मजा आ गया।.....

यहां दो-तीन माह से एक नया प्रयोग जारी है, जो अद्‌भुत व प्यारा है। सारे विभाग, विभाग न कहलाकर टेंपल कहलाते हैं। काम करना न कहकर 'वरशिप' करना शब्द प्रयोग होता है। हर टेंपल में अपने-अपने 'अल्टार' हैं जिस पर भगवान का प्यारा चित्र होता है। दिन की शुरूआत 'बुद्धम शरणम् गच्छामि' के साथ होती है व अंत भी 'बुद्धम् शरणम् गच्छामि' के साथ। अपने-अपने टेंपल में सब एक साथ बैठकर व भगवान के निवास की दिशा में मुंह करके इस महामंत्र का सामूहिक गायन (सब एक साथ) करते हैं। दिनभर में किसी को किसी प्रकार की चोट पहुंचाई हो या किसी से कोई चोट पहुंची हो तो वह सब सायं इस महामंत्र के साथ गिरा देते हैं। बुद्धम शरणम् गच्छामि, संघम् शरणम् गच्छामि, धम्मं शरणम् गच्छामि। आप लोग भी यह प्रयोग जारी कर दें तो अच्छा। शेष सब आनंद।.....

सबको बहुत प्रेम।

प्रताप

(नोटः—हम अपनी मां को दूधू व पिता को बाबू कहते थे—अगेह भारती)

जुलाई 16, 1983 का पत्र

प्यारे भाई साहब व भाभी जी,

प्रणाम।

.......मां को कभी मिलता हूं तो वे तुरंत ही आपकी चर्चा करती हैं, हालचाल पूछती हैं कि मैं खबरें देता रहता हूं या नहीं ? मां बड़ी ममतामयी हैं, धन्य हैं !

शिल्लू का किडनी का आपरेशन हुआ था बेंड के अस्पताल में— 10 या 15 दिन हुए, 5-7 दिन वहां थे अब अपने क्लीनिक में आ गए हैं, बिल्कुल अच्छे हैं। किडनी में स्टोंस थे।.......

यकायक मुझे ख्याल आया कि आपकी 'इंद्रधनुषी स्मृतियों में भगवान श्री रजनीश' बहुत कीमती संस्मरण हैं ! काश, यहां मेरे पास कापी होती ! किंतु कभी आपको समय मिले तो उसमें से कुछेक के अनुवाद करके (2 या 3 एक बार में) मेरे पास भेजते रहें। बहुत संभव

है कि उनका उपयोग हो सके या कभी किसी के हाथों एक प्रति भेज सकें तो आप अनुवाद की झंझट से बच जाएंगे, पर पहला ही उपाय शायद ज्यादा सरल है। है न ! आनंद। प्रणाम।

प्रताप

[नोट—मा = ओशो की माता जी मा अमृत सरस्वती। शिल्लू = स्वामी शैलेंद्र सरस्वती [ओशो के अनुज]

जून 12, 1984 संध्या 09.03

प्रिय आत्मन्,

प्रेम !

भगवान श्री (रजनीश) की असीम अनुकंपा से जीवन सार्थक व धन्य हो उठा है !

वहां सबको शुभकामनाएं, आशीष व प्रेम, कृपया स्वीकारें।

प्रताप

जुलाई 9, 1984 अपराह्न 4 बजे

मेरे अंतरवासी प्रिय,

प्रेम !

कक्का द्वारा लाया गया आपका पत्र मिला। आप लोगों की पीड़ा-विरह भी समझ में आती है।

किंतु अब समय है कि इसके लिए कुछ करें। जीवन सदा अधर में (बीच में) ही होता है, जब उसे छोड़ना होता है।

या यूं कहें कि मौत सदा जीवन के अधर में ही आती है।

ऐसा कभी नहीं होता कि जीवन किसी तट पर पहुंच गया होता है जहां सब व्यवस्थित व मनोनुकूल हो गया होता है और तब फिर व्यक्ति वह करने की सोचता है जिसे वह सदा से ही करना चाहता था; या तब फिर मौत आती है।

नहीं; ऐसा होता ही नहीं।

छलांग सदा बीच से ही लेनी पड़ती है। मौत भी सदा बीच में ही आती है।

इस बार विश्व महोत्सव पर बहुत से भारतीय मित्र आए थे।

उनमें से अधिकांश ऐसे थे जिनके यहां तक पहुंचने के बारे में कोई सोच भी नहीं सकता।

उनसे मिलें, उनके अनुभवों व सलाह-मशविरे का लाभ लें।

एक कदम आप भरें तो परमात्मा आपकी तरफ निन्यानवे कदम भरता है इसमें कोई शक ही नहीं।

और कुछ हो ही नहीं सकता, ऐसा लगता हो आपको तो फिर वहीं जीवन को खुशियों से भरना शुरू कर दीजिए जहां आप हैं। फिर किसी को 'मिस' करने की जरूरत नहीं, किसी का अभाव महसूस करने की जरूरत नहीं। अभाव को भराव में बदलना शुरू कर दें। वहां से भी उसी में पहुंच जाएंगे।

वह वहीं आकर मिल लेगा आपसे। यह भी संभव है।

पर दो में से एक के लिए कुछ कदम लेने शुरू कर दें।

*

एक मित्र के हाथों रजनीशटाइम्स की 33 प्रतियां भेजी हैं। प्राप्ति - सूचना दीजिएगा।

*

विश्व महोत्सव परमात्मा का महारास ही था। कौन कब उसका वर्णन कर सका है!

*

'क्रांतिबोध' की कटिंग सहित पत्र पहले ही मिला था। लेख वैसा ही था जैसा होना चाहिए था।

मशाल को ऊंची रखें।

परमात्मा आपको बल दे।

निरंजन शर्मा जी को पत्र अब लिखता हूं।

*

'1-7 *जनवरी का दिनमान* देखने पर' भी देखा, बहुत ही अच्छी लगी।

*

आठ कटिंग्स के साथ एक अन्य पत्र भी मिला था।

वे कटिंग्स आज या कल में यथास्थान पहुंचा दी जाएंगी।

उन्हें सीधे भेजना निश्चित ज्यादा उपयुक्त है।

*

आप लोग 21 से 25 जुलाई पूना पहुंच रहे हैं, अति-सुंदर।

*

किरन बेटी का आश्रम में रहने का मन नहीं होता? दुनिया को हम लोगों के जैसे पुराने, तिथि-बाह्य ढंग से ही देखने का उसका कितना मन है, इसे ठीक से समझ न सका क्योंकि इस विषय पर उससे विचार-विमर्श करने का कभी मौका न लगा। भविष्य का जीवन कम्यूनों का है, परिवारों का नहीं, ऐसा भगवान ने काफी पहले बताया हुआ है!

*

वहां सबको प्रणाम,

राहुल को विशेष स्नेह।

प्रताप के प्रणाम

रजनीशधाम पूना से स्वामी सत्यबोधित्सव (जयंती भाई) का 13 मई 1983 का पत्र

प्रिय अगेह भारती,

प्रेम।

10 मई 83 का पत्र तथा शपथ पत्र प्राप्त हुए। उसके लिए बहुत-बहुत धन्यवाद। आपने अपना शपथ पत्र भेजकर बहुत सुंदर कार्य किया। यह बहुत उपयोगी और सुंदर है जो आपने लिखा है। पूना कब आ रहे हैं?

प्रभु श्री के आशीष,

स्वामी सत्यबोधित्सव

रजनीशधाम पूना से स्वामी सत्यबोधित्सव (जयंती भाई) का 20 जून 1983 का पत्र,

प्रिय अगेह भारती,

प्रेम।

आप द्वारा भेजी पेपर कटिंग्स मिलीं, धन्यवाद। इन्हें रजनीशपुरम भिजवाने की व्यवस्था कर रहे हैं।

सानंद होंगे।

प्रभु श्री के आशीष।

स्वामी सत्यबोधित्सव

चार

समझ रहा हूं ओशो के प्यारे दीवाने प्रेमी जल्दी रजनीशपुरम पहुंच जाने को आतुर हैं। रजनीशपुरम जिसके लिए मल्टीवर्सिटी, ओशो कम्यून, पूना के कुलपति स्वामी सत्यवेदांत ने लिखा है—

रजनीशपुरम—
किसी उर्वशी के रूप की
फैली हुई आभा, परम—
रजनीशपुरम !
करते विहार, मुदित-प्राण
संन्यासी;
उड़ेलते मदिरा उत्सव की
यौवन की प्याली से;
भरमाती चमक आंखों की
नक्षत्रों को, अनुपम—
रजनीशपुरम !
उषा की लाली
फैली रहती संध्या तक;
रजनी के आदिदैवत प्रियदर्शी

छाए रहते, मुसकाते,
पीते और पिलाते
मधुशाला के छलकने तक, अपलक—
निरूपम, रजनीशपुरम !
स्वर्गंगा सी शुचिता कण-कण में,
हिम शिखरों से अठखेली करती
बदरा सी मुदिता जीवन में;
जेठ की दुपहरी सी तीव्र ऊर्जा,
प्रचंड चोट करने की क्षमता
सागर सी,
बसुधा के ललाट पर
अंकित आभूषण—
अद्भुत, अक्षय
अपूर्वम्, अति शुभम्
रजनीशपुरम !

**

तो मैं प्रेमियों की भावना तो समझ रहा हूं पर अभी यह सदगुरुओं और भक्तों की दुनिया नहीं है । अभी तो चोर-उचक्कों, भ्रष्टाचारियों, बेईमानों, हत्यारों की ही दुनिया है, हां, राजनीतिज्ञों की दुनिया है यह जिन्होंने जमीन को बांट रखा है, एक देश से दूसरे में जाने के लिए पासपोर्ट चाहिए, वीसा चाहिए, तभी जा सकते हैं । जब आप सबका राज्य होगा, दीवानों, मस्तानों, भक्तों की दुनिया होगी तब ऐसा हो सकेगा कि भूखंड पर कहीं भी जाना है तो उठाया बैग और चल दिए जैसे दूसरे शहर जाते हैं । पर अभी तो वीसा चाहिए अगेह भारती को ।

और यह जो लिख गया यह पृष्ठभूमि भी जरूरी है । मेरा लेखन रजनीशपुरम् के बाबत वैसा ही नहीं हो सकता जैसे मनीषा या अमृतो का हो सकता है । वे भाग्यशाली हैं जो सारी भीतरी बातों के साक्षी रहे हैं । मेरा लेखन तो मात्र एक भक्त द्वारा प्रीतम प्यारे के प्रेम नगर को बाहर से जो देखा-महसूसा है, जो मेरे हृदय पर गुजरी है, जो मुझ पर बीती है, वही लिख सकता हूं । पूरा रजनीशपुरम तो बड़ी बात है, इसलिए तो 'मेरी रजनीशपुरम यात्रा' है ।

तो पहले हम पासपोर्ट वगैरह लेंगे तब चलेंगे पिया के देश । पासपोर्ट से भी पहले

एकाध मजेदार बात बताना अच्छा रहेगा।

रेल विभाग में कार्य करते हुए जब मुझे छुट्टी लेना हुआ है, हमेशा मैंने एप्लीकेशन में लिखा है कि भगवान श्री रजनीश के साधना शिविर में जाना है या भगवान श्री रजनीश आश्रम जाना है। जब मैं रेल ड्राइवर था 1969 तक तब मुझे छुट्टी लोको फोरमैन देते थे और तब भी एप्लीकेशन लगभग चार टेबिलों से गुजरती थी। जब मैं लोको इंसपेक्टर, सीनियर फ्यूल इंसपेक्टर व स्वयं लोको फोरमैन हुआ तब मुझे अवकाश सीनियर डिवीजनल मैकेनिकल इंजीनियर देते थे जो कि जबलपुर में हुआ करते थे। मेरी एप्लीकेशन मेरे आफिस के तीन क्लर्कों की टेबिलों पर से गुजरती तब जबलपुर पहुंचकर सीनियर डी० एम० ई० की टेबिल के अलावा छह टेबिलों पर से गुजरती तो टोटल दस टेबिलों पर एप्लीकेशन जाती। तो मेरा इरादा यही रहता हर बार कि भगवान श्री रजनीश का नाम बार-बार आए लोगों के सामने। 100 में 99 बार अवकाश लेता भी ओशो से संबंधित बातों के लिए ही, सो बार-बार ओशो का नाम क्लर्कों की टेबिल पर, सीनियर डी० एम० ई० की टेबिल पर गुजरता।

एक जमाना था या कहिए, सदा एक ही धारणा रही लोगों में कि ओशो के शिष्य तो बहुत धनवान हैं। वह तो 'रिचमैंस गुरु' हैं। सतना में 1977 में सितंबर में, 1978 अक्टूबर में व 1980 में दिसंबर में तीन-तीन दिनों का ध्यान शिविर लगा। ये ध्यान शिविर सदा निःशुल्क लगे वह बहुत सुंदर लगे। वैसी हवा फिर यहां आज तक न बन पाई। टेक्नीकल हायर सेकेंड्री स्कूल के प्रिंसिपल श्री संतोष कुमार पाराशर व गर्वनमेंट डिग्री कालेज के वरिष्ठ प्रोफेसर डा० के० के० पांडेय के चले जाने के बाद वैसा सहयोग किसी से न मिला। उक्त मित्रों ने ओशो के कार्य में हर सुख-दुःख मेरे साथ सदा झेला। खैर, तो शायद 1978 की बात है। तब मैं लोको इंसपेक्टर का कार्य करता था। सतना में रेलवे इंस्टीट्यूट का बहुत बड़ा हाल है। पोडियम है, रूम्स हैं, टायलेट्स हैं; बाथरूम्स हैं, बारातें ठहरती हैं वहां। सो मैंने सोचा इस बार शिविर वहीं लगे। शिविरार्थियों के रहने योग्य स्थान भी काफी है, हमारे रेलवे के बंगले से पास भी है, मुश्किल से 300 फीट की दूरी पर। सो इंस्टीट्यूट के सेक्रेटरी श्री अग्रवाल, सिगनल इंस्पेक्टर से बात की। उन्होंने कहा वह तो सांस्कृतिक कार्यक्रमों के लिए निःशुल्क मिलता ही है फिर आपका तो 'साधना शिविर' और महत्वपूर्ण बात है। आप थोड़ा-सा औपचारिकता के लिए अध्यक्ष श्री मोहिन सहायक इंजीनियर को और बता दीजिए, कर तो मैं दूंगा ही। जब मैं श्री मोहिन को मिला तो उन्होंने कहा—'भगवान के शिष्य तो सब बड़े धनवान होते हैं।' मैंने पूछा—'आपका मतलब ?' उन्होंने कहा—'पूना आश्रम में गया था वहां तो प्रवेश का दस रुपए शुल्क देकर मैं गया था, यहां इंस्टीट्यूट निःशुल्क चाहते हैं, यही

मेरा मतलब है कि जब वहां निःशुल्क प्रवेश नहीं तो यहां निःशुल्क की मांग क्या उचित है ?'

मैंने कहा—'उचित-अनुचित की बात करना आपके साथ व्यर्थ है। क्योंकि सांस्कृतिक कार्यक्रम के नाम पर इंस्टीट्यूट में क्या-क्या चलता रहता है, मैं जानता हूं। चूंकि ऐसे कार्यक्रमों के लिए निःशुल्क की व्यवस्था रही है सदा, इसलिए मैं आया, वरना मुझे आपसे भीख नहीं मांगनी है। आपका यह कहना सही ही है। मैं बहुत धनवान व्यक्ति हूं।' और मैं उठकर चला अया। श्री अग्रवाल को पता चला तो वे बड़े दुःखी हुए और उन्होंने कहा—'आप शिविर वहीं लगाएं शुल्क मैं भर दूंगा। हालांकि ऐसा आज तक कभी नहीं हुआ था। जो भी हो, अब यदि आपका शिविर वहां न लगा तो मुझे बहुत दुःख होगा।' वह बहराहल श्री अग्रवाल के बार-बार आग्रह करने पर मैंने शिविर वहीं लगाया। मैंने शुल्क देने की पेशकश की पर अग्रवाल जी ने नहीं लिया। उन्होंने कहा वह उनकी ओर से सहयोग है। शायद उन्होंने भरा होगा 300 रुपए।

तो लोगों की धारणा थी व है कि ओशो के शिष्य बहुत धनवान हैं। वे तो धनवानों के गुरु हैं। सो ओशो का नाम अधिकारियों के समक्ष मात्र उछालते रहने के उद्देश्य से मैंने डिवीजनल रेल मैनेजर जबलपुर को जून 1984 में एक एप्लीकेशन भेजा कि मुझे नो आब्जेक्शन सर्टीफिकेट दिया जाए क्योंकि मुझे अपने गुरु भगवान श्री रजनीश के दर्शन करने रजनीशपुरम अमरीका जाना है। वहां से कुछ दिनों बाद उत्तर आया कि 'नो आब्जेक्शन सर्टीफिकेट' जनरल मैनेजर बाम्बे से मिलती है, अतः उन्हें ही एप्लीकेशन भेजें; साथ ही यह भी अवश्य दर्शाएं कि वहां जाने-आने, रहने में होने वाले व्यय की व्यवस्था कैसे करेंगे (How will you meet the funds?) रजनीशपुरम जाने के लिए न मेरे पास पैसे थे, न मैंने कभी अपनी सीमा के बाहर के सपने देखे, स्वभावतः मुझे जाना-वाना नहीं था। मैंने तो यूं ही कागजी घोड़ा दौड़ा दिया था। रेलवे की विभागीय डाक भेजने व प्राप्त करने का अपना एक अलग ही सिस्टम है जिसमें पोस्टल स्टांप भी नहीं लगती, मुफ्त डाक जाती है। पर मैंने उस दिशा में कुछ न किया; करीब-करीब भूल सा गया।

शायद जुलाई 1984 की कोई तारीख होगी जब कटनी में सतना के लिए ट्रेन पकड़नी थी। जगह देख ही रहा था कि बिहार वाले बाबा स्वामी कृष्ण नारायण भारती दिख गए। उन्हीं के पास जाकर बैठ गया। क्या खूब! वे तो रजनीशपुरम अमरीका से तृतीय विश्व महोत्सव में भाग लेकर लौट रहे हैं। मैंने पूछा कि क्या राज है ? कैसे संभव हो कि मैं भी एक बार हो आऊं ? उन्होंने कहा—'राज जरा सा है। बस कह दो कि चतुर्थ विश्व महोत्वस में भाग लेने जा रहा हूं, जो भी पूछे कि 'क्या आप जा रहे हैं ?' आप कहिए 'जी हां, मैं जा रहा हूं,

बस जा रहा हूं, जा रहा हूं पूर्णता से कहते रहिए और चले जाएंगे।' मैंने कहा, कमाल है और कुछ करना-धरना नहीं पड़ेगा ? वह सब भगवान कर लेता है; बस आपको तो इतना ही कहना है कि मैं जा रहा हूं बड़ी ठहाकेदार हंसी हुई दोनों की। मैंने कहा: 'ठीक है, जा रहा हूं मैं भी।' सतना तक रजनीशपुरम की आनंद ऊर्जा लुटाते-बांटते रहे बाबा, सतना फिर आएंगे कहकर बढ़ गए घर की ओर।

उसी के कुछ दिन बाद स्वामी प्रेम चिन्मय बोकारो स्टील सिटी वाले सतना आए। यह हमारा प्रथम मिलन था। इसके पहले हम एक-दूसरे को न जानते थे। रजनीशपुरम से स्वामी योग प्रताप भारती ने रजनीशटाइम्स की कुछ प्रतियां उनके हाथों भेजी थीं। वही मुझ तक पहुंचाने आए हैं। वे रजनीशपुरम तृतीय विश्व महोत्सव से होकर आए हैं। आनंद एवं प्रसाद उनकी आंखों में तैरता दिख रहा है। मस्ती पोर-पोर से छलकी पड़ रही है। उन्होंने कहा—'स्वामी जी, आप भी एक बार रजनीशपुरम हो आएं, मेरा कहा मानें एक बार जरूर हो आएं। वहां जो अमृत बरस रहा है, वह अभूतपूर्व है। जानता हूं आपको अमृत का स्वाद ओशो की कृपा से घर बैठे मिला है फिर भी मेरा भाव है कि आप एक बार गुरु का वह चमत्कार अवश्य देख आएं जो रजनीशपुरम में घटित हो रहा है।'

उनकी मस्ती का आनंद लेते हुए मैंने कहा—'कभी अवश्य जाऊंगा।'

उन्होंने कहा 'अगले वर्ष होने वाले चतुर्थ विश्व महोत्सव पर क्यों नहीं जाते ?'

'नहीं जा सकता'

'क्यों नहीं जा सकते ?'

'बाद में देखूंगा, जाऊंगा तो जरूर ही, पर बाद में।'

'अभी क्यों नहीं जाते ?'

'नहीं जा सकता स्वामी जी, बात इतनी नाजुक है कि क्या बताऊं। वहां से ओशो की माताजी, प्रताप व तरु बार-बार उत्प्रेरित कर रहे हैं, मेरे जाने का भाव भी है, पर पैसे मेरे पास नहीं हैं। मैं नौकरी छोड़ दूं तो मुझे जो पैसे मिलेंगे उसमें से रजनीशपुरम जाकर आ सकता हूं। पर नौकरी छोड़ देने पर वीसा मिलना कठिन हो जाएगा। सेंट्रल गवर्नमेंट की नौकरी है, उसमें बने रहने पर वीसा मिलने में अधिक सरलता होगी। तो यह तो हो सकता है कि किसी से पैसे मिल जाएं तो रजनीशपुरम जाऊं, लौटकर रेल सेवा से इस्तीफा दूं और तब जो पैसे मिलें उनमें से उस मित्र के पैसे वापस कर दूं। मगर यह बात ऐसी है कि किसी से कहते भी तो नहीं बनती। कौन मानेगा ? सच भी है। यह कोई मानने की बात है कि आपको आज कोई

पैसे दे, आप वहां जाएं, लौटने पर रेल सेवा से मुक्ति हेतु तीन माह का नोटिस दें। तीन माह बाद मुक्त होने पर महीने भर बाद पैसे मिलें तब आप पैसे वापस कर देंगे। इस तरह न किसी से कहते बनता है, न कोई समझेगा या मानेगा। इसलिए अभी जाने की नहीं सोचता।

उस दिन इस तरह की बातें करके स्वामी प्रेम चिन्मय अपनी बहन के यहां चले गए जो कि सतना में ही थीं उस समय। अगली प्रातः पुनः आए। स्वामी प्रेम चिन्मय जिस तरह ओशो-प्रेम से लबालब भरे थे, उसका बता पाना असंभव है ! आनंद में उनकी आंखें हर क्षण छलछलायी रहतीं; लगता आंसू अब छलके, अब छलके ! उन्होंने आज मुझसे कहा; 'स्वामी जी, नौकरी पेशा वाले के पास पैसा इतना तो बचता नहीं कि रजनीशपुरम जा सके [स्वामी प्रेम चिन्मय बोकारो स्टील प्लांट में इंजीनियर हैं] सो मैं तो मेरे पास एक कार थी, उसे ही बेचकर रजनीशपुरम के दर्शन कर आया व गुरु कृपा में स्नान कर आया। उस बेची हुई कार के बचे हुए 16000 रुपए अलग ही रखे हैं, उनकी अभी मुझे कोई जरूरत नहीं है। यदि आप अनुमति दें तो बोकारो पहुंचते ही बैंक ड्राफ्ट द्वारा भेज दूं। कुछ और व्यवस्था करके चतुर्थ विश्व महोत्सव में आप अवश्य शामिल हों, ऐसा मेरा भाव है।'

मैंने कहा; 'नहीं, अभी बैंक ड्राफ्ट न भेजें' क्योंकि अभी भी यह तय नहीं है कि नौकरी जारी रखूंगा या नहीं। क्योंकि मेरा मन नौकरी में जरा भी नहीं लग रहा है। तो यह भी हो सकता है कि अभी भी नौकरी छोड़ देने का निर्णय ले लूं। उस हालत में पैसा मुझे मिल ही जाएगा। और यदि यह निर्णय लिया कि नौकरी अभी नहीं छोड़नी है और मुझे जरूरत हुई तो मैं आपको लिखूंगा।'

'आप निःसंकोच आदेश करिएगा, वे पैसे रखे ही हैं, खबर मिलते ही भेज दूंगा।'

मैं पुनः उस बात को भूल गया क्योंकि पास में पैसे नहीं तो तकलीफदेह है मामला। तभी नवंबर के प्रथम सप्ताह में मेरे एक अधिकारी आए हुए थे सतना। उनके साथ रेस्ट हाउस में बैठा हुआ था। जाने क्या प्रसंग था कि मैंने उन्हें बताया कि मैंने एन० ओ० सी० के लिए अप्लाई किया था तो यह जवाब आया है। उन्होंने बताया कि उनके लड़के को कनाडा जाना था तब यही बात उनसे भी पूछी गई थी तो उन्होंने लिख दिया था कि 'फंड' की व्यवस्था मेरी पारिवारिक बचत से तथा इनलाज़ (In laws) की मदद से करूंगा। मुझे हंसी आयी मैंने कहा यह तो बड़ा गोलमोल परंतु कारगर तरीका लगता है। इनलाज़ में साले-बहनोई, सास-श्वसुर, चचिया सास-श्वसुर व ममिया सास-श्वसुर सभी आ जाते हैं। उन्होंने बताया कि हां उन्हें भी किसी ने सलाह ही दी थी। और यही लिखकर भेज दिया था, N.O.C. बनकर आ गई थी। मैंने कहा मैं भी यही लिखकर भेजता हूं।

अतः अगले दिन पुनः एक कागजी घोड़ा तैयार किया जनरल मैनेजर मध्य रेलवे बंबई के नाम। उसमें यही निवेदन किया कि 'मुझे N.O.C. (नो आब्जेक्शन सर्टीफिकेट) दी जाए क्योंकि मुझे अपने गुरु भगवान श्री रजनीश के दर्शन हेतु रजनीशपुरम ओरेगान अमरीका जाना है। जहां तक 'फंड' आदि का सवाल है, उसकी व्यवस्था मैं अपनी पारिवारिक बचत व इनलाज़ की मदद से करूंगा।' इस कागजी घोड़े को सतना में ही संबंधित क्लर्क को दे दिया। अब वह डिस्पैच करता रहेगा। मैं तो भूल भी गया एप्लीकेशन देकर जब एक दिन मुझे सूचित किया गया कि आपकी N.O.C. आ गई है, ले लें आकर। मैं बड़ा खुश हुआ। जिंदगी में पहली बार N.O.C. देखूंगा क्या बला होती है। वह यूं थी—

Central Railway
(भारतीय रेल का मोनोग्राम) General Manager's Office
Victoria Terminus
BOMBAY-400 001

No. HPB/207/T/D/T/L0C0/III Dated 26.12.1984

To,

The Regional Pass Port Officer

'No Objection Certificate'

Shri S.P. Singh, working as a Loco Inspector of this Railway at SATNA on Jabalpur Division, desires to go to Oregon' U.S.A. as a Tourist on Pilgrimage Tour.

The Railway Administration has no objection to a Pass Port for visiting the above countries being issued in his favour.

Sd/- Balbir Singh
Dy Chief Personnel Officer
For General Manager

अब संबोधि जी (पत्नी) से विचार-विमर्श किया कि एन० ओ० सी० तो आ गई, अब क्या करें। कई दिन के विचार-विमर्श के बाद यह तय हुआ कि स्वामी प्रेम चिन्मय को लिख दूं कि पैसे भेज दें वे और पासपोर्ट भी बनवा लूं। यदि न जा सका तो पासपोर्ट तो रहेगा कि भाई पासपोर्ट बनवाया था पर जाना संभव नहीं हुआ। वैसे जैसे खुद की शादी नहीं हुई पर

बारात तो गया हूं। रह गया पैसा तो पैसा बुलवाकर रखा रहेगा, न गया तो वापस भेज दिया जाएगा।

पासपोर्ट के लिए फार्म वगैरह प्रधान डाकघर से स्वामी ओंकारनाथ भारती ले आए, पर जब उस फार्म को देखा तो मेरे मुंह से निकला—'भइया मेरा रजनीशपुरम जाना न हो पाएगा, इतनी फार्मलिटीज वाला फार्म है कि पूरा प्रपंच है, इसे भरना मेरे वश की बात नहीं है। तो ओंकारनंद ने कहा कि एक शाम मैं बैठकर भर दूंगा, आप हस्ताक्षर तो कर देंगे ? मैंने कहा यदि आप इतना करने को तैयार हैं तब मैं भी देखूंगा कि क्या है वह सब ?'

हम दोनों एक शाम बैठे और फार्म भर लिए, कुछ औपचारिकताएं थीं जो एक या दो दिन में पूरी करके एप्लीकेशन फार्म पासपोर्ट अधिकारी भोपाल के नाम रजिस्ट्री कर दिए। साथ ही स्वामी जी को भी पत्र लिख दिया कि वे पैसे भेज दें। स्वामी प्रेम चिन्मय ने 16000 रूपए के बजाए 1000 और मिलाकर 17000 रूपए भेजे जो कि 11 फरवरी 1985 को प्राप्त हो गए। उन्होंने संलग्न पत्र में यह निवेदन किया कि यदि मा संबोधि जी भी साथ जाएं तो बहुत खुशी होगी। खैर मा जी तो नहीं जा सकीं, वह खुशी मित्र को नहीं दे सका, इसका खेद है। हां इन्होंने शेष पैसे मिलाकर मेरी तैयारी पूरी कर दी। एक दिन सी० बी० आई० के कुछ अधिकारी पूछताछ के लिए आए। यह पुलिस वेरिफिकेशन सी० बी० आई० के माध्यम से होता है अब मुझे ज्ञात हुआ। मैं आज मध्यप्रदेश के पासपोर्ट अधिकारी भोपाल के यहां के सिस्टम व चुस्ती की प्रशंसा किए बगैर नहीं रह सकता कि न मेरी कोई जान, न पहचान, न कोई तिकड़म न कहीं कोई घूस और एप्लीकेशन भेजने के ठीक तीसवें दिन पासपोर्ट बनकर आ गया, 23 फरवरी 1985 का बना पासपोर्ट, व्यवसाय (Profession) में 'गवर्नमेंट आफीसियल' लिखा हुआ। हां एक चीज भूल गया बताने को। वह यह कि पासपोर्ट संबोधि का भी साथ ही बनवाया गया था। इनका भी बनकर अलग रजिस्ट्री से एक दिन पहले या पीछे आ गया। मैं पुनः धन्यवाद देना चाहूंगा भोपाल के पासपोर्ट अधिकारियों को जो कितनी तत्परता से पुलिस वेरिफिकेशन करवाकर पासपोर्ट बनाकर भेज दिए वरना इस देश में सरकारी फाइलें बहुत धीमी सरकती हैं।

आश्चर्य लग रहा था कि हंसी-हंसी में एक-एक 'स्टेप' सफल होते जा रहे हैं। वहां जाने के प्रति मैं तनिक भी गंभीर न था। यूं ही हंसी-हंसी में सब हुआ जा रहा था। मार्च में मैं और संबोधि नई दिल्ली गए वीसा के लिए। ठहरे स्वामी सतीश सत्यार्थी के यहां। पंद्रह साल पुरानी मेरी दाढ़ी (जो नाभि तक लहराती थी) व सिर के लटकते बाल भी मा दिव्यम गीता ने रात ट्रिम किए वीसा के लिए। लोगों का सुझाव था कि बड़ी दाढ़ी भी वीसा मिलने

में बाधक हो सकती है। दाढ़ी से मुझे प्यार था पर जब स्वामी सतीश सत्यार्थी ने मेरे प्रश्न के उत्तर में यह तर्क दिया कि जैसे कोई इंटरव्यू देने जाता है तो मात्र उत्तर सही दिए जाना काफी नहीं होता, उम्मीदवार को स्वच्छ व चुस्त बनकर जाना चाहिए, उसी तरह यद्यपि गलत है पर अमरीकियों के मन में कहीं धारणा बनी बैठी है कि बड़ी दाढ़ी को वीसा देना यानि अपने देश में गंदे, गरीब लोगों को भेजना। इस तर्क से मेरी तसल्ली हुई और मैं दाढ़ी ट्रिम करवाने को राजी हो गया। इतना आनंद और मस्ती थी कि क्या कहने ! इतना सहज ढंग से सब हुआ जा रहा था। अगली सुबह मैं व संबोधि अमरीकी दूतावास गए मेरे वीसा के लिए। सतीश जी हमें अपनी कार से भेज आए। वीजा अधिकारी से मेरी मुलाकात व बात हुई। उसने ढेर सारे प्रश्न किए, सब कागजात देखे, संतुष्ट हो गया। और 'विद बेस्ट काम्पलीमेंट्स'—यूनाइटेड स्टेट्स आफ अमरीका' का स्लिप पासपोर्ट पर लगा दिया और चार बजे शाम वीसा ले जाने के लिए बुलाया। हम खुशी-खुशी वापस सतीश जी के यहां गए। वहां से मैं व संबोधि चार बजे वीसा लेने गए तो वेटिंग रूम में बैठना पड़ा। एक-एक का नाम एनाउंस होता, वह व्यक्ति खिड़की पर जाता, अपना वीसा लेता व खुशी से उछलता चला जाता बाहर। क्योंकि सुन रखा था कि अमरीका का वीसा मिलना सर्वाधिक कठिन बात है। कितने लोगों को सुबह रिजेक्ट कर दिया, बेचारों का चेहरा उतर जाता, उदास हो जाते ! कुछ देर बाद जब वेटिंग रूम खाली होने लगा तो मैंने सोचा क्या मेरा वीसा इतना नीचे पड़ गया है ? खैर होगा। बैठे-बैठे जब वेटिंग रूम पूर्णतः खाली हो गया और मेरा नाम न पुकारा गया तब मैं खिड़की पर गया और अपने वीसा के बाबत पूछा। उस भले आदमी ने बताया कि उसके इंचार्ज ने मेरा वीसा रद्द कर दिया है। मैंने पूछा क्यों ? उसने कहा—'आपके पास फंड कम है।' मैंने कहा—'मेरे पास फंड क्यों कम है ? आने-जाने के टिकट और रजनीशपुरम में एक सप्ताह ठहरने भर को चाहिए, उतना है। एक बार हम रजनीशपुरम पहुंचकर वहां के महोत्सव शुल्क भर देते हैं उसके बाद एक पैसा हमें नहीं लगता। न खाने का, न पीने का, न ट्रांसपोर्ट का।

उसने कहा,—मैं कुछ नहीं कर सकता।'

मैंने कहा—'क्या मैं आपके इंचार्ज से बात कर सकता हूं ?' उसने जाकर इंचार्ज को बुला दिया।' मेरी उस इंचार्ज से खासी झड़प हो गई। वह टेलीफोन डायल करने लगा तो मैं समझ गया वह पुलिस को डायल कर रहा है। अतः मैं वहां से चलता बना। बाहर आकर जब आटो पर बैठा संबोधि के साथ तब मैं जोर से फूट-फूटकर रो प- .। अब मुझे पता चला कि वीसा नामंजूर होना—वह भी रजनीशपुरम के लिए—क्या है ! अभी तक सबसे कहता फिरता था: 'भई अपने आप सब हुआ जा रहा है, तो मैं चला जा रहा हूं वरना फिक्र नहीं करता।

ओशो तनिक भी दूर हैं, ऐसा कभी नहीं लगता क्षणभर को भी।' सो अब पता चला कि क्या है ओशो की सशरीर उपस्थिति में होना या उससे वंचित होना। मैं पूरा रास्ता बच्चे की तरह जोर-जोर से चीख-चीखकर रोता गया। संबोधि मुझे पुचकारतीं; प्यार करतीं; ढाढ़स बंधातीं कि अभी तो काफी समय है। दोबारा ट्राई करना, मिल जाएगा और पैसों की व्यवस्था कर लेंगे थोड़े से। मत इतना दु:खी हो!'

सतीश स्वामी के घर पहुंचा तो चेहरा भयंकर रूप से उतरा हुआ, दु:खी। सुबह वीसा मंजूर हो चुकने के बाद अपराह्न नामंजूर हो गया। अजीब हालत थी मेरी!

दिल्ली से ही रजनीशपुरम प्रताप जी को व शीला को पत्र लिखकर सूचित किया कि ऐसा-ऐसा हो गया, अत: अब नहीं आ रहा हूं। इन सबको खबर हो गई थी कि मेरा वीसा भी बन गया, पैसों का प्रबंध भी हो गया और मैं इस महोत्सव पर आ रहा हूं। बोकारो वाले स्वामी प्रेम चिन्मय को भी सूचित कर दिया कि ऐसा-ऐसा हो गया अब मैं नहीं जा रहा हूं। हां, पुरम को सूचित किए दे रहा हूं। उनका 9 अप्रैल को लिखा पत्र मुझे 15 अप्रैल को मिला जो यूं था—

ऊं नमो भगवान श्री

बोकारो स्टील सिटी
दिनांक 9/4/85

श्रद्धेय स्वामी जी एवं मा,

प्रणाम एवं जय भगवान श्री। पत्र पढ़ा। समानुभूति में दो अश्रु मेरे भी निकल ही गए। जो मर्जी मालिक की। अभी भी मुझे ऐसा लगता है, आप जरूर जाएंगे।

आपने ठीक ही किया 'पुरम मा शीला को लिख दिया है। वैसे 9 डालर का अंतर का सवाल है वह हल हो जाएगा।

20 डालर प्रत्येक यात्री को एयरपोर्ट पर ही उतनी रुपए में राशि देकर स्टेट बैंक से मिलता है। प्रत्येक यात्री को रिजर्व बैंक दो वर्षों में एक बार F. T. S. सुविधा के अंतर्गत 500 डालर देती है। जैसा सर्टीफिकेट मांगते हैं, लेकर दे दें। यदि 'पुरम से संभव हो तो एयर टिकट भी मिल जाए साथ में स्पांसरशिप, तो ये लोग मना नहीं कर सकते हैं। प्रयास कर सकते हैं। फिर मालिक को जो मंजूर!

अजीब घटना घटी आपके साथ! दो बार खुशी के एवं विषाद के क्षण सिर्फ एक दिन के अंदर। कैसे-कैसे खेल खेल रहा है वह, पता नहीं। लगता है कुछ आकस्मिक अच्छाई के

लिए यह उतार-चढ़ाव। हिम्मत न हारिए बिसारिए न रजनीश !

मेरी तरफ से कोई संभव एवं असंभव प्रयास नहीं। लग रहा है कि मुझसे सहज हो रहा है, आपके अनुग्रह के लिए बहुत-बहुत धन्यवाद परंतु तब जब सार्थक हों।

जैसे परमात्मा की अनुकंपा अपार है वैसे मनुष्य की मूढ़ता की भी कोई सीमा नहीं है। हद कर दी कंसुलेट जनरल ने !

मेरे योग्य कोई सेवा हो तो लिखिए। आगे कुछ लिखते नहीं बन रहा है।

मा योग संबोधि एवं प्यारे स्वामी अमृत भारती को प्रणाम एवं प्रभु-स्मरण !

'पुरम से संपर्क किया उसके समाचार दीजिएगा। शेष प्रभु-कृपा। जय रजनीश !

स्वामी प्रेम चिन्मय के प्रणाम

एक अदिनांकित पत्र स्वामी शैलेंद्र सरस्वती (ओशो के अनुज) का भी रजनीशपुरम से मिला जो कि यूं है—

आदरणीय संबुद्धाचार्य स्वामी अगेह भारती जी,

सप्रेम नमन्।

सुसमाचार यह है कि महोत्सव में सम्मिलित होने के लिए आपको आगमन हेतु स्वामी सत्यानंद भारती—4715 टेलीग्राफ एवेन्यू, ओक़लैंड, कैलीफोर्निया- 94609 – आपको निमंत्रण पत्र व आवश्यक कानूनी कागजात भेजकर स्पांसर करेंगे, जिन्हें लेकर आप पुनः नई दिल्ली जाइए। और यदि वे पूछें कि अमरीका में आपका खर्च कौन वहन करेगा तो आप सत्यानंद जी का नाम बताएं। आशा नहीं वरन् पूर्ण विश्वास है कि जुलाई में आपके व मा संबोधि के दर्शन पाने का सौभाग्य अवश्य उपलब्ध होगा। हम लोग सब मौज में हैं व यही कामना आप सब परिवारजनों के लिए करते हैं। संबुद्ध योग प्रताप जी महाराज सकुशल हैं। प्रिया अक्सर आपका, व बच्चों का स्मरण करती रहती है। शेष शुभ। वहां सबको प्रेम।

आपका शिल्लू

रजनीशपुरम से प्रताप जी का भी पत्र आया था जो कि अप्राप्य है। उस पत्र का सार तत्व यही था कि आपके पास जो कागजात थे, वे भी काफी थे। कायदे से वीसा नामंजूर उस पर भी नहीं होना था। पर अमरीकी कंसुलेट जनरल की हठधर्मी है। पर जल्दी ही आप स्वामी सत्यानंद द्वारा स्पांसर लेटर व आवश्यक कानूनी कागजात प्राप्त करेंगे। उसे लेकर पुनः जाइए

वहां। तब वह रद्द करना भी चाहे तो वीसा रद्द नहीं कर सकता।

दो चार दिन बाद स्वामी सत्यानंद भारती का स्पांसर लेटर वगैरह तो आ गया पर तब उस समय दिल्ली की हालत बड़ी खराब थी। शहर के ज्यादा भाग कर्फ्यू में थे। हर जगह मार-काट, धर-पकड़, फायरिंग चल रही थी। रेलवे स्टेशन पर भी सुरक्षा नहीं थी। बंबई जाने में खतरा यह था कि कहीं वह कागजात देखते ही धारणा बना ले कि दिल्ली में नामंजूर हो जाने के कारण यहां आया हूं तो गड़बड़ कर सकता है। पर बहुत विचार-विमर्श के बाद तय हुआ कि दिल्ली जाना तो जान-बूझकर मौत के मुंह में जाना है, वहां तो सुरक्षा ही नहीं है। अतः बंबई गया। इस बार संबोधि जी न चल सकीं।

बंबई जाकर चर्चगेट में स्वामी निर्वाण भारती (श्री कौशिक वी.वोरा) के यहां ठहरा। बंबई जब भी जाता हूं ठहरने के लिए वहीं पहुंच जाता हूं, जैसे अपना घर हो। कौशिक भाई व मंजू दोनों का अतिशय स्नेह है। वहां से कब गया या कैसे गया कुछ भी याद नहीं, इतना भर याद है कि 'सरलट्रेवल्स' वाले स्वामी योग अमृत के यहां जब पहुंचा तो मेरे साथ नीरू (मा अर्चना) थी और मैं अत्यधिक थका हुआ था। वह मेरी केयर ले रही थी। टैक्सी छोड़ने के बाद मैं करीब-करीब उसका सहारा लेकर चल पा रहा था। स्वामी योग अमृत ने कागजात देखे तो कहा—'दिल्ली जाने पर तो यह केस तत्काल सही हो जाएगा पर बंबई में वीसा नहीं मिलेगा। निश्चित है कि बंबई वाला समझेगा कि दिल्ली में नामंजूर हुआ तो यहां आए।

जहां से 'इनीशिएट' हुआ है, वहीं जाना चाहिए वीसा लेने। मैंने कहा: 'दिल्ली की हालत खराब होने के कारण ही वहां नहीं गया यह बताने पर काम नहीं बनेगा? आखिर दिल्ली की हालत तो सबको पता है ना!' स्वामी योग अमृत ने कहा—'भई, पता है तो भी मेरे ख्याल से न मिलेगा और उन्होंने अपने आफिस स्टाफ में से किसी काफी सीनियर व अनुभवी एवं होशियार लड़की को बुलाकर मेरे कागजात उसके सामने बढ़ा दिया कि: 'क्या कहती हो?' उसने कागजात देखते ही कहा, 'दिल्ली जाने पर शत-प्रतिशत वीसा मिल जाएगा; और यहां बंबई के अमरीकी कंसुलेट आफिस जाने पर शत-प्रतिशत रिजेक्ट हो जाएगा क्योंकि जहां से इनीशिएट हुआ है, वहीं से ओ० के० किया जाता है।' मैं बहुत नर्वस सा था। लगता था गिर जाऊंगा। मैंने स्वामी जी को बताया कि यहां से दिल्ली 1545 किलोमीटर है, इतनी दूर यदि सेकेंड क्लास में यात्रा करूंगा तो दिल्ली पहुंचते-पहुंचते जिंदा न बचूंगा। मुझे सेकेंड क्लास में शोरगुल, सिगरेट-बीड़ी, गंदे टायलट व अनेक ऐसी बातों से बेहद तकलीफ होती है। मेरी सामर्थ्य के बाहर है सेकेंड क्लास में यात्रा करना। और यहां से दिल्ली तक ए० सी० में यात्रा करने भर को पैसे मेरे पास नहीं हैं, यह तो बड़ी कठिनाई में पड़ गया।' सतना वापस

जाने के लिए तो ए.सी. के लिए रेलवे का फ्री पास है, पर सतना जाता हूं तो दिल्ली जाने के लिए पुनः अवकाश मिलना बहुत कठिन हो जाएगा। मैं एक जिम्मेदार पद पर काम करता हूं मुझे स्वयं शर्म लगेगी बार-बार छुट्टी मांगने में। अभी तीन माह के भीतर मैंने तीन बार अवकाश पहले ही लिया है। तब तक मेरी हालत काफी खराब हो चुकी थी। बंबई में वैसे मुझे सांस लेने के लिए हवा कम पड़ती है, कोई अर्जेंट जरूरत न हो तो बंबई नहीं जाता। फिर बंबई की वह भीड़-भाड़! सब मिलाकर ऊर्जा क्षीण हो जाती है और आज तो मानसिक रूप से भी बड़ा दबाव था।

नीरू के साथ बाहर निकला तो मैं बड़ा असहाय व बेबस लग रहा था। मैं क्या करूं समझ में नहीं आ रहा था। मैंने नीरू से पूछा 'नीरू, बता, अब क्या करूं?' नीरू मेरा हाथ थामे सहारा दिए ले चल रही थी। उसने कहा, 'आप सबसे पहले तो घर चलिए, स्नान करके थोड़ा आराम करिए, उसके बाद विचार कर लेना कि क्या करना है। पर अभी तो लगता है आप गिर पड़ेंगे।' यहां मैं स्मरण दिलाना चाहूंगा कि 1984 में जब अगेह भारती के संबुद्ध होने की घोषणा प्रभु श्री ने अमरीका में की, तभी से अगेह भारती के शरीर पर अनेक चीजें घटित हो रही थीं। सब मिलाकर ऐसा समझें कि शरीर बड़ा नाजुक एवं संवदेनशील हो चला है। मुझे नीरू की सलाह ठीक लगी क्योंकि यदि मैं कहीं गिर पड़ा तो यह लड़की बेचारी क्या करेगी? नाहक परेशान हो जाएगी! यह मलाड में रहती है जो कि बहुत दूर है। गनीमत है कि इसके भाई स्वामी कृष्णवेदांत व भाभी बिंदिया को कोई चिंता नहीं है यदि नीरू मेरे साथ है तो। इसके रात न जाने से भी, वे चिंता न करेंगे बल्कि जब वह मेरे साथ है तो वह मुझे छोड़कर घर लौटे यही एक आश्चर्य की बात होगी। हां, बंबई होने पर वह मेरी केयर लेती।

सो मैंने उसकी बात मान ली। हमने एक टैक्सी लीया व चर्चगेट के लिए चल दिए। इससे तात्कालिक राहत भी महसूस हुई। हमेशा ही मस्तिष्क पर अधिक दबाव पड़ता है द्वंद्व में, कि यह करूं या वह करूं? दो में एक निर्णय ले लिया जाए तो द्वंद्व समाप्त। यह सब जानते हुए भी कभी-कभी दो विकल्प एक साथ सोचना ही पड़ता है। जैसे मैं सोचने लगूं नीरू तुरंत टोकती, 'स्वामी जी, अभी नहीं, घर पहुंचकर स्नान करने के बाद।' और मैं हंस पड़ता।

हम चर्चगेट पहुंचे तो मंजू थी, कौशिक भाई अभी आए न थे। मैं एक गिलास मौसमी का जूस लेकर लेट गया। कुछ देर बाद उठा, स्नानादि किया। तब तक कौशिक भाई भी आ गए। फिर से कोर्ट लगी और विचार-विमर्श होने लगा। मैंने बार-बार अपनी क्षमता का भीतर ही भीतर आकलन किया और दिल्ली तक द्वितीय श्रेणी में यात्रा करने के ख्याल मात्र से कलेजा कांप जाता। अतः मैंने ही निर्णय लिया कि अब कल सुबह बांबे में ही अमरीकी

कंसुलेट आफिस जाऊंगा। वीसा मिला तो समझ लूंगा रजनीशपुरम जा रहा हूं। यदि न मिला तो समझ लूंगा ओशो नहीं बुला रहे हैं, बात खत्म। सभी ने इस निर्णय का हंसी के साथ स्वागत किया, सारा वातावरण रिलैक्स हो गया, मैं भी रिलैक्स हो गया। कौशिक भाई ने यह भी कहा कि मिलेगा, स्वामी जी मिलेगा वीसा। सुबह मैं चलकर आपको वहां छोड़ आऊंगा। इसके बाद हंसी व मस्ती की बातें होने लगीं। सारा वातावरण आनंदपूर्ण हो गया। रात भोजन वगैरह करके जल्दी सो गया।

सुबह कौशिक भाई मुझको व नीरू को कंसुलेट आफिस छोड़ आए। वेटिंग रूम में बैठा अपनी बारी आने की प्रतीक्षा कर रहा था। किसी का वीसा मूंजर हो रहा था, किसी का नामंजूर हो रहा था। पर मैं एकदम रिलैक्स था व अपने निर्णय से शत-प्रतिशत संतुष्ट। मेरे लिए दूसरा विकल्प ही न था, यह समझ लिया था। मेरी बारी आयी तो कागजात लेकर खिड़की पर पहुंचा। कागज क्रमवार 'सेट' किया हुआ था मैंने ताकि पहले वही कागज दिखे जो देखना चाहिए; दूसरे क्रम पर जो कागज देखना चाहेगा, वह ढूंढ़ना न पड़े, दूसरे क्रम पर ही रखा मिले; इसी प्रकार तीसरा व चौथा। जब वह पहला कागज देख रहा था तभी मैंने धीमे से बताया कि, 'दिल्ली जाने पर तत्काल हो जाता क्योंकि उन्हें पूरा केस मालूम है, जो कमी बतायी थी उन्होंने वह अब पूरी हो ही गयी है, पर दिल्ली की खराब हालत के कारण यहां आने का निर्णय लेना पड़ा। वहां तो कर्फ्यू में भी मार-काट चल रही है।' उसने दूसरा कागज देखा वह रिलैक्स हुआ; तीसरा देखा तो ९९ प्रतिशत रिलैक्स हो गया; चौथे क्रम पर स्वामी सत्यानंद का स्पांसरशिप का लेटर हाथ में लेते ही उसको पूरा देखा भी नहीं; ओ० के० कर दिया। थैंक्यू कहकर मैं वहां से चला आया। नीरू के साथ वेटिंग रूम के बाहर आकर खूब हंसा व खुशी मनायी। एक बात उस दिन मैंने साफ देखी थी बैठे-बैठे। एक व्यक्ति जब खिड़की पर जाकर खड़ा होता तो मैं खिड़की पर बैठे अधिकारी की शक्ल को बड़े ध्यान से देखता रहा और एक चीज जो मैंने उस दिन 'आब्जर्व' किया वह यह कि किसी के कागजात में कुछ कमी दिखायी पड़ते ही, वह भी 'टेंशन' में होने लगता। और यदि कागजात बराबर हैं तो वह भी रिलैक्सड व प्रसन्न होता चला जाता। मैं इतना ध्यानपूर्वक उसे देखता रहा कि दूर बैठे-बैठे जहां से उनका एक शब्द भी मैं सुन नहीं सकता था, उसका चेहरा देखते-देखते मुझे पता चल जाता कि काउंटर पर खड़े व्यक्ति का वीसा मंजूर होने वाला है या नामंजूर होने वाला है और वह एकदम सही रहता। क्योंकि मंजूर होने पर उम्मीदवार प्रसन्न लौटता, नामंजूर होने पर दु:खी हो जाता। एक बार एक व्यक्ति के कागजात सही होते-होते अचानक जाने एक कागज पर कौन सी कमी नजर आयी कि उसका चेहरा तन गया और वह उससे

पूछताछ करने लगा। यहां तक कि मैं समझ गया कि उसका केस बिगड़ गया और सच ही, अंततः उसका वीसा रिजेक्ट हो गया। खैर वह दिन (17 मई 1985) मेरे लिए बड़ी खुशी और आनंद का दिन था। मेरे अलावा तीन और स्वामी थे, सभी का वीसा ओ० के० हुआ था।

हम बहुत खुश थे व हवा में उड़ रहे थे। एक स्वामी जी ने बताया कि पास ही चेनानी जी (स्वामी कृष्ण अरूप) का फ्लैट है और वे वहां जा रहे थे, पूछा आप भी चलेंगे ? मैंने नीरू की राय ली व हम दोनों भी जा पहुंचे। पैदल चलकर मुश्किल से तीन-चार मिनट की दूरी पर था। वहां आधा घंटे तक खूब आनंद मनाया वीसा मिलने का। वीसा मुझे मिला था चाय-नाश्ता स्वामी कृष्ण अरूप की ओर से। स्वामी जी ने कबीर पर एक पुस्तक भी मुझे भेंट की और हम चल पड़े। अब हम टैक्सी में बैठकर पहले सीधे घर आए चर्चगेट, मंजू को बताया। वह भी बहुत आनंदित हुई। कौशिक जी आफिस जा चुके थे। उन्हें फोन पर बताया, वे भी खूब मजा लिए! सरलट्रेवल्स को भी बताया वे भी आनंदित हुए। कुछ देर बाद हम उनके आफिस गए, टिकट वगैरह की व्यवस्था हुई। बंबई से न्यूयार्क, सेंटलुइस, पोर्टलैंड एंड बैक, T.W.A से जाना था। उन्होंने मुझे 26 जून तक आ जाने को कहा। 25 जून को हावड़ा-बांबे मेल से बंबई आ जाऊंगा, नीरू को बताया। और हंसी-खुशी सतना गया। वहां भी सब बड़े आनंदित हुए कि आखिर सब कठिनाइयां-परेशानियां दूर हो गयीं!

पांच

अब कुछ देर डायरी के साथ चलते हैं।

16 जून 1985

आज केंद्र पर जबलपुर की मा योग दीपा एवं स्वामी आनंद सरस्वती आए थे। दीपा जी ने बातचीत के दौरान जब कहा कि 'भगवान श्री को कहना कि एक बार भारत आकर दर्शन दे जाएं।' तो जैसे सारा वातावरण एक खामोशी में डूब गया। आंखें नमी के साथ बंद हो गईं। जब भी कोई भगवान का प्रेमी भगवान के प्रति ऐसे भाव व्यक्त करता है तो तड़प उठता हूं कि काश! इस प्रेमी को भगवान के दर्शन हो पाते!!

और ऐसा रोज ही होता है। तमाम लोग ऐसे भाव प्रकट करते हैं। बोकारो स्टील सिटी से स्वामी प्रेम चिन्मय की पत्नी मा आराधना ने भी तो अपने 27 मई के पत्र में लिखा है—'हो सके तो भगवान श्री को भारत ही ले आना।' इसी भांति जबलपुर में मालवीय जी के बच्चे पूछ रहे थे 'चाचाजी, क्या अब भगवान कभी भारत नहीं आएंगे? क्या हम उनके दर्शन से वंचित ही रह जाएंगे?'

23 जून 1985

हर रोज ही, चार-छह से लेकर दस-बारह रजनीशी शून्यदीप में पधार रहे हैं। कौन रजनीशपुरम जा रहा है यह खबर किस भांति बेतार के तार सी पहुंचती है यह भी गौर करने की बात है। मित्र आस-पास कटनी, जबलपुर, पन्ना-रीवा, इलाहाबाद, पिपरिया आदि से तो

आए ही; लखनऊ, वाराणसी, गाजीपुर के प्यारों को कैसे खबर लग गयी कि वे भी आए। लोगों में भगवान श्री के प्रति जो प्रेम है वह देख मैं अभिभूत हूं। एक भाव सबका ही है कि काश ! एक बार भगवान श्री दर्शन दे जाते !

□

आज सुबह ही तो बुखार उतरा है। तीन दिनों से हालत खराब कर दी। 103 डिग्री, 102 डिग्री, 100 डिग्री बस 100 से नीचे नहीं आ रहा था। डॉक्टर सुझाव देने लगा कि कार्यक्रम चार-छह दिनों के लिए स्थगित कर सकें तो ठीक, क्योंकि यह बुखार तकलीफ दे सकता है। मैं तो बस कराहता रहता हूं पर कोई कार्यक्रम स्थगित करने की बात करता है तो जान संकट में पड़ जाती है। मैंने डॉक्टर से कहा—'मुझे 24 जून के पूर्व अच्छा करिए ऐसे नहीं चलेगा। मुझे 24 जून को जाना ही है।'

बुखार नहीं उतरता था तो नहीं उतरता था। आखिर आज प्रातः छह बजे बुखार उतर गया। मुझसे अधिक मेरे परिवार के लोग प्रसन्न हैं।... कमजोरी बहुत है पर वह तो ठीक हो जाएगी। बुखार की हालत में तो उठा न जाता था।

रात भगवान श्री को जोर-जोर आवाज करके पुकारा था, चीख-चीखकर पुकारा था, हे भगवान ! सब कुछ ठीक हो जाने पर भी दर्शन न हो पाएंगे क्या ?......पर उनकी अनुकंपा अपार है ! मेरा तो अनुभव यही है कि पुकारिए और वह हाजिर है। मांगिए और वह मिला। यह जरूर ध्यान रखें कि क्या मांग रहे हैं ? किसलिए मांग रहे हैं ? मेरा यह भी भाव है कि जितना कोई कम मांगें करेगा उतना तत्काल सुन ली जाएगी। कभी कोई परमात्मा की परीक्षा लेने के लिए भी कुछ मांग सकता है। पर ऐसे परीक्षणों में वह असफल हो जाना पसंद करता है। कभी ऐसी पुकार भी सुन ली गई लगे तो वह संयोग मात्र है। वह तो आता है जब पुकार हार्दिक हो, वह तो सुनता है जब पुकार-पुकार हो। जब आप हिम्मत हारकर पुकारते हैं। जब आप पुकारते हैं नहीं; जब आपसे पुकार निकल पड़ती है, स्वतः।

25 जून, 1985

आखिर वह बहुप्रतीक्षित दिन व समय आ गया जब प्रभु श्री के दर्शनों के लिए चल देना है। हम रेलवे स्टेशन पहुंच गए हैं। हावड़ा-बंबई मेल मात्र पंद्रह मिनट देरी से चल रही है। कुछ क्षणों की प्रतीक्षा के बाद आ गयी वह। विदा देने आए स्वामी ओंकारानंद भारती, मा समर्पिता, स्वामी शंकर चैतन्य, मा भगवती व पच्चीसों संन्यासी, संन्यासिनें लोगों के ध्यानाकर्षण का मुख्य विंदु हैं। मा योग संबोधि व स्वामी अमृत भारती बंबई तक मुझे विदा

देने साथ चल रहे हैं। तीनों का आरक्षण ए० सी० में है। लगेज रख लिया गया है। भगवान के संन्यासी जहां खड़े हों, सभी का ध्यान उनकी ओर खिंचा सा रहता है। आखिर मेल धीमे से चल पड़ी है। 'भगवान श्री रजनीश की जय !' के नारे गूंज उठे हैं। किन्हीं की आंखों में भगवान श्री के लिए प्रेम के आंसू हैं, किन्हीं के होंठों पर उत्सवपूर्ण मुस्कान, किन्हीं की आंखों में इतनी चमक कि लगता है ट्रेन के साथ-साथ चले चल रहे हैं। आखिर प्लेटफार्म पीछे छूट गया है।

सवा घंटे बाद कटनी आया है। लगभग 20–25 संन्यासी यहां भी फूल मालाएं लिए भगवान श्री तक अपने प्रणाम पहुंचा रहे हैं, मा धर्म प्रिया (मीरा) की आंखें प्रेम रस से गीली हैं। स्वामी धर्म सागर भारती, मा पार्वती, स्वामी वेद सरस्वती, लाली, चिन्मय कीर्तन कर रहे हैं। सारे प्लेटफार्म का ध्यान इधर आकर्षित है कि कौन जा रहा है। उन्हें नहीं मालूम कि यह उत्सव 'कौन' जा रहा है के कारण नहीं है, 'कहां' जा रहा है के कारण है ! आज सुबह एक बात ख्याल में आयी थी, वह यह कि कटनी, जबलपुर, नरसिंहपुर, गाडरवारा, पिपरिया हर जगह मित्रों को खबर है और हर जगह मित्रगण भगवान श्री के प्रति प्रेम प्रकट करने आएंगे। गोरे गांव में भी संन्यासियों की अच्छी संख्या है, पर वहां बाम्बे मेल रुकती नहीं अतः वे ऐसे अवसरों से वंचित रहते हैं। कटनी में मिलने वालों में गोरे गांव के भी तीन संन्यासी दिख रहे हैं भक्ति, पवित्रो एवं स्वामी राम। कई मित्रों को रोना आ गया है। मीरा के तो हिचकी बंध गई है। मैं भगवान श्री के श्री चरणों का स्मरण करता हूं।.......अब ट्रेन यहां से चल पड़ती है।

मेल करीब-करीब ठीक समय चल रही है। अब जबलपुर आ गया है। यहां लगभग 50–60 मित्र आए हैं, तमाम फूल मालाएं, फल, फूल, मिठाइयां, प्रसाद अनेक आंखों में भगवान श्री के प्रति भेंट स्वरूप प्रेम के आंसू हैं। मेरी भी आंखें गीली हैं। इतनी फूल मालाएं गले में मेरे पड़ रही हैं, पर सब भगवान श्री को ही पहुंच जाती हैं। यहां एकाध मित्र सामान भी लाए हैं रजनीशपुरम हेतु। आनंद राहुल, (नाती) कृष्णदेव भारती (पुत्र) मा प्रेम गीता (बहू) पहले से ही जबलपुर गए थे सो वे भी आए हैं। स्वामी वेद मूर्ति की आंखों में आंसू हैं, स्वामी प्रेम विजय मुस्करा रहे हैं। राहुल किलकारियां भर रहा है मानो वह जान रहा हो कि मैं कहां जा रहा हूं। वह मेरी ओर देखकर इस तरह हंस रहा था कि मैं उसके प्रति मोह अनुभव कर रहा था। दो वर्ष का है वह। यहां से भी चल दी मेल। तुम्हें मोह अनुभव हो रहा हो या कुछ भी, सब कुछ से निस्पृह ट्रेन तो अपने समय पर चल ही देती है।

अब नरसिंहपुर आया है। ढेर सारे रजनीशी मिठाई, नमकीन लिए, फूल मालाएं और

ढेर सारा प्रेम भगवान श्री के प्रति अर्पित कर रहे हैं। मा अन्नपूर्णा (स्वामी प्रज्ञान भारती की मां) बहुत बुरी तरह से रो-रोकर भगवान श्री के लिए कह रही हैं कि एक बार दर्शन दे जाएं।

अब आया गाडरवारा। काका स्वामी आनंद सिद्धार्थ, स्वामी सुखराज भारती व दर्जनों प्रेमी-दीवाने। ढेर सारे बच्चे भी लाए गए हैं ताकि सबको मस्त मगन देखकर रजनीशपुरम में अलंकार को बता सकूं कि सब प्रसन्न हैं। हर जगह की भांति यहां से भी चल दी है ट्रेन।

पिपरिया भगवान के प्रति फूल मालाओं का ढेर— भगवान को कितना प्रेम करते हैं लोग। यह तो एक जगह रहकर नहीं, चल-चलकर ही शायद देखा-जाना जा सकता है। डिब्बे के सारे यात्री चकित हैं रजनीशियों का प्रेम एवं भगवान के प्रति उनकी श्रद्धा देखकर।

अब आया इटारसी। मैं तो सो गया था। क्योंकि यहां तो किसी के आने की संभावना नहीं थी। मेरे एकाध चित्र सोते हुए ही लिए जा चुके तब जगाया गया। देखा तो स्वामी निकलंक भारती (ओशो के अनुज) होशंगाबाद से आए हैं। इटारसी में भी सात-आठ संन्यासी हैं, मालूम न था। अहा ! यहां तो कैमरा रुकने का नाम नहीं ले रहा है। चित्र सेशन के बाद फूल मालाएं हर एक ने ...तत्पश्चात् कोल्डड्रिंक का दौर चला। लौटने पर एक दो दिन के लिए निकलंक जी के पास रुकने का उनका मधुर आग्रह... और ट्रेन चल पड़ी। रात के 9 बजे हैं। अब हम सो जाना चाहते हैं। लेटे और सो गए।

25 जून 1985

मेल 09.35 बजे कल्याण आ गयी अर्थात 15 मिनट समय से पूर्व। यहां मनोरमा (भतीजी) व उसके पति श्री भगवती सिंह मिलने आए हैं। बहुत पानी बरस रहा है वे भीग गए हैं। ट्रेन भी चलने के बजाए खड़ी है। पानी निरंतर बरस रहा है। वातावरण में ठंडक हुई जा रही है। हमारे बार-बार कहने पर वे दोनों 11.45 बजे घर गए। ट्रेन शाम 4 बजे तक खड़ी रही। पानी बरसना बंद न हुआ। वहां से मेल चली तो पास-पास के स्टेशनों पर रुकती हुई। पंद्रह किलोमीटर की दूरी तीन घंटे में तय की। हमने 7 बजे वह ट्रेन छोड़ दी। लोकल में बैठकर कुर्ला तक गए। कुर्ला में उतरकर टैक्सी द्वारा दादर गए। दादर से चर्चगेट जाना था पर सब सवारियां बंद। बताते हैं चर्चगेट क्षेत्र में तो सड़कों पर पानी भरा है। दादर से बांद्रा गए टैक्सी से, आज तो 10 गुना ज्यादा पैसा ले रहे हैं बेचारे। बांद्रा से मलाड की तरफ जाने के लिए लोकल ट्रेनें चल रही हैं। अतः मलाड के लिए टिकट लिए व चल दिए। इस समय 21.35 बजे हैं और अभी तय नहीं किया कि मलाड में नीरू के यहां चला जाए या सुजाता के

यहां। रजनीशपुरम के लिए सरो सामान लाद देने वालों पर भी चिड़चिड़ाहट हो रही है। खुद चलना मुश्किल हो रहा है। लगेज कैसे लेकर चला जाए। कुर्ला में एक भी कुली न था। स्टेशन क्षेत्र भी पानी से भरता जा रहा था। कभी भी टैक्सी दादर के लिए भी मिलना बंद हो जाएंगी। अतः हम तीनों लगेज उठाकर प्लेटफार्म से नीचे उतरकर लाइनें पार कर, बाहर निकलना चाह रहे थे। इसी में एक पानी से भरी नाली पार करनी थी। संबोधि बच गयीं नाली में गिरते-गिरते और फिर सामने लोकल ट्रेन की चपेट में आते-आते। पर जिन्होंने सार सामान लाद दिया है उन्हें यह कहां पता था कि ऐसी बाढ़ आ जाएगी रास्ते में कि जान के लाले पड़ जाएंगे। कहां प्रोग्राम में था कि चर्चगेट कौशिक भाई के यहां ठहरेंगे, कहां एकदम विपरीत दिशा में मलाड जाना पड़ रहा है। कितना परेशान हो-होकर उनका सामान पानी में गिरने व छूट जाने से बचाया जा रहा है, इसका उन्हें न पता है, न हो सकता है।

26 जून 1985

आखिर कल रात मा सुजाता के यहां आना तय हुआ। मलाड उतरकर आटो रिक्शा किया— सुजाता के घर 22.45 बजे पहुंचे। 09.35 बजे से 22.45 बजे (यानि 13 घंटे 10 मिनट) मात्र कल्याण से मलाड जाने में लग गए। कहते हैं ऐसी बाढ़ बंबई में गत 50 वर्षों से न आई थी। चर्चगेट एरिया में तो बताते हैं एक-एक मीटर गहरा पानी सड़कों पर भरा है। कहीं-कहीं एक मीटर से भी ज्यादा गहरा।

सरल ट्रेवल्स की गलत सूचना के कारण बंबई में तीन दिन रुकना पड़ा 26, 27, 28/6/85 तीन दिन सुजाता के यहां रुके रहे। 29 जून की प्रातः 05.05 बजे T.W.A. की फ्लाइट नं0 883 से प्रस्थान करना है। मा योग सुजाता, स्वामी आनंद देव, मा योग संबोधि व स्वामी अमृत भारती हवाई अड्डे पर भेजने आए। सुजाता के घर काफी मित्र विदा देने व भगवान के प्रति प्रणाम निवेदित करने आए। हवाई अड्डे पर आना सभी चाहते थे पर चूंकि आजकल भीतर नहीं जाने को मिलता अतः लोगों के चलने का कोई मतलब नहीं। ये चारों भी बाहर ही रह गए। कुछ देर बाद मैं बाहर निकलकर आया कि संबोधि को एक बार और मिल लूं पर ये लोग जा चुके थे। मेरा हवाई जहाज भी 06.15 बजे बंबई से चल दिया।

आज इसी फ्लाइट से बंबई की तीन संन्यासिनें व दो संन्यासी भी चल रहे हैं। वे हैं स्वामी कृष्ण वेदांत (नीरू के भाई नहीं, वे पीछे आने को हैं) स्वामी श्री जमुनादास पौराणा, मा कृष्ण सुरति, मा आत्मा और मा पुष्पा। स्वामी कृष्ण वेदांत एक बार हो आए हैं, यह दूसरी बार है सो वे पूरा गाइड का काम कर रहे हैं हर तरह से। हमें तनिक भी कुछ भी जानकारी किसी

अन्य से लेने की जरूरत नहीं पड़ रही है।

मैं पायलट के पास 'काकपिट' में जाता हूं व अपना परिचय रेलवे लोको इंस्पेक्टर के बजाए लोकोमोटिव इंजीनियर देता हूं। सुन रखा था अमरीका में ड्राइवर को इंजीनियर ही कहते हैं और मैंने तो बारह वर्षों तक भारतीय रेलें चलायी थीं। यह परिचय देने से वे थोड़ा रिलैक्स हुए व स्वागत भाव से मुस्कराए। असल में अभी कुछ दिनों पूर्व शायद 21 या 23 जून को तो है जब कनाडा से चली जंबोजेट में विस्फोट हो जाने से साढ़े तीन सौ के लगभग सभी यात्रियों की मृत्यु हो गयी थी। इसलिए सामान्यतः काकपिट में जाने वालों को संदेह की नजर से देखते होंगे। फ्लाइट 1 घंटे 10 मिनट विलम्ब से इसलिए छूटी थी क्योंकि पूरा प्लेन व हर यात्री को सघन चैकिंग से गुजरना पड़ा था। उस दुर्घटना के बाद रोज टी.वी. पर निर्देश आते कि कम से कम लगेज लेकर यात्रा करें। बंद लिफाफे साथ में न रखें आदि-आदि। तो मैंने लोकोमोटिव इंजीनियर बताया तो वे थोड़ा मुस्कराए। फिर मेरे प्रश्नों का जो उन्होंने उत्तर दिया— हां, वे दो थे—वह यहां आपकी जानकारी के लिए दिया जा रहा है—

Boeing Air Craft

यात्री क्षमता	= 435
फ्यूल क्षमता	= 48,000 यू.एस. गैलंस
फ्यूल कंजंपशन	= 3,800 पाउंड प्रति घंटा
स्पीड	= 600 मील प्रति घंटा
जिस ऊंचाई पर उड़ रहे हैं	= 27,000 फीट
बांबे से न्यूयार्क की दूरी	= लगभग 10,000 मील

उन्होंने कुछ फ्यूल कंजंपशन संबंधी जानकारी या तो जानबूझ कर गलत दी है या जो भी हो, इसमें कुछ भूल लग रही है। एक चीज का उत्तर गैलन में तो दूसरी का पाउंड में दे रहे हैं। वे कलकुलेटर पर 'वर्क आउट' करके बता रहे थे, इससे भी लगता है शायद कुछ गलत बताने के लिए वह समय पा जाते कलकुलेट करने में। वरना यह सब इतनी सामान्य जानकारियां हैं जो जबान पर रहनी चाहिए कि कितना फ्यूल क्षमता है व खर्च कितना है! खैर जो भी हो। रास्ते भर की सारी बातें याद भी नहीं रहीं, न उन्हें देने का मतलब है। परंतु जहाज यात्रा संबंधी एक तालिका बनायी थी मैंने, उसे यहां दे रहा हूं सामान्य जानकारी हेतु। हां आइबेरिया (IBERIA) इस यात्रा-पथ में नहीं था पर कहते हैं फ्यूल कम हो चला था इसलिए अपना रूट छोड़कर फ्यूलिंग के लिए IBERIA उतरा जहाज। वापसी में न्यूयार्क से छूटा जहाज सीधा कैरो (Cairo) आया था 12 घंटों में। निरंतर (नानस्टाप) उड़ता रहा 12

घंटे। तो देखें जाते समय की तालिका—

दिनांक	स्थान	पहुंचना	छूटना	जहाज खड़ा रहा	जहाज उड़ता रहा
29.6.85	बंबई	–	06.15	–	–
29.6.85	कुवैत	09.45	11.09	1.24	03.30
	(07.15 कुवैत का समय)				
29.6.85	कैरो	13.35	15.27	1.52	02.26
29.6.85	आइबेरिया	19.55	21.08	1.13	04.28
30.6.85	न्यूयार्क	04.30	–	–	07.22
	29.6 को (19.00 न्यूयार्क टाइम)				
			टोटल =	4.29	17.46

समय का भेद (डिफरेंस आफ टाइम) हर जगह था पर हर जगह वहां का लोकल टाइम देख नहीं सका, सो अपनी घड़ी का टाइम रखता गया। कुवैत व न्यूयार्क में देखा था अत: वहां का दे दिया है।

न्यूयार्क उतरकर डोमेस्टिक फ्लाइट से सेंटलुइस जाना था। वहां से दूसरी डोमेस्टिक फ्लाइट से पोर्टलैंड। पर हमारा जहाज लेट होने के कारण वह फ्लाइट 'मिस' हो गई। अब दूसरी फ्लाइट अगले दिन 15.55 बजे है, उसके पहले नहीं। एक चीज यहां पाठक को बता देना उचित लग रहा है खासकर उन पाठकों को जो जहाज से यात्राएं न किए हों या कनेक्शन चूके न हों। वह यह कि यदि जहाज लेट होने के कारण दूसरे जहाज का कनेक्शन 'मिस' हो जाए तो टैक्सी से होटल में ले जाना, लाजिंग-बोर्डिंग व वापस अगली फ्लाइट पर टैक्सी से ले जाना सब 'एयर लाइंस' की तरफ से होता है। उसके लिए आपको एक पैसा व्यय नहीं करना पड़ता। वे बड़े खूबसूरत होटलों में ठहराते हैं। रेलवे जैसा नहीं कि एक ट्रेन लेट होने से दूसरी ट्रेन का कनेक्शन चूक गया तो स्टेशन पर मारे-मारे फिर रहे हैं।...तो न्यूयार्क में डोमेस्टिक फ्लाइट का कनेक्शन 'मिस' होना एक लिहाज से अच्छा रहा। क्योंकि अब हमें न्यूयार्क भी देखने को मिल जाएगा, वरना एक जहाज से उतरकर दूसरी में बैठते व चले जाते जैसा कि होना था और जैसा कि वापसी में हुआ ही' अस्तु:

JFK एयरपोर्ट के पास अनेक होटल हैं, बहुत से लोग अलग-अलग होटलों में ठहराए गए। हम छह लोगों को T.W.A. की टैक्सी से Hotel SARA TOGA ले जाया गया जो जे.एफ.के एयरपोर्ट के पास ही था। हम वहां ठहर गए। बड़े साफ-सुथरे आरामदायक कमरे जैसे फाइव स्टार होटलों में होते हैं, टेलीफोन वगैरह की सुविधा से युक्त। फर्श पर सुंदर मखमल जैसे कालीन बिछे।

अब मैंने अपनी घड़ी न्यूयार्क से मिला लीया है अतः तारीख व समय न्यूयार्क का दे रहा हूं।

30 जून 1985

प्रातः 9 बजे न्यूयार्क घूमने निकले। लंबी कैडिलक टैक्सी है। बड़े आराम से हम छह संन्यासी बैठ गए हैं। विश्व विख्यात एंपायर स्टेट बिल्डिंग देखी जिसकी 134 मंजिलें हैं। मिड टाउन रीवर देखा व लंबी अंडर ग्राउंड रोड से गुजरा। ऊपर नदी, नीचे रोड। अंडर ग्राउंड रेल देखने नीचे उतरते-उतरते ट्रेन छूट गयी, नहीं देख सके। यूनाइटेड नेशंस बिल्डिंग देखी। न्यूयार्क बहुत-बहुत साफ सुथरा एवं सुंदर लगा। रविवार का दिन होने का भी लाभ मिला। आफिसेज बंद, बाजार बंद सब 'वीक एंड' मनाने शहर से बाहर निकल जाते हैं। अतः सड़कों पर भीड़-भाड़ न थी। टैक्सी ड्राइवर बहुत भला था, उसने बताया कि रविवार न होता तो 4 घंटों में इतने स्थान न देख पाते, गाड़ी का चलना मुश्किल हो जाता। ट्रैफिक की व्यवस्था बहुत सुंदर है वहां। इतने पुल और पुल के ऊपर पुल (फ्लाई ओवर) हैं कि कई बार पुलों का शहर कहने का मन हो आया है। न्यूयार्क एयरपोर्ट स्वयं दर्शनीय है, इतनी दूर में फैला हुआ है कि हर क्षण पचासों एयर क्राफ्ट एक साथ टेक आफ व लैंड करते रहते हैं।

याद आया रास्ते में कुवैत एयरपोर्ट भी सुंदर लगा था, कैरो में तो उतरकर बाहर निकलने को मना कर दिया गया था सो हवाई अड्डा भी नहीं देखा। आइबेरिया की इमारतों की दीवालें 'रफ' लगती थीं पर बहुत हरी-भरी बस्ती है व इमारतों पर रंगीन चित्र बेल-बूटे बनाने का ज्यादा रिवाज है। वहां के जहाजों को भी खूब कलरफुल बनाया गया है। इससे लगता है लोगों में जीवन जीने के प्रति उत्साह है। बाद में सेंटलुइस हवाई अड्डा न्यूयार्क से भी ज्यादा खूबसूरत बना हुआ लगा। पोर्टलैंड भी सुंदर है। सारा अमरीका सुंदर, स्वच्छ है बाहर से देखने में। उस दृष्टि से पूरा भारतवर्ष नर्क लगता है। सच वहां का सब कुछ देखकर तो भारत आदिवासियों की बस्ती लगता है।

न्यूयार्क के हिसाब से 30 जून को T.W.A. की डोमेस्टिक फ्लाइट से सेंटलुइस के

लिए चल दिए। देखें तालिका—

दिनांक	स्थान	पहुंचना	छूटना	जहाज खड़ा रहा	जहाज उड़ता रहा
30.6	न्यूयार्क	–	16.30	–	–
—वही	सेंटलुइस	18.45	18.58	जहाज बदले	2.15
17.45 सेंट लुइस टाइम					
—वही	पोर्टलैंड	24.48	–	–	3.50
		20.42पोर्टलैंड टाइम		योग	06 :05

सेंटलुइस से चला हूं, पोर्टलैंड आने वाला है। 21.15 हो चुके हैं फिर भी सूर्य की रोशनी इतनी प्रखर है। 21.50 हो चुके फिर भी सूर्य उतना ही प्रखर है, उससे भी कुछ अधिक 22.25 बज चुके हैं और मैं चकित हूं। मैं यही भूल रहा हूं कि यह रात के 10.25 बजे हैं या दिन के ? क्योंकि सूरज तो दिन जैसा ही तेज अब भी है। 22.30 बजे हैं और जहाज उड़ा जा रहा है। बरसात होने लगी, खूब जल वृष्टि होने लगी। 22.48 बजे जहाज पोर्टलैंड उतरा, उस समय पोर्टलैंड का समय 20.42 है। सूरज अभी भी है पर अब ऐसा लग रहा है मानो शाम होने जा रही है।

ओह ! यहां भी कुछ गड़बड़ हुआ ! हमारा लगेज नहीं आया। एयरलाइंस वाले इस भांति लगेज छूट जाने पर आपका जो भी पता हो वहां लगेज भेजते हैं पर हमने रुककर लगेज आने की प्रतीक्षा करना ज्यादा ठीक समझा। अच्छा ही रहा। अगली फ्लाइट से ही लगेज आ गया। टैक्सी स्वामी कृष्ण वेदांत पहले से ही तैयार रखे थे, हमने सामान रखा और 23.40 बजे चल दिए। रास्ते में एक जगह रुककर पेशाब वगैरह किए। यहां पेशाब घर (Urinal) को 'रेस्ट रूम' कहा जाता है।

हम एक जुलाई 1985 को प्रात: ठीक 03.37 बजे विश्व के सबसे सुंदर नगर रजनीशपुरम पहुंच गए, अर्थात पोर्टलैंड से टैक्सी में तीन घंटे सत्तावन मिनट। 03.57 बजे हम मिरदाद रिसेप्शन पर खड़े हैं।

मैं भीतर थोड़ा-सा ठिठक महसूस कर रहा था, वह यूं कि पोर्टलैंड से रजनीशपुरम जाने के लिए जो कम्यून की ओर से व्यवस्था थी वह तो 30 जून तक ही थी, मैं एक दिन विलंब से पहुंचा था। पोर्टलैंड से रजनीशपुरम टैक्सी द्वारा जाने में 150 डालर हम छह लोगों ने

दिए। अर्थात 25 डालर मैंने दिए। यहां भारत छोड़ते समय गिने हुए ही डालर मिलते हैं सो विश्व महोत्सव में जो शुल्क जमा करना था उसमें लगभग 15 डालर मेरे पास कम हो गए थे। इसलिए थोड़ी झिझक महसूस कर रहा था।

रिसेप्शन पर खड़ी संन्यासिनों ने बहुत आनंद से हमारा स्वागत किया। जब हमने बताया कि इंडिया से आए हैं तो वे और भी आनंदित हुईं और उनमें से एक ने मेरी ओर देखकर पूछा, 'आर यू स्वामी अगेह भारती ?' मैंने कहा 'यस, बट हाउ डू यू नो ?' (अब मैं आगे की सारी बातें हिंदी में लिखूंगा वैसे वहां सभी अंग्रेजी में ही बात करते थे)।

उसने कहा, 'खबर थी कि आप आ रहे हैं। आपके लिए ही मुक्ता रात एक बजे तक यहां रिसेप्शन पर इंतजार कर रही थी। जब एक बजे तक आप नहीं आए तब वह मुझे इंस्ट्रक्शन देकर सोने चली गयी। वह प्रातः मिलेगी आपको।'

मैंने पूछा: 'मुक्ता कौन है ?'

उसने बताया :'वह एक कोआर्डीनेटर हैं।' अब मैं थोड़ा आश्वस्त हुआ कि डालर का कम होना चिंता का विषय नहीं। मेरे प्रभु की अनुकंपा अपार है। उनकी ही कृपा है कि जो नहीं जानते वे भी जानते हैं।

मैंने इसी अवसर पर बताना उचित समझा कि टैक्सी द्वारा आने के कारण कुछ डालर कम हो गए हैं। उसने बड़े ही प्रेम, आनंद एवं उत्साह से कहा, 'कोई बात नहीं, आप पहले एक कप काफी ले लें, तत्पश्चात् बगल में लगेज चेक करवा लें और तब कृपया यहां आ जाएं फार्म वगैरह भर लें।'

रजनीशपुरम पहुंचते ही लगा जैसे घर पहुंच गया। प्राणों में परम आनंद एवं विश्राम महसूस कर रहा था। तनिक भी जल्दी न लग रही थी। हर चीज का अपना मजा था, हर जगह जैसे प्यार कर रही थी, हर क्षण जैसे खड़ा हो प्रेमालिंगन करने को। अतः पूरे मौज व उल्लास में ठहाकेदार हंसी के साथ काफी पी गयी। तत्पश्चात् हम सबने लगेज चेक करवाया। सूटकेस ही नहीं, बैग तक, एक-एक सामान बाकायदा उलट-पुलटकर चेक किया गया कि कोई आपत्तिजनक वस्तु तो नहीं। चेक करने वाले के प्रति मैं प्रणाम के भाव से भरा हुआ था क्योंकि वह अपना कार्य बड़ी निष्ठा, लगन व समग्रता से कर र- . था। तभी तो रजनीशपुरम में काम को पूजा व विभाग को टेंपल कहा जाता रहा है। तत्पश्चात रिसेप्शन पर आवश्यक औपचारिकताएं पूरी की गयीं। मेरा काम चटपट करके कम्यून की एक टैक्सी से वहां के लिए रवाना कर दिया गया जहां मुझे ठहरना था, टाउन हाउसेज में हाउस नं० 74 के एक रूम में।

रूम नं० स्मरण नहीं। शेष पांच संन्यासियों के लिए भी उसी हाउस के दूसरे कमरों में। एक कमरे में तीन संन्यासियों के ठहरने का प्रबंध था, पर मेरे कमरे में मैं अकेला था।

मुझे रिसेप्शन पर ही बता दिया गया था कि सुबह स्नान व नाश्ते के बाद 'रजनीश मंदिर' पहुंच जाइएगा, ओशो के प्रवचन ठीक 8.30 बजे होंगे। 8.30 बजने के कुछ मिनट पहले ही द्वार बंद हो जाते हैं। ओशो ठीक 8.30 बजे प्रवचन शुरू कर देते हैं।

टाउन हाउसेज के हाउस नं० 74 पहुंचते-पहुंचते 5.30 बज गए थे। अभी कुछ ही समय बाद प्रभु श्री के दर्शन होंगे, इस ख्याल से उपजे आनंदातिरेक में वैसे भी नींद न आती। अतः सारा सामान जमा देने के बाद स्नान वगैरह से निवृत हुआ। बस में बैठा, जरथुस्त्रा पहुंचा, नाश्ता लिया। वहां से पुनः बस में बैठा, 'रजनीश मंदिर' पहुंचा। प्रातः के लगभग 08.05 बजे प्रणाम का भाव पोर-पोर में लिए रजनीश मंदिर में प्रविष्ट हुआ व आसन ग्रहण किया। यहां तो सब कुछ बस देखते ही बनता है। बहुत बड़ा गोलाकार है रजनीश मंदिर। लगभग बीस हजार लोग बैठ सकते हैं। शीशे की दीवारें हैं, बड़ी ऊंची-ऊंची। पूरा मंदिर एयर कंडीशंड है। तमाम संन्यासी-संन्यासिनों को प्रवेश करते देख अपार आनंद मिल रहा है। रजनीश मंदिर लगभग पूरा भर गया संन्यासियों से। 08.30 बजने को कुछ ही मिनट बचे हैं। ओशो की कार आने वाली है। जब ओशो की कार चलती तो ऊपर-ऊपर एक ऊंचाई पर हेलीकाप्टर उड़ता चलता, जब रजनीश मंदिर के लान में कार पहुंच जाती तब हेलीकाप्टर पास ही ऊंचे पहाड़ पर उतर जाता व प्रतीक्षा करता। जब ओशो का प्रवचन समाप्त होता, उनकी कार वापस चलती तो हेलीकाप्टर पुनः कार के ऊपर-ऊपर लाओत्जू तक उड़ता जाता। अतः ओशो की कार आने के पूर्व ही पता चल जाता कि कार आ रही है, रजनीश मंदिर में बैंठे-बैठै शीशे की ऊंची दीवारों से हेलीकाप्टर दिख जाता।

ओशो की कार आ रही है। लान के पास पहुंच रही है। हेलीकाप्टर लौट रहा है पहाड़ियों की ओर। कार दिखने लगी है। वह आयी, पोडियम के पीछे रुक गयी है। वहां नियुक्त एक संन्यासी ने कार का दरवाजा खोला है। ओशो आहिस्ता कार से बाहर आ गए हैं। संन्यासी को प्रेमपूर्ण मुस्कान के साथ निहारते हुए आगे बढ़े हैं। अब वे सीढ़ियों पर चढ़ रहे हैं। वे पोडियम पर आ गए हैं। वे दोनों हाथ जोड़े बहुत-बहुत प्रेमपूर्वक अपने प्यारों, अपने दीवानों के प्रणाम स्वीकार कर रहे हैं। वे हाथ जोड़े हुए एक ही स्थान पर हर ओर घूमते व निहारते हैं। तत्पश्चात् धीमे से अपनी कुर्सी पर स्थान ग्रहण करते हैं। इस पूरे समय विश्व के श्रेष्ठतम संन्यासी म्यूजीशियंस द्वारा कोमलतम संगीत झरता रहता है। अब प्रभु श्री अपनी कुर्सी पर बैठ गए हैं व आंखें बंद कर ली हैं। बीस हजार संन्यासी सिर जमीन पर झुकाते हुए

बुद्धम् शरणम् गच्छामि, संघम् शरणम् गच्छामि, धम्मम् शरणम, गच्छामि का सस्वर गायन करते हुए एक ऐसे नमन की भाव दशा में आ गए हैं जिसका वर्णन असंभव है। प्रभु श्री की आंखें ऐसे खुलीं जैसे कमल की पंखुड़ी खुलती है। उनके एक हाथ की उंगलियों ने दूसरे हाथ की उंगलियों का स्पर्श किया और निर्झर की भांति अमृत प्रवचन झरने लगा।

वे उस रोज क्या बोले, कितनी देर बोले, यह सब तो कुछ भी आज याद नहीं। वैसे उन दिनों वे ढाई से साढ़े तीन घंटे तक बोला करते। बहरहाल एक ही प्रवचन में प्रभु श्री इतनी पिला दिए कि मैं एक चलता फिरता मयखाना हो गया, स्वयं मस्ती हो गया। मैं इस दुनिया में होकर भी जैसे इस दुनिया का नहीं रहा। अर्से बाद प्रभु श्री के दर्शन पा धन्य हो उठा। जबसे उनसे मिलन हुआ है, कभी भी इतने अर्से तक उनसे दूर नहीं रहा। हृदय की धरती खूब प्यासी थी। प्रभु दर्शन की बारिश हुई तो बहुत-बहुत भीतर तक पी गई।

प्रवचन के बाद पुनः बस में बैठा, जरथुस्त्रा कैफेटेरिया पहुंचा। लंच लिया। वापस बस में बैठकर टाउन हाउसेज आ गया। वहां मैंने देखा कि किसी भी बस स्टाप पर दो तीन मिनट से अधिक प्रतीक्षा नहीं करनी पड़ती। ज्यादातर तो एक के पीछे दूसरी बस लगी ही रहती है। यानि बस स्टाप से एक बस छूट रही है, दूसरी पहुंच रही है। अनेक बार दो तीन एक के पीछे तक खड़ी हो जाती हैं, बस में जितनी सीटें हैं उससे अधिक एक भी व्यक्ति नहीं लिया जाता।

थोड़ी देर विश्राम किया। जब उठा तो कार ड्राइव पर ओशो के दर्शनार्थ चल दिया। कार ड्राइव वहां की एक बहुत विशेष घटना होती। ओशो के आवास लाओत्जू हाउस से लगभग 500 फीट की दूरी पर ही 'टाउन हाउसेज' शुरू होता है। वह सड़क जिस पर से प्रभुश्री 'कार ड्राइव' करते गुजरेंगे वह तो मेरे घर से 250-300 फीट पर ही है। कार ड्राइव 1.30 बजे के आसपास शुरू होती पर लोग लाइन में खड़े होना बहुत पहले शुरू कर देते। उस समय धूप बहुत तेज रहती पर ओशो-प्रेम में धूप का तीखापन जैसे पता ही न चलता। मैं 'कार ड्राइव' देखने उस सड़क पर पहुंचा तो देखता हूं कि देखते-देखते कतार आगे, और आगे बढ़ती जा रही है। मैं जितना चल रहा हूं उससे अधिक तेजी से कतार आगे-आगे बढ़ती जा रही है। मैं इस बात का मजा ले रहा हूं। यह तो अच्छा है कि कतार बढ़ती जाए, मेरे आगे-आगे बढ़ती जाए। मैं स्वयं देख सकूंगा कि कितने मील लंबी कतार लगती है। मैं मौज में चल रहा हूं। स्वभावतः मेरी चाल की तुलना में लाइन जिस तेजी से बढ़ती जा रही है, उससे स्पष्ट है कि मैं लाइन में आखिरी आदमी होऊंगा। जैसा मैंने ऊपर कहा मैं इस बात के लिए न केवल तैयार हूं वरन आनंदित हूं कि मेरे प्यारे प्रभु श्री के दर्शनार्थ लाइन इतनी तेजी से बढ़ रही है कि मैं लाइन में अंतिम व्यक्ति होने जा रहा हूं। इस भांति मैं यह भी देख सकूंगा कि

कितनी लंबी लाइन लगती है ! मैं सड़क पर बढ़ता जा रहा हूं। देखते-देखते लाइन मुझसे आगे-आगे बढ़ती जा रही है। इतने भांति-भांति के लोग देखने को मिल रहे हैं, इतने भांति-भांति के म्यूजिक सुनने को मिल रहे हैं। लोग इतने भांति-भांति के सजावटदार स्टाइल में गेरूआ कपड़ा पहने हुए हैं। कोई सिर पर नजाकती कैप लगाए हुए है, कोई सिर पर मोर पंख बांधा हुआ है, कोई कुछ। कहीं ब्राजीलियन संगीत चल रहा है, कहीं अमरीकन, कहीं अफ्रीकन, कहीं इंडियन ढोलक, शंख, मजीरे बज रहे हैं और जबरदस्त कीर्तन चल रहा है। एक बात कामन है कि सभी ओशो के प्रेम से भरे हुए व आनंदित हैं। वह आनंद ऊर्जा एक है। सभी के हाथों में ताजा गुलाब के फूल हैं। मैं आगे बढ़ते जाने में मजा ले रहा हूं। पर तभी कतार में खड़ा एक इंडियन मेरी ओर देखता हुआ कहता है— इसको बीच में मत घुसने देना, यह इन्लाइटेंड है।' यह बात बेतुकी थी पर वहां आनंद इतना अधिक था कि यह छोटी-सी मूर्खता अपनी ओर आकर्षित नहीं कर सकती थी। मैं आनंद मग्न चलता रहता हूं, चलता रहता हूं। उस बेचारे को कैसे बता पाता कि मुझे चलते जाने में कितना मजा आ रहा है।

परंतु मैं थोड़ी ही दूर और चला हूं कि पोखरा, नेपाल कम्यून के संबुद्ध स्वामी योग चिन्मय व दिल्ली के स्वामी सतीश सत्यार्थी कतार में खड़े दिखे। दोनों ने एक साथ बड़े आनंद एवं उत्साह से यह कहते हुए अपने बीच में आ खड़े होने के लिए आमंत्रित किया कि— 'स्वामी जी आपको 'ब्लेस' करने के लिए (आशीष देने के लिए) ओशो निश्चित रुकेंगे। आप यहां हमारे बीच खड़े होंगे तो आपके चलते हमें भी थोड़ी देर और दर्शन करने को मिलेगा।' मैं प्रेमपूर्ण आमंत्रण को अस्वीकार न कर सका अतः वहीं उन दोनों के मध्य में खड़ा हो गया। लाइन में खड़े संन्यासियों के नृत्य, गायन, विभिन्न देशों के अलग-अलग वाद्य सब देखते ही बनता है। ओह ! इतना उत्सव ! इतना आनंद ! ! वहां की हवा में उत्सव एवं आनंद समाया हुआ है।

तभी दूर ओशो की कार दिखने लगी है। कार धीमे-धीमे संन्यासियों के बगल-बगल चल रही है। इतना धीमे-धीमे कि एक-एक व्यक्ति को प्रभु श्री देख सकें और एक-एक व्यक्ति प्रभु श्री के दर्शन कर सके। कार ड्राइव स्वयं ओशो करते हैं। ज्यों-ज्यों उनकी कार निकट आती जा रही है, जाने कैसे मेरे भीतर सिहरन सी होती है, कलेजा कंप सा जाता है। कार काफी नजदीक आ गयी है। बहुत धीमे चल रही है। निश्चित ही कार का इंजन विशेष रूप से ट्यूंड किया गया होगा। ओशो का एक हाथ स्टियरिंग पर है दूसरा संन्यासियों के भावों को स्वीकार करता एवं आशीष की सहज वृष्टि करता बाहर निकला हुआ है। बाहर निकला हाथ एक मुद्रा में स्थिर है। कार धीमे-धीमे चल रही है। बहुत धीमे। कोई आठ-दस फीट की

दूरी पर कार आयी तो मेरे प्राणों के साथ पांव भी लड़खड़ा गए और मैंने पाया कि मैं लाइन से अलग पीछे आ खड़ा हुआ हूं। ओशो के पास आ जाने का नशा इतना कि संभल न सका, पांव लड़खड़ा गए और मैं स्वयं को पीछे खड़ा पाता हूं। तभी स्वामी योग चिन्मय एवं स्वामी सतीश सत्यार्थी दोनों ओर से मेरा हाथ पकड़कर आगे लाइन में आ जाने का संकेत करते हुए धीमे से सहारा देते हैं। मैं उन्हें सहयोग करता हूं व स्वयं को आगे लाइन में आ खड़ा हुआ पाता हूं। प्रभु श्री बहुत पास आ गए हैं, कार बहुत धीमे सरक रही है। कार इस समय मुझसे पांचवें या छठे संन्यासी के सामने से गुजर रही है। मैं प्रभु श्री को दूर से ही देख लिया हूं, पर जाने क्यों अधिक नहीं देख सका। मेरी आंखें बंद हो गयीं। सिर झुक गया। झुका ही रहा, झुका ही रहा, आंखें बंद रहीं, बंद ही रहीं और मुझे लगा कि जैसे परमात्मा मेरे सामने कार रोक दिए हैं, मैं सिर और झुका लेता हूं और सचमुच, सिर पर उनके कोमल हाथ का स्पर्श महसूस करता हूं।

कुछ देर तक महसूस करता हूं। तब धीमे से हाथ उठता है। प्रभु श्री आगे बढ़ने ही वाले हैं, नजरों से आगे बढ़ने ही वाले हैं कि धीमे से मेरी नजरें खुलीं। सोचा कौन जाने इतना निकट से दोबारा देखने को मिलें, न मिलें। मेरी नजर खुलते ही बस सेकेंड भर को एक दूसरे को देख पाए और कार आगे सरक गयी। जैसे प्रभु श्री भी इंतजार कर रहे थे कि आंख खोलूं तब वे आगे बढ़ें। अब उनकी कार आगे बढ़ रही है। जहां तक आसानी से दिखते हैं, वहां तक अपलक देखता रहता हूं। वे तो जिसके सामने जब होते हैं तब उसी पर उनकी नजर होती है, एकदम बगल वाला भी उनकी नजर में नहीं होता। कार बहुत धीमे चलती है। एक हाथ बाहर निकाले प्रणाम स्वीकार करते जाते हैं। कहीं-कहीं रुककर हाथ सिर पर रखकर 'ब्लेस' करते हैं। मुझसे लगभग पंद्रह फीट पहले रुककर किसी को 'ब्लेस' किए थे। तब फिर मुझे। तब फिर कोई बीस-पच्चीस फीट बाद किसी को। हालांकि कार इतनी धीमी चलती है कि उनकी नजर तो हर एक को ब्लेस करती ही चलती है। कुछ क्षण खड़े रहने के बाद मैं टाउन हाउसेज आ जाता हूं। इतना प्रसाद से भर गया हूं कि कहां रखूं, कहां संभालूं। आइने में खुद को देखता हूं, जिसे ओशो ने अभी-अभी देखा है, और आंखें बंद हो जाती हैं। गहरे ध्यान की अवस्था में बिस्तर पर पड़ जाता हूं, पड़ा रह जाता हूं। जहां तक संन्यासियों की लाइन रहती है वहां तक यूं ही धीम-धीम कार ड्राइव कर ओशो दर्शन देते हैं।

जहां लाइन समाप्त होती है वहां से बहुत तेज कार ड्राइव करते हैं, मीलों-मीलों दूर, शहर के बाहर पहाड़ियों के पार तक जाते हैं। फिर वापस लाओत्जू तक तेज ही लौटते हैं। वापसी में सड़क पर कोई नहीं खड़ा होगा। जो आसपास कहीं होते हैं इक्के-दुक्के मुझ जैसे

वे चुपचाप छुपकर उन्हें तेज कार चलाते वापसी में भी देख लेते हैं। मैंने तो उस दिन दूर से छुपकर देखा। तत्पश्चात् जाकर पड़ गया। कुछ ही मिनटों बाद मुक्ता का मेरे कमरे में आना होता है। वे बड़े विनय व प्रेम के साथ कहती हैं कि शाम के ठीक 6 बजे आप तैयार रहें। मैं 6 बजे आऊंगी तब आपको लेकर शीला के यहां चलूंगी, वहां से शीला ओशो के पास ले जाएंगी। आपको ओशो ने याद किया है। कृपया इस बात को किसी से न कहेंगे क्योंकि ओशो किसी से मिलते नहीं । ओ० के० ?

'ओ० के० ।'

मुक्ता मेरे सुख-सुविधा का हाल पूछती है। कोई जरूरत तो नहीं है। स्वयं चाय बनाकर मुझे देती है व 6 बजे आने को कहकर चली जाती है।

मेरा आनंदातिरेक में बुरा हाल है। फिर लगता है कैसे प्रभु के सामने पड़ूंगा। वे ही प्रभु श्री जिनके सामने हजार बार पड़ा हूं आज उनके सामने पड़ने में संकोच सा लग रहा है, आनंद भी लग रहा है। स्नान वगैरह करके धुले अंडरवियर व धुले ऊपर के वस्त्र पहनकर तैयार हो गया हूं। लगता है घड़ी की सुई धीमे चल रही है। कि ठीक 6 बजे मुक्ता आती है, मुझे तैयार पाकर प्रसन्नता प्रकट करती है व चलने को कहती है। साथ ही पुनः सचेत करती है कि यह किसी से न कहूं कि ओशो से मिलने गया था क्योंकि वे किसी से भी मिलते नहीं हैं।

ठीक कमरे के बाहर निकलने के पूर्व मुक्ता पलटकर खड़ी हो जाती है। मैं भी रुक जाता हूं और आश्चर्य ! वह धमकी भरे स्वर में कहती है—किसी से बताइएगा नहीं; वरना ओशो से मिलवाने नहीं ले चलूंगी। मैं हतप्रभ उसे देखता रह जाता हूं। क्षणभर को मेरी सांस रुक गयी, यह क्या उसके भीतर का कोआर्डीनेटर उभर आया ! मैं कुछ बोल न सका। मैंने तो मिलना नहीं चाहा था। मिलने को तो ओशो ने बुलवाया है। खैर वह क्षणभर बाद खुद ही ओ० के० कहती है और चल देती है। मैं भी पीछे चल पड़ता हूं।

मुक्ता कार ड्राइव कर रही है। मैं बैठा हूं, कोई चार-पांच मिनट में शीला के यहां 'जीसस ग्रोव' पहुंच गया। वहां कुछ कुकी वगैरह खाया, चाय नहीं लूंगा, ठंडा जूस लेता हूं। अब मुस्कराती हुई शीला आती है। दोनों एक दूसरे को अभिवादन करते हैं। वह कुशल क्षेम पूछती है। तत्पश्चात् पूछती है—'चलें ?' मैं हां करता हूं।

शीला कार में मेरे साथ पीछे बैठती है। शोफर कार चला रहा है। [स्मरण रहे कि यह रजनीशपुरम है जहां शोफर हो तो संन्यासी, पायलट हो तो संन्यासी, बस व टैक्सी चालक हो

तो संन्यासी, डॉक्टर हो तो संन्यासी, नर्स संन्यासी, अटेंडेंट संन्यासी, मरीज संन्यासी। अर्थात वहां सब संन्यासी ही रहते हैं, अपना शहर है। पूरे शहर में अपने घर जैसा रहते हैं लोग।]

शीला पूछती है—'शहर कैसा लगा?'

'चमत्कार लगता है सब! अति सुंदर!! अभी थोड़ा ही देखा हूं, अभी तो बहुत देखा जाना है।'

शीला बताती है—'यह क्रीक पर लकड़ी के जो दर्जनों पुल बने हैं, सब संन्यासियों ने बनाए हैं। जब हम यहां आए थे, एक भी पेड़-पौधा नहीं था। यह जो तमाम जुनीफर के वृक्ष दिख रहे हैं यह हमने लगाए हैं। पहले कहीं-कहीं एकाध जुनीफर के वृक्ष थे पर वे सूख जाया करते थे। यह रोड वगैरह कुछ भी नहीं था। यह पहाड़ काटकर हमने बनाए हैं। एक भी पशु-पक्षी यहां नहीं थे। अब तो तमाम पक्षी हैं, हंस, मोर। कार की गति धीमी हुई। मैं समझा लाओत्जू हाउस आ गया। पर नहीं, तीन हिरन हैं, जनाब लोग बीच सड़क पर खड़े हैं। सभी जानते हैं कि वे हार्न देने से नहीं हटते, अतः हार्न नहीं देते। कार धीमी होते-होते खड़ी होने को हो गयी है अब हिरन धीमे से बीच सड़क से हटकर थोड़ा किनारे हो गए हैं। कार फिर चल पड़ी है। शीला बताती है—'स्वामी जी, कई बार ये अलग नहीं होते तो कार से उतर कर इन्हें अलग करना होता है।' मैंने कहा—'हां, पशु भी प्यार पहचानते हैं।'

शीला ने कहा—रैंचो रजनीश पर किसी पशु की कोई हत्या नहीं करता, उल्टे प्यार किया जाता है। अन्य जगहों पर हिरन, चीतल, इत्यादि का शिकार करते हैं लोग। इसलिए तमाम हिरन, चीतल भागकर स्वतः ही रैंच पर आ बसे हैं। ये सारे मकान हमने ही बनाए हैं। पहाड़ के सिवा यहां कुछ न था।'

टाउन हाउसेज से जिस सड़क पर चलकर शीला के यहां गए थे, उसी पर चलकर पुनः उसी ओर जा रहे हैं। अब टाउन हाउसेज के बगल से गुजर रहे हैं। खूब घने वृक्ष दिखने लगे। पास आए। पीस फोर्स वाले गार्ड दिखते हैं। 93 राल्स रायस कारों की बहुत लम्बी कतार दिखती है। यह रहा लाओत्जू हाउस। कार धीमे से खड़ी होती है। शीला ने फुर्ती से कार का दरवाजा खोला व बाहर निकलकर दरवाजा खुली पोजीशन में रोके रखती है। मैं बाहर निकलता हूं। सैकड़ों सफेद मोर दिखायी पड़ते हैं। वे भी लाओत्जू में रहते हैं। हम बरामदे में पहुंच गए हैं। अब शीला ने मुझसे एक क्षण बरामदे में रुकने का निवेदन किया कि वह देख ले कि ओशो क्या कर रहे हैं? वह पलक झपकते में वापस लौटती है व मुझे चलने का संकेत करती है। शीला ने दरवाजा खोला, मैं अंदर गया, पीछे वह भी अंदर आ गयी, एक बहुत सादे

से कक्ष में दाखिल होता हूं। ओशो चेयर पर बैठे हैं। वे अगेह भारती का इंतजार ही कर रहे हैं। क्योंकि वहां न कुछ पढ़ने को है, न और कुछ। केवल एक कुर्सी है उसी पर ओशो बैठे हैं।

मैं पास जाकर धीमे से ओशो के दोनों चरणों को दोनों हाथों से कोमलता से स्पर्श करता हूं साथ ही धीमे से मेरा सिर झुक जाता है। ओशो मेरे सिर पर हाथ रखते हैं। मुझे लगता है मानो मेरे भीतर महा शून्य उतर आया हो। कुछ क्षण बाद गर्दन ऊपर उठाता हूं। अब ओशो ने बात शुरू किया। शीला मेरे पीछे चार कदम दूर बैठी है। प्रभु श्री हिंदी में बात कर रहे हैं। पूछा—

'तुम और पहले आने को थे, लेट क्यों हो गए?'

'सरल ट्रेवल्स वाले स्वामी जी ने पहले कहा था कि मेरी फ्लाइट 26 जून को है। सो मैं 25 जून को बंबई आ गया और तब मुझे बताया गया कि अब मेरी फ्लाइट 29 जून को है। उससे चलकर भी 30 जून की सुबह 4 बजे तक पहुंच जाना था। पर बंबई में विशेष जांच-पड़ताल के कारण जहाज ने देर से उड़ान भरी और हम न्यूयार्क इतने विलंब से पहुंचे कि कनेक्टेड डोमेस्टिक फ्लाइट चूक गए। अगली उड़ान अगले दिन 4 बजे शाम को थी, अतः न्यूयार्क में रुकने के सिवा कोई उपाय न था।'

प्रभु श्री पूछते हैं—'प्रताप मिला? कैसा है, खुश है?' इस बात को वे इस अंदाज में पूछते हैं जैसे कि मैं कोई बड़ा जिम्मेदार व्यक्ति या प्रताप का गार्जियन होऊं।

मैं कहता हूं—'जी हां, बहुत ही खुश है।' ओशो आगे पूछते हैं—'प्रातः प्रवचन कैसा रहा?'

वे 1967, 68, 69, 70 में इस तरह की बातें पूछा करते, पर अब 1985 में उनका इस तरह पूछना मुझे जाने कैसा तो लगा! अतः मैं एक प्रेमपूर्ण मीठी झिड़की के अंदाज में प्रतिप्रश्न कर बैठता हूं—'क्या मतलब?'

और वे एकदम जैसे कोई नन्हा शिशु स्पष्टीकरण दे रहा हो उसी भोले अंदाज में कहते हैं—'यही कि लोग कहते हैं मैं बहुत कठोर बोलता हूं।'

मेरे मुख से निकल जाता है—'सो तो ठीक है, इतना भी कठोर न बोलें तो आपके बोलने का कोई मतलब ही नहीं रह जाता।'

'यह शहर कैसा लग रहा है? कुछ घूमे-देखे?'

'बहुत सुंदर है! यहां प्रकृति भी बड़ी निराली है। नीले रंग का आकाश जीवन में

पहली बार यहीं देख रहा हूं और तो हर जगह आकाश मटमैला या भूरे रंग का ही देखा था।'

ओशो बताते हैं—'पूरा रैंचो रजनीश 126 वर्ग मील में है जो कि न्यूयार्क का तीन गुना होता है। शुरू में जब हम यहां आए तो कुछ भी नहीं था, वृक्ष वगैरह कुछ भी नहीं थे, पशु-पक्षी नहीं थे। हमने वृक्ष लगाए। पशु-पक्षी तो स्वयं आने लगे और अब तो लगता है यह उनका अपना घर है। 5000 संन्यासी अभी स्थायी रहते हैं। ये सारे घर हमने बनाए। अपनी पानी की व्यवस्था हमने बनायी। अपना भोजन व सब्जी हम रैंच पर ही पैदा करते हैं। पूरा शहर 'सेंट्रली एयर-कंडीशंड' है। अपना ग्रीन हाउस है जो पूरे अमरीका में प्रथम है। तुम घूम-घामकर देखो, तुम्हें सब बहुत अच्छा लगेगा।'

तत्पश्चात् मेरी जीवन संगिनी मा योग संबोधि व तीनों बेटों स्वामी कृष्णदेव भारती, स्वामी राघवेंद्र भारती, स्वामी अमृत भारती तथा बेटी मा किरन भारती के हाल-चाल पूछते हैं। एकदम घरू अंदाज में बातें हो रही हैं। एक-एक का नाम पूछते हैं व कौन किस क्लास में पढ़ रहा है, सब पूछते हैं। अमृत भारती का उन दिनों अक्सर स्वास्थ्य गड़बड़ रहा करता सो पूरी चिंता के साथ उसकी बीमारी के लक्षण समझने के लिए अलग-अलग कोणों से सवाल पूछते हैं और तब कहते हैं कि चिंता की बात नहीं। यह कोई असामान्य बीमारी नहीं है। ठीक हो जाएगा।

फिर पूछते हैं—'मिश्रा जी विदा हो गए?'

[मिश्रा जी संन्यासी थे और उनका नाम स्वामी धर्म सरस्वती था पर ओशो ने मिश्रा जी ही कहकर पूछा]

मैंने बताया—'हां, मिश्रा जी का निधन पहले हुआ बाद में पत्नी भी विदा हो गयीं।'

'अच्छा तो पत्नी भी चल बसीं? यह तो अच्छा हुआ कि पत्नी भी विदा हो गयीं।'

मैंने कहा—'जी हां, यह तो अच्छा हुआ। नारायण भी अब नहीं है।'

ओशो पूछते हैं—'कौन नारायण?'

मैं बताता हूं—'मेरा मित्र था, मेरे साथ अक्सर आया करता था।'

ओशो मस्तिष्क पर थोड़ा जोर डालते हैं, याद करने की कोशिश करते हैं पर उसको याद नहीं कर पाते। मैं कहता हूं—'जाने दें, छोड़ें उसे, इतना जोर डालने की कोई बात नहीं है।'

ओशो उसको याद करने की कोशिश तत्काल छोड़ देते हैं। [बाद में मेरे मन में एक ख्याल आया कि क्या संन्यास छोड़ने वाले को ओशो भी छोड़ देते हैं? क्योंकि नारायण ने

लगभग मेरे साथ ही संन्यास लिया था। पर पत्नी व रिश्तेदारों के निरंतर विरोध के चलते उसने दो साल बाद संन्यास छोड़ दिया था। वैसे वह मेरे साथ एक दो बार नहीं, दर्जनों बार ओशो के घर गया है पर ओशो उसे भूल चुके थे। खैर...]

फिर पूछते हैं—'तुम्हें वीसा दिक्कत से मिला?'

मैंने बताया—'हां, एक बार तो 'रिजेक्ट' ही हो गया था। फिर यहां से स्वामी सत्यानंद भारती द्वारा स्पांसर लेटर गया तब वीसा मिला।'

'कितने दिन का मिला?'

'छह माह का।'

'छह माह का है तो तुम छह माह रह सकते हो, ॐ। शीला देखेगी सब, पांच हजार लोगों को देख रही है, तुम्हें भी देखेगी। अपनी छुट्टी वगैरह के लिए जो करना हो कर लेना।'

'मेडिकल सर्टीफिकेट भेजना पड़ेगा, छुट्टी तो नहीं मिलेगी।'

'जो भी करना होगा, शीला व्यवस्था कर लेगी। शीला, मैं तो चकित हूं यह कैसे आ गया, इसके पास कुछ भी नहीं है।।[ओशो इस बात को दो बार कहते हैं कि—'इसके पास तो कुछ भी नहीं है, मैं हैरान हूं कि यह कैसे आया।']

वे कहते हैं—'तुम्हें कोई जरूरत हो, भीतर कोई भाव उठे तो छुपाना मत, शीला से कहना, वह करेगी सब।'

आगे कहते हैं—'मित्रों में गपशप चल रही है?'

पंद्रह घंटे पूर्व तो आया ही था। अभी किसी से गपशप का समय ही कहां मिला, पर मेरे मुंह से निकला—'जी हां, चल रही है।'

वे आगे कहते हैं—'यहां से लौटकर तुम पत्नी व बच्चों को लेकर पूना पहुंचो, पूना आश्रम खाली पड़ा है, ॐ।'

जयंती भाई उन दिनों पूना आश्रम में थे। पर ओशो ने बातचीत के दौरान दो बार कहा कि पूना आश्रम खाली पड़ा है।

क्षणभर बाद बोले—'अगर तुम्हें पूना आश्रम ठीक लगता है तो वहां रहो, वहां नहीं ठीक लगता तो सासवड में पचासों एकड़ जमीन व्यर्थ पड़ी है। पंद्रह-बीस संन्यासी लेकर उसको विकसित करो। एक टेलीफोन लगवा दिया जाएगा। एक कार का इंतजाम कर दिया जाएगा। तब तुम पूना से जुड़ जाओगे। सोचलो यह पूरी तरह तुम पर निर्भर है कि पूना

आश्रम में रहो या सासवड में। पर यहां से जाकर तुम्हें पूना पहुंचना है, ऊं।'

मैं अहो भाव से हां करता हूं।

वे पूछते हैं—'कहां ठहरे हो, टाउन हाउसेज में ?'

मैं कहता हूं—'जी हां।'

वे पूछते हैं—'रहने की व्यवस्था कैसी है ? सब ठीक है, कोई असुविधा तो नहीं है ?'

'बहुत सुंदर व्यवस्था है। पूरा स्वर्ग में हूं, असुविधा का सवाल ही नहीं।'

'कोई जरूरत हो तो शीला को कहना, भीतर मत रखना वह करेगी सब ऊं।'

पूरी मुलाकात पैंतालीस मिनट की रही, बातें तो और भी कीं पर आज स्मरण नहीं। प्रभु श्री के चरणों में प्रणाम कर बाहर चला आता हूं। शीला भी साथ ही बाहर आती है और कहती है वह पांच मिनट रुककर तब जाएगी। मुझको जहां भी जाना हो शोफर छोड़ आएगा।

ओ० के० कहता हुआ शीला को नमस्कार करता हूं और कार में बैठ जाता हूं।

शोफर पूछता है—'कहां ले चलूं ?'

'टाउन हाउसेज—सेवंटी फोर।'

दो मिनट में घर पहुंच जाता हूं—टाउन हाउसेज सेवंटी फोर, सीधे जाकर बेड पर पड़ गया आंख बंदकर। पूरा भरा हुआ हूं लबालब ओशो के प्रेम से, ओशो अनुकंपा से, ओशो से। एक ही दिन में प्रसाद पूरा बरस गया है। फिर तो बाद में बहुत कुछ होता है। ओशो की ओर से गिफ्ट में एक अंगूठी मिलती है। महाआश्चर्य है। इतनी सही साइज की अंगूठी नाप देकर बनवाने पर भी कभी नहीं बनी। एक बार तो अंगूठी तीन बार बनवायी। सही साइज ही न आती थी। या तो लूज या फिर टाइट, तीसरी बार मा योग संबोधि के सामने फेंक दिया कि मुझे नहीं पहनना है। पर यह तो ऐसा साइज है कि क्या कहना। न लूज, न टाइट, वंडरफुल। कम्यून की ओर से मेरी जेब खर्च के लिए तीन सौ डालर मिलते हैं जबकि वहां पैसों की कोई जरूरत ही न थी। पचासों तरह का खाना, पच्चीसों तरह का पीना, सुंदरतम व्यवस्था में रहना, कहीं से कहीं जाने के लिए यातायात की सुविधा, सब कुछ तो सदा उपलब्ध था वहां। एक ही दिन में इतनी प्रभु अनुकंपा बरस गयी। अभी तो कई माह रहना है। हजार तरह की बातें घटित होती हैं। ओह ! प्रभु की अनुकंपा अपार है ! प्रभु की लीला अपार है ! !

रजनीशपुरम दुनिया का सबसे सुंदर शहर जहां कोई ताले नहीं लगाता, न रूम में, न घरों में सब खुला रहता है न कोई 'रेप' है, न हिंसा, न कोई अपराध। सभी प्रेम-ऊर्जा से संचालित।

ओशो विश्व महोत्सव 30 जून को प्रारंभ होकर 6 जुलाई तक है। हर प्रातः ओशो के अमृत प्रवचन, अपराह्न कार ड्राइव, पूरा दिन हर जगह उत्सव-उत्सव-उत्सव जहां 15000 से 18000 ओशो संन्यासी-संन्यासिनें दुनिया से इकट्ठा हों वहां उत्सव की कहां कमी ! लोगों का नाश्ता लेना उत्सव था, लाइन में खड़े होना उत्सव था, लंच लेना, डिनर लेना सब उत्सव था। झील में स्नान करना उत्सव था।

स्वामी योग प्रताप भारती ने प्रथम विश्व महोत्सव के बाद 1982 में लिखा—'विश्व महोत्सव के समय रोज सत्संग के बाद जाने से पूर्व थोड़ी देर ओशो खड़े होकर शक्तिपात करते। शक्तिपात क्या, बहुत ही अंतरंग (intimate) ढंग से ऊर्जा 'शेयर' करते। जैसे कोई माली अपनी लहलहाती बगिया देखकर अपनी प्रसन्नता व्यक्त करने की कोशिश कर रहा हो. . . कुछ-कुछ ऐसा भाव लगता। और साफ-साफ संदेश (message) भी झलकता कि नाचो-गाओ आनंदित होओ, खुशियां मनाओ_ और-और-और-और. . .। और कुछ करना नहीं है। खैर अंतिम सत्संग (7 जुलाई) के बाद कुर्सी से उठने से पूर्व ही निगाहें आहिस्ता-आहिस्ता खुलती हैं, चारों ओर घूम जाती हैं धीरे-धीरे और बैठे ही बैठे ओशो प्रथम पंक्ति में बैठी किसी मा को हाथ से इशारा करते हैं पास आने का। बेचारी अवाक हो गयी होगी—कैसे समझ पाए कि क्या हुआ। कोई नहीं यकीन कर पाया। सब अवाक् से, एक दूसरे को देखे, ओशो को देखे; पलभर में इशारा 'रिपीट' होता है। तब एक दो उस दिशा से उठ खड़े हुए कम से कम, पर फिर भी आगे बढ़ने का निर्णय व साहस न हो पाया। इशारा जारी रहता है, और कई ओर इशारा घूम जाता है। तब तो सब स्पष्ट हो गया। भर-भरा कर लोग ओशो के पास पोडियम पर चढ़ गए। चारों ओर से घेर लिया। प्रेम, प्रार्थना, भक्ति व आनंद का अटूट सागर लहराकर टूट पड़ा। क्या दृश्य था उस समय ! बहुत देर तक ओशो ने चारों ओर से घिरे रहकर खूब गदगद हास्य से आनंद लुटाया। लगता था यह क्षण कभी खत्म न होगा। बमुश्किल धीरे-धीरे भगवान बाहर हुए कुछ समय बाद। आते समय भी रोज ओशो की गाड़ी बुद्धा हाल का पूरा चक्कर लगाकर पोडियम के पास रुकती थी और जाते वक्त भी ऐसा ही होता था। उस दिन ओशो की गाड़ी बहुत बहुत. . .बहुत आहिस्ता-आहिस्ता गयी, एक-एक को 'ग्रीट' कर रहे थे ओशो। बुद्धा हाल का चक्कर कोई 40 मिनट में पूरा हुआ होगा। अपनी ही ओर से उस समय रखे गए (सुरक्षार्थ) बाहर के कुछ सिक्योरिटी गार्ड बुद्धा हाल में भी (2 या 3) होते थे, गैर संन्यासी सुरक्षा सिपाही बेचारा कुछ समझ ही न पाया—कि यह खतरे का क्षण था या नहीं ! और बेचारा (एक उनमें से) *बिजली की तरह लपक कर ओशो* के पास पहुंच गया, क्षणभर भी न लगा उसे समझते कि यह कोई खतरा नहीं था, यह तो प्रेम

का महानतम दृश्य था। अब वह भी संन्यस्त है।

ओशो दूध-सी सफेद रोल्स रायस में आते थे रोज। गाड़ी में दो पक्षियों वाला एक छोटा-सा झंडा आगे लगा होता था जो लहराता हुआ अपूर्व छटा बिखेरता था।

इस बार तो प्रथम नहीं, चतुर्थ विश्व महोत्सव था, कितना कुछ क्या-क्या और बढ़ गया रहा होगा, अनुमान लगाया जा सकता है! शब्दों में कहना बड़ा मुश्किल है।

मैं यह आज तक नहीं जान पाया कि क्यों और मैं नहीं कहता कि यह सही है, गलत भी हो सकता है, पर मुझे ऐसा लगता है कि जो ऊर्जा क्षेत्र रजनीशपुरम में निर्मित हुआ था, वैसा न कभी पहले बना, न बाद में बना। पूना तो उसके समक्ष कुछ भी नहीं है। क्षेत्रफल में ही नहीं, गुण में भी, गहराई में भी। मैंने समझने की कोशिश की कि ऐसा क्यों है तो एक ही बात समझ में आती है कि वह स्थान प्राकृतिक पहाड़ियों व मैदान के बीच था। अर्थात् मनुष्य के ईर्ष्या, द्वेष, घृणा, हिंसा, आदि विचारों के प्रदूषण से मुक्त था। वहां केवल ध्यान, प्रेम, प्रार्थना की ऊर्जा की प्रधानता थी, और यह पूना तो चारों तरफ हर तरह के लोगों, हर तरह की ऊर्जा से घिरा-भरा कम्यून है। हिंसा, क्रोध, घृणा, ईर्ष्या की ऊर्जा पूरे पूना में भरी है, कम्यून के आसपास 10 मीटर दूरी पर भी, तो स्वाभाविक है वहां के ऊर्जा क्षेत्र व यहां के ऊर्जा क्षेत्र में अंतर हो। राजनीतिज्ञ बदमाशों ने तो सब कुछ नष्ट ही कर दिया था। यह तो सदगुरु ओशो की महाकरुणा है कि उन्होंने अमरीकी हत्यारी सरकार द्वारा दिए गए जहर के प्रकट प्रभाव की परवाह न करते हुए पूना में पुनः नया कम्यून नया ऊर्जा क्षेत्र निर्मित किया।

पर मेरा अपना भाव यही है कि रजनीशपुरम बेमिसाल बुद्धाफील्ड बना था। आश्चर्य यह है कि आज भी वहां के किसी स्थान या सड़क का नाम मात्र मुख से ले लेना मुझे एक अलग ही लोक में पहुंचा देता है। क्या वे नाम भी इतना चार्ज्ड हो गए हैं? मैं जो कह रहा हूं निश्चित वे महसूस कर पा रहे होंगे, जो वहां हो आए हैं या रहते रहे हैं।

लाओत्जू चर्च, भगवान का आवास लाओत्जू ग्रोव, टाउन हाउसेज, रूमी ग्रोव, एलन वाटस, वाल्ट ह्विटमैन, यूनिवर्सिटी हाइट्स, हेरा क्लाईटस, मोजेज, हसीद, बाशो हाउसेज, जीसस ग्रोव, सुभूति ग्रोव, यूनीवर्सिटी हाइट्स आदि आवासीय जगहें।

जेन-क्रासिंग, टोरा क्रासिंग, लीत्जू क्रासिंग, ताओ क्रासिंग, ताओ कनेक्शन, देवतीर्थ माल, उमर खय्याम डिस्को, हॉटल रजनीश, जरथुस्त्रा हाउसेज, जरथुस्त्रा किचन, एडीशन, इमर्सन्स स्टेशनरी, एयर रजनीश, सोक्रेटीज, सारीपुत्रा, मैगदलीना कैफटेरिया, सूरदास ट्रक फार्म, रजनीश मंदिर, कोरान ग्रोव होम केयर, पाइथागोरस हास्पिटल, निर्वाण ग्रोव,

इत्यादि-इत्यादि। कोई कहेगा यह क्या लिख रहे हो? जगहों के नाम गिना रहे हो? जगहों के नाम नहीं गिना रहा हूं, ऊर्जा से भरता जा रहा हूं। एक-एक स्थल के नाम के साथ रोमांचित हो रहा हूं। काश सभी जगहें याद कर पाता। एकाध और याद आ गयीं राबिया डेरी, कृष्णमूर्ति लेक, पंतजलि लेक, क्रीक का न जाने क्या नाम था? मिरदाद रिसेप्शन, हसीद रन (हवाई पट्टी)। इन नामों में जाने क्या जादू भरा है! इनके स्मरण मात्र से ऊर्जावान हो जाता हूं। ऐसा लगता है कि ओशो के संन्यासियों ने, मस्तों-दीवानों ने 'कुछ नहीं' में से 'सब कुछ' बनाया था, 12 से 14 घंटे प्रतिदिन काम कर-करके बनाया था, इतना प्रेम किया था ओशो को, इतना प्रेम से बनाया था, शायद यही कारण हो कि वे जगहें तो चार्जड हो ही गईं, वे नाम तक चार्जड हो गए।

जब मैं वीडियो—हार्ट आप दि वे—में देखता कि ओशो के संन्यासी रजनीशपुरम को बनाने में किस भांति प्रेमपूर्ण श्रम में लगे हैं तो मेरी आंसुएं झरतीं। उसी समय लिखा था कि—

'मैं'

हर बार

जब ओशो को उनके शिष्यों द्वारा

प्रेम किए जाते देखता हूं—

बुद्धत्व को उपलब्ध होता हूं!

फिर पाता हूं—

यह तो घट रहा है लगातार... !!

और मैं सहज ही झुक जाता हूं

नमन में,

उनके शिष्यों के प्रति!!!

☐ ☐

मेरे लिखने में तरतीब नहीं रहेगी। यह तो तभी संभव हो सकता था यदि पहले से डायरीनुमा रोज कुछ लिखता जाता। सतना से रजनीशपुरम पहुंचने के बारे में यात्रा के नोट्स अवश्य लिए थे व वहां के प्रवचनों *की कुछ खास बातें* नोट की थीं, पर न तो इस ख्याल से नोट किया था कि पुस्तक लिखी जाएगी, न सिलसिलेवार लिखना संभव है। आशा है आप

हर घटना का बेसिलसिले ही मजा ले लेंगे। अस्तुः।

12 जुलाई 1985 की बात है। कुरान ग्रोव गया रजनीश मेडिकल कारपोरेशन बुखार चेक करवाने। उस समय मुझे बुखार न था अतः 'आब्जर्वेशन' के लिए 'होम केयर' में गेस्ट की तरह रख लिया। भारत की भाषा में 'इनडोर एडमिट' कर लिया। वहां मैंने पाया कि सचमुच 'होम केयर' ही है। बड़े आश्चर्य की बात यह है कि क्लीनिक में किसी ड्रग आदि की कहीं गंध नहीं है जो कि सामान्यतः अच्छे-अच्छे अस्पतालों में भी पायी जाती है।

भारत में चीफ मेडिकल आफिसर्स के आफिसेज भी इतने स्वच्छ नहीं हैं जैसे साफ यहां होम केयर के बाथरूम एवं टायलट हैं। पूरे फर्श पर हर जगह सुंदर कारपेट, स्वच्छता का आलम यह कि जिधर भी नजर डालो लगता है आइना देख रहा हूं। मच्छर व मक्खी तो खैर यहीं नहीं, पूरे रजनीशपुरम सिटी में ही नहीं देखे जा सकते। होम केयर में ब्रेकफास्ट, लंच व डिनर में जो लेना हो हर रोज छपे हुए फार्म पर टिक ✓ मार्क कर दें, वही मिलेगा। यह तो सर्वविदित है कि ओशो की दुनिया में पूर्णतः शाकाहारी भोजन ही लिया जाता है। होम केयर में ओशो के प्रवचन टेप द्वारा सुंदर स्वर-व्यवस्था के साथ बिस्तर पर पड़े-पड़े सुनाए जाते हैं। 08.30 से 10.30 बजे प्रातः। पूरे रजनीशपुरम सिटी में हर वाशबेसिन पर निर्देश लिखा मिलेगा 'Always wash hands with soap'. अर्थात् 'हाथ हमेशा साबुन से धोएं'। फूलों से सज्जित गमले हर बेड के पास टेबिल पर। पूरे रजनीशपुरम में ही हर घर के हर कमरे में फूलों से सज्जित गमले। हर रूम में तीन बेड हैं, मैं रूम नं० 11 में हूं जिसमें एक गेस्ट बेड 'सी' पर स्काटलैंड से हैं, बेड 'बी' पर फ्रेंच व बेड 'ए' पर मैं—अगेह भारती। जब भी कोई गेस्ट होम केयर से विदा होता है, उस बेड की सफाई देखते बनती है। तीन बेड शीट्स, तीनों तकियों के कवर सब धुलने जाते हैं। अंदर प्लास्टिक तकिए को अल्कोहल से धोया जाता है। डाक्टर नर्स, अटेंडेंट एवं गेस्ट सभी संन्यासी क्लीनिक में एडमिट—क्षमा करेंगे 'गेस्ट'—होकर भी एक विचित्र सी आनंदानुभूति। हर डॉक्टर, हर नर्स इतना प्रेमपूर्ण, इतना केयर लेते हुए कि बयान करना मुश्किल। 13 जुलाई को मैं रिलीज हो गया था अपराह्न। लगा कि अच्छा हुआ यहां भी रह लिया। न यहां रहता, न यह सब देखने का अवसर मिलता।

□□

अपनी बसें सुबह 05.00 के आसपास चलने लगतीं जहां तक याद कर पाता हूं रात 11 बजे तक चलती रहतीं। हर दो-दो, तीन-तीन मिनट में बस आती रहती। अक्सर तो एक के पीछे दूसरी। ताओ कनेक्शन ऐसा जंक्शन प्वाइंट था जहां से हर कहीं के लिए बसें मिलतीं। एक बात बताना जरूरी है कि मिरदाद रिसेप्शन पर ही पेमेंट संबंधी सारी

औपचारिकताएं पूरी हो जातीं। बाद में नाश्ता, लंच, डिनर, लेना या बस में कहीं से कहीं जाना कितनी भी बार जाना, इस सबके लिए कुछ देना न पड़ता। वैसे ही जगह-जगह फ्रूट जूस, चाय, काफी, दूध पीने को दिनभर उपलब्ध रहते। ऐसा प्रबंध दुनिया में कहीं नहीं। 'बटर' वगैरह तो इतनी अधिक मात्रा में उपलब्ध रहता, मानो कहीं बटर का पहाड़ हो, वहां से काट-काटकर यहां रख देते हैं।

□□

महोत्सव के दिनों तो ऊर्जा का बवंडर जैसा उठा रहता हर जगह। जहां भी जाओ, जिधर नजर उठाओ, उत्सव, उत्सव, उत्सव। कोई 'वर्शिप' कर रहे हैं तो देखो उन्हें तो वे उत्सव पूर्ण होते। फिर नाचते-गाते, कीर्तन करते लोग तो उत्सव पूर्ण होते ही। वहां की हवा में मस्ती होती, उत्सव होता।

□□

मुक्ता चूंकि भारतीयों की केयर लेती, अतः मैंने उससे कहा कि मैं वर्शिप करना चाहता हूं। उसने कहा शीला से पूछकर बताऊंगी। अगले दिन उसने सूचना दी कि आपके लिए मेसेज है: 'रिलैक्स एंड इंज्वाय' (विश्राम करें और आनंद लें)। दो दिनों बाद पुनः मैंने खबर भेजी और पुनः वही उत्तर आया कि 'रिलैक्स एंड इंज्वाय' अर्थात् विश्राम करें और मजा लें।

मैंने अगले दिन पुनः खबर भेजी कि मैं बहुत रिलैक्स हो लिया हूं व मजा भी कर लिया हूं। अब मैं वर्शिप करना चाहता हूं क्योंकि वर्शिप के बिना ऐसा लगता है मानो मैं यहां का हिस्सा नहीं; वरन कोई बाहरी आदमी हूं। सभी अपनी-अपनी वर्शिप पर चले जाते हैं, मैं अकेला किसी बाहरी आदमी की तरह रह जाता हूं, तो वह मजा नहीं देता। दो दिन बाद खबर आयी कि पब्लिकेशंस में वर्शिप कर सकता हूं। पब्लिकेशंस बहुत बड़ा 'टेंपल' था। पब्लिकेशंस के अंतर्गत ही आता था इमर्सन्स स्टेशनरी। तो कोआर्डीनेटर ने इमर्सन्स स्टेशनरी में वर्शिप करने को कहा। प्रातः ८ बजे से शाम ८ बजे तक वर्शिप रहती। स्थायी वहां रहने वाले मित्र एक दिन छोड़कर (alternate day) प्रवचन में जाते। पर मैं हर रोज जाता। ओशो का प्रवचन उन दिनों दो-ढाई घंटे तो होता ही, कभी-कभी तीन घंटे भी। प्रवचन के बाद मित्र सीधे लंच लेने जाते, तत्पश्चात् अपने-अपने टेंपल में। मैंने खबर करवाया कि दोपहर आधा-पौन घंटा सोने की मेरी आदत लगभग 20 वर्षों से है। यदि सो न लूं तो अपराह्न मेरी तबियत ठीक नहीं रहती, देह गर्म हो जाएगा, व नींद, नींद सी आती रहेगी व वर्शिप की क्षमता बिल्कुल न रहेगी। मुझे संदेश मिला कि मैं दोपहर सो सकता हूं। तो हालत यह हो जाती कि

मैं टेंपल में 2.45 या 3 बजे अपराह्न पहुंच पाता। क्योंकि प्रातः प्रवचन नित सुनना, तत्पश्चात् लंच, तत्पश्चात् नींद लेना, तत्पश्चात् जैसे घर से निकलूं चलने को, तो ओशो की 'कार ड्राइव' हेतु सड़क बंद। विवश मुझे खड़ा रहना पड़ता और प्रभु श्री के दर्शन करने के बाद जब बस चलना शुरू होती तो बस से जाता। संयोग ही कहिए कि 4 बजे 'टी ब्रेक' होता तो सारे लोग चले जाते जरथुस्त्रा। जरथुस्त्रा दो थे वहां, एक तो वह आफिस जिसमें शीला व बड़े-बड़े मिनिस्टर्स वर्शिप करते; उसे रजनीशपुरम की 'लोक सभा' कह सकते हैं। दूसरा जरथुस्त्रा, जहां हजारों लोगों के एक साथ भोजन व चाय वगैरह लेने की सुविधा थी। वह मेरा चाय का समय तो न था पर सारे लोग टी ब्रेक में जाते तो वह भी एक उत्सव जैसा ही लगता अतः उस आनंद को छोड़कर अकेला टेंपल में वर्शिप करता रहूं यह न मुझे ही अच्छा लगता न कोई इस तरह की अपेक्षा ही रखता कि चूंकि मैं 3 बजे आता हूं इसलिए 8 बजे तक लगातार वर्शिप करूं। ऐसा नहीं था। फिर मेरी वर्शिप जो थी वह एक दूसरे की वर्शिप से कनेक्टेड थी, अतः मेरा चले जाना ही हर दृष्टि से ठीक रहता। जब जाता तो कुछ जूस वगैरह पीकर ही आता। तो यह थी मेरी वर्शिप की रूटीन।

मुझे आज सभी कोआर्डिनेटर्स के नाम याद नहीं रह गए हैं पर यह एक बड़ा विभाग था जिसमें चार कोआर्डिनेटर्स थीं, चारों पश्चिमी थीं। दो का नाम याद आ रहा है मारिया एवं पुनीत। कोई कोआर्डिनेटर कहीं जाती 10-12 दिनों को तो उसके स्थान पर दूसरी आ जाती। तो किस-किसने मुझे कहा यह तो ठीक से याद नहीं पर कम से कम तीन कोआर्डिनेटर्स ने तीन बार मुझसे पूछा कि—'क्या आप अपने आपको स्पेशल समझते हैं?'

मैं कहता—'बिल्कुल नहीं, ऐसा ख्याल क्यों आया आपको?'

'क्योंकि आप प्रवचन में रोज जाते हैं।'

'आप कह दीजिए तो सबकी तरह मैं भी एक दिन छोड़कर जाने लगूंगा। पर यदि कोई ऐसा नहीं कहता तो अपनी समझ के अनुसार मैं रोज जाता रहूंगा। मैं रोज इसलिए जाता हूं कि मैं स्थायी सदस्य तो हूं नहीं कम्यून का, मैं तो एक गेस्ट हूं जो दोबारा कब आ पाएगा; खुद ही नहीं जानता। हो सकता है दोबारा कभी न आ पाऊं!'

'.......'

'तो आप क्या कह रही हैं, कल से एक दिन छोड़कर जाऊं प्रवचन में?'

'नहीं, मैं बाद में बताऊंगी।'

वह जरथुस्त्रा फोन करती, किसी को बताती व उससे निर्देश मांगती। वह बाद में,

किसी से पूछकर, बताएगी, ऐसा कहती। वह किसी से पूछती, फिर वह किसी और से, फिर वह किसी और से। मेरा ख्याल है यह पूछना शीला के पास तक जाता। उसके पास तक जाने में छह-सात लोगों से होकर जाता।

शाम वर्शिप समाप्ति के कुछ क्षण पूर्व मैं जाकर कोआर्डीनेटर से पूछता कि—'क्या निर्देश है ?' तो वह कहती 'आप अभी तो वैसा ही जारी रखिए जैसा जाते रहे हैं। फिर बताया जाएगा।' और फिर बताया न जाता।

इस तरह तीन बार तीन अलग-अलग कोआर्डीनेटर्स ने बात किया—एक दम वही, उसी ढंग व अंदाज में—कि क्या आप अपने आपको स्पेशल समझते हैं ?'

मैं फिर वही कहता कि—'नहीं, बिल्कुल नहीं, आपको ऐसा ख्याल भी क्यों आया ?'

और सब कुछ वैसा ही, और अंत भी वैसा ही कि—'आप अभी तो वैसा ही जारी रखिए, जैसा जाते रहे हैं, फिर बताया जाएगा।' और फिर कभी बताया न जाता। फिर शीला-कांड के बाद तो ओशो ने खबर करवायी कि सभी हर रोज प्रवचन में आया करें, और सभी जाने लगे।

□ □

ऐसे ही एक-एक घटना जो मुझे याद आती जाएगी, मैं बताता जाऊंगा, क्रम कुछ भी हो।

□ □

एक दिन मैं 'एलन वाट' (एक आवासीय कालोनी) में एक बस स्टाप पर बस की प्रतीक्षा में खड़ा था तब मैंने वर्शिप शुरू न किया था। उस क्षेत्र में बसों की 'फ्रीक्वेंसी' कम है। क्योंकि ज्यादातर उधर के लोग सुबह निकलकर रात सोने को ही वापस घर पहुंचते हैं। तो मैं इंतजार कर रहा था कि देखा मेरे पास एक कार आकर रुकी। उसमें थे स्वामी विनोद खन्ना भारती (बंबई), स्वामी सतीश सत्यार्थी (नई दिल्ली) व स्वामी कुंज बिहारी भारती (अहमदाबाद) व एकाध और मित्र जो कि कौन थे आज याद नहीं। तो सतीश स्वामी ने पूछा कि क्या बस की प्रतीक्षा में खड़े हैं ?

'हां' मैंने कहा।

'आइए यहीं पास में मा योग लक्ष्मी (ओशो की भूतपूर्व निजी सचिव) रहती हैं मिल लेते हैं और फिर कार में ही छोड़ देते हैं जहां कहिए।' विनोद ने कहा, '5 मिनट में ही लक्ष्मी जी से मिलकर चल देंगे' और उसने ही बताया कि इधर बस की फ्रीक्वेंसी कम है।

अतः मैं भी उनकी कार में बैठ गया व लक्ष्मी के ट्रेलर में गया। लक्ष्मी जी एक आरामदायक कुर्सी पर बैठी थीं। दो चारपाइयां बिछी पड़ी थीं। बीच में कारपेट बिछी हुई थी। विनोद खन्ना ने लक्ष्मी के चरण स्पर्श किए व कारपेट पर स्थान ग्रहण किया। सतीश एवं कुंज बिहारी भारती ने दोनों हाथ जोड़कर प्रणाम निवेदित किया व कारपेट पर बैठ गए। मैंने हाथ बढ़ाया, लक्ष्मी ने भी दोनों हाथ बढ़ाया, दोनों ने हाथ में एक दूसरे का हाथ लिया और मुस्कराकर ग्रीट किया। मैं एक चारपाई पर पांव ऊपर उठा पालथी मारकर बैठ गया। इन लोगों की बातें हो रही थीं, मैं मात्र श्रोता था। पर एक जगह कुछ ऐसा प्रसंग आया कि मैं भी सम्मिलित हो सकता था। और उनकी बातें लगभग समाप्त भी थीं। अतः मैंने कहा कि 'मैं पंद्रह-सोलह वर्षों से कोई सपना नहीं देखता, किसी भी तरह का। पर रजनीशपुरम में एक रात एक सपना देखा। चूंकि सपना नहीं देखता व देखा और वह भी रजनीशपुरम में देखा इसलिए स्वप्न को भी सच मानने का मेरा जी करता है। हुआ यूं कि जब मैं यहां आया तो पहले दिन ही एक संन्यासिनी जो मिरदाद रिसेप्शन पर एक बजे रात तक मेरे आने का इंतजार कर रही थी—वह कोआर्डीनिटर्स के भी ऊपर कोई पदाधिकारी थी। रात में मिरदाद रिसेप्शन पर वह नहीं हुआ करती, पर जैसा मुझे बताया गया वह मुझे रिसीव करने के लिए ही एक बजे रात तक प्रतीक्षा करती रही। जब मैं 03.37 बजे यानि 2 घंटे 27 मिनट बाद वहां पहुंचा तो रिसेप्शन पर तैनात संन्यासिनियों ने बड़े उमंग और उत्साह से यह बताया। उसे किसी ने जरूर कह रखा होगा रिसीव करने को, शायद शीला ने, क्योंकि वह तो मुझे जानती नहीं थी कि वह मुझे रिसीव करने आती। शीला भी मुझे नहीं जानती थी, जब घड़ी दोबारा भेजा तब शीला जानी, फिर 1984 में जब 21 संबुद्धों की घोषणा किया प्रभु श्री ने, तब अगेह भारती का नाम सभी ने जाना। इस घोषणा के बाद शीला एक बार जब पूना आश्रम गयी थीं तो वहां से मेरा एक चित्र भी रजनीशपुरम ले आयी थीं। खैर तो जो संन्यसिनी मिरदाद पर एक बजे रात तक मेरी प्रतीक्षा करती रही, वही पहले ही दिन अपराह्न ओशो की कार ड्राइव के बाद मेरे कमरे में आती है और बड़े विनय व प्रेम के साथ कहती है कि शाम के ठीक 6 बजे आप तैयार रहें, मैं 6 बजे आऊंगी तब आपको शीला के यहां ले चलूंगी। वहां से शीला आपको ओशो के पास ले जाएंगी। आपको ओशो ने याद किया है। कृपया आप इस बात को किसी से कहेंगे नहीं क्योंकि ओशो किसी से मिलते नहीं। ओ० के० ?

'ओ० के०'।

वह कमरे में कारपेट पर घुटना टेककर नमाज वाली उस खास मुद्रा में बैठी है। मेरे सुख सुविधा का हाल पूछती है। कोई जरूरत हो तो निःसंकोच बताने को कहती है। सारी

बातें बड़े विनय-पूर्वक व मिठास से कहती है। स्वयं चाय बनाकर झुककर मुझे देती है व 6 बजे आने को कहकर चली जाती है।...फिर वह ठीक 6 बजे आ जाती है, मुझे एकदम तैयार पाकर खुशी प्रकट करती है व चलने को कहती है। कमरे से बाहर निकलने के ठीक पहले वह खड़ी हो जाती है व पीछे देखती है। उसका यह चेहरा पहली बार देख रहा था मैं। यह एक अधिकारी का चेहरा था। सच ही उसने धमकी भरे लहजे में कहा—'आप किसी से बताएंगे नहीं कि आप ओशो से मिलने गए थे, वरना मिलवाने नहीं ले चलूंगी।' मेरी तो मानो श्वांस रुक गयी, ठगा सा खड़ा रह गया, जैसे शून्य हो गया। समझ ही न सका कि यह क्यों धमकी दे रही है। अब इसे इतनी भी समझ नहीं है कि मिलने को मैंने नहीं कहा था, करुणानिधान ओशो ने स्वयं बुलवाया है तो इसका इस तरह धमकी देना किसी हिसाब से ठीक नहीं बैठता कि वह कहे कि मैं किसी से बताऊंगा नहीं वरना वह नहीं मिलवाएगी। तो यह एक क्षण में उसका अधिकारी का अहंकार है जो ऊपर सतह पर आ गया। इसलिए मैं कहता हूं कि ऐसा नहीं है कि कम्यून में सब लायन (शेर) ही रहते हैं। कम्यून में भी 'कैमल' हैं, और बाहर भी 'लायन' हैं। अब मेरे हिसाब से यह महिला अधिकारी 'कैमल' है। इसको समझ नहीं कि क्या कह रही है? ओशो ने स्वयं मिलने को बुलवाया है तो अधिक से अधिक इसे यह सुझाव देना काफी होता कि यह बात किसी से कहेंगे नहीं, बस। पर अभी कुछ देर पहले जिसके सामने घुटना टेककर बैठी आदर प्रकट कर रही थी, उसे धमकी दे रही है और ओशो ने मिलने को बुलवाया था। तो मुझे यह कहना मौजूं नहीं बैठता कि—'वरना नहीं मिलवाऊंगी'। मैं हक्का-बक्का, ठगा खड़ा रह गया। तब वह खुद ही ओ.क़े. कहती चल पड़ती है, मैं भी उसके साथ चलता हूं। वह कार में बिठाकर ले जाती है।

तो यह रहा एक कैमिल का नमूना। लक्ष्मी से तो इतनी ही बात हुई। सारे लोग सांसें रोककर बिना किसी सवाल जवाब के सुने थे मेरी बात।

□□

बाद में जब मैं वर्शिप करने लगा तो एक दिन अपनी कोआर्डीनेटर से पूछा कि शीला को मिलना हो तो क्या करना होता है? वह आंखें फाड़कर मेरी ओर देखने लगी जैसे कि मैं कोई बहुत अजूबा बात कर रहा हूं। वे बेचारी कोआर्डीनेटर्स शीला से मिलने की बात स्वप्न में भी नहीं सोच सकती थीं। शीला का कितना दबदबा था इसका तो मुझे उस दिन अहसास हुआ जब एक दिन 3.30 बजे दिन में खबर हुई कि इस टेंपल में शीला आने वाली है किसी भी क्षण आ सकती है और सभी कोआर्डीनेटर्स परेशान हो गईं, साफ-सफाई करने-करवाने, चीजों को सुव्यवस्थित रखवाने में। जैसे कोई एमरजेंसी आ गयी हो। इतनी सावधानी की

जरूरत आ गई। तो उस कोआर्डीनेटर के लिए यह बड़ी बात थी, खैर...उसने बताया कि लिखकर उसे देना पड़ेगा, कारण बताना पड़ेगा कि क्यों मिलना चाहते हैं। वह कागज जरथुस्त्रा भेजा जाएगा। पहले मुक्ता देखेगी, वह ठीक समझेगी तो भद्रा के पास बढ़ाएगी; वह ठीक समझेगी तो पता नहीं किसके पास जाएगा। वह भी ठीक समझेगी तब शीला की सेक्रेटरी के पास जाएगा, तब वह शीला से पूछेगी तब आपके पास सूचना आएगी, दिन, समय आएगा तब आप मिल सकते हैं।

मैंने कहा, 'यह तो लगभग 10-15 दिन लग जाएगा ?'

उसने कहा, 'हां'।

मैं चला आया। अपने पूजा स्थल पर डायरेक्टरी में फोन नं० देखा, व फोन डायल किया जीसस ग्रोव (शीला के आवास) को। रिसेप्शन पर किसी पश्चिमी स्वामी ने उठाया। मैंने उन्हें बताया कि मैं स्वामी अगेह भारती, भारत से, शीला को मिलना चाहता हूं, मैं इमर्सन में वर्शिप कर रहा हूं।'

उसने 'होल्ड आन' कहा और क्षणभर बाद पूछा—'आपको कब सुविधा है ?'

मैंने कहा—'शीला को जब भी सुविधा हो तभी मैं आ सकता हूं।'

क्षणभर बाद स्वामी ने पूछा—'आप आज 5 बजे आ सकते हैं ?'

मैंने 'हां' किया, उसने ओ० के० कहकर मुझे मिलने को बुला लिया।

मैं अपनी कोआर्डीनेटर के पास गया कि घर जाना चाहता हूं। शावर वगैरह लेकर पूरी तरह स्वच्छ होने, शीला से 5 बजे मिलने जाना है !

कोआर्डीनेटर की हालत यह थी मानो वह विश्व के आठवें आश्चर्य के सामने खड़ी हो।

उसने पूछा—'किसे जाना है मिलने' ?

मैंने कहा—'मुझे'

'कैसे अप्वाइंटमेंट मिला ?'

मैंने बताया।

वह हैरान थी। खैर...उसने कहा—'जाइए'। और मैं घर जाकर शावर लिया, सारे धुले कपड़े पहने। शीला रोज शाम ओशो से मिलने जाती है तो बहुत साफ-सफाई से ही उससे मिलना चाहिए, ऐसी मेरी समझ थी।

जब मैं वहां 04.55 बजे पहुंचा तो वह अधिकारी संन्यासिनी ही पहले मिली। उसका चेहरा विद्रूप, काला एवं खलनायिका जैसा हो रहा था। उसने बहुत सख्त नाराजगी व्यक्त करते हुए कहा—'स्वामी जी, सुना था कि आप आ रहे हैं तो हमने सोचा था कि महोत्सव के बाद आप 10-15 दन को हमारे गेस्ट रहेंगे, पर आप जिस ढंग की बातें कर रहे हैं वह सब सुनकर तो बड़ा अजीब लगा। शीला भी बहुत अप्रसन्न है आपकी बातें सुनकर। ओशो ने मिलने को बुलाया तो यह उनकी कृपा है, उस कृपा को आपने नहीं समझा। यह बड़ी बुरी बात है !' वह मुझसे कुछ सुनना चाहती थी।

मैंने कहा—'देख मां, तू मां है अतः इस बेटे को क्षमा कर दे, जो भी कहा हो, क्योंकि पूरा सब मुझे याद नहीं रह गया है। यदि मस्तिष्क पर जोर डालूं तो याद आ सकती हैं सारी बातें, और तब वे तर्कनिष्ठ बातें नाहक और पीड़ा देंगी। पर क्यों जोर डालना जब आखिर में क्षमा ही करना है। अतः पहले ही क्षमा कर दो। वह थोड़ा शांत अवश्य हुई पर फिर भी, चेहरा उसका एकदम नार्मल न हुआ, वह कुड़कुड़ाती रही। रिसेप्शन वाले स्वामी ने चाय, काफी, कोल्डड्रिंक पूछा कूकी ले आकर दिया। क्षणभर बाद शीला ने बुलवाया। 'शीला की मति क्यों भ्रष्ट हो गयी थी जो उसने धोखा-धड़ी किया जिसके चलते कम्यून नष्ट हो गया। वरना वह बड़ी बुद्धिशाली थी। उसे यह मालूम था कि किससे कैसा व्यवहार करना है। मेरे पहुंचते ही बैठने का संकेत किया। कोई मैगजीन जर्मनी से आयी हुई थी, एक दो संन्यासिनियां और थीं, जो उसमें छपे चित्र देख रही थीं। मैगजीन शीला के हाथ में थी, उसने उसमें से खोज-खोजकर मुझे चित्र दिखाए—'देखें स्वामी जी कितने सुंदर चित्र छपे हैं अपने कम्यून के ! !'

□ □

क्षणभर बाद उसने मुस्कराकर पूछा, 'कहें कैसे आना हुआ ?'

मैंने कहा—'सोचा, मिलकर धन्यवाद दे दूं कि मैं बहुत आनंदित हूं और कुछ नहीं, बस धन्यवाद देने आ गया हूं।'

वह बहुत प्रसन्न थी। मैंने उसे बताया कि वह मुझे नहीं जानती थी पर मैं पहले से जानता था। असल में पूना-वन डेज में जब उसे देखा तो मुझे वह बड़ी सुंदर लगी। तो एक दिन एक पुस्तक पर आटोग्राफ लेने के बहाने उसके पास गया। उसने हस्ताक्षर किए, इस पर वह हंस दी। इसी तरह की एकाध बात के बाद, मैंने अनुमति ली व चला आया।

□ □

यहां एक बात और बता देना चाहता हूं कि कई बार मैं बस की बजाए सड़क पर पैदल चला करता। पहाड़ी इलाका था, प्राकृतिक दृश्यों में पैदल चलने का मजा ही अलग था, तो कई बार ऐसा अवसर आया कि मैं सड़क पर चल रहा हूं, सामने से शीला की कार आयी या पीछे से आयी और मेरे पास कार क्षणभर को खड़ी हुई व पूछा 'स्वामी जी, कैसे हैं ? आनंद ले रहे हैं ?'

मैं कहता—'हां, मैं बहुत अच्छा हूं और खूब आनंद ले रहा हूं' !

□□

तो उस दिन शीला से तो मिलकर बहुत आनंदित था पर इस मुक्ता नामक अधिकारी संन्यासिनी को न भूल पा रहा था। अगले दिन मेरे मित्र स्वामी कुंज बिहारी भारती (अहमदाबाद) को पूरी बात बताई और कहा कि यह बड़े दुःख की बात है कि परमात्मा के राज्य में रहकर मैं सिकुड़ा-सिकुड़ा रहूंगा। हां जब-जब मुक्ता सामने पड़ेगी, तो सिकुड़ जाऊंगा, भयभीत हो जाया करूंगा। भारत में सतना में रहकर आनंदित रहा करता था और प्रभु के राज्य में जब-जब मुक्ता सामने पड़ेगी सिकुड़ जाया करूंगा, डर जाया करूंगा और भारतीयों की 'केयर' वही लेती है सो बार-बार सामने पड़ेगी। इस बात को लेकर चिंता में था कि तीसरे दिन स्वामी कुंज बिहार भारती दूर दिखायी पड़े। वे मेरी ओर बढ़ते हुए दोनों हाथ जोड़े दूर से ही हंस-हंसकर लोट-पोट हो रहे थे। साष्टांग प्रणाम की भाव दशा में पास आए। मैंने कहा, 'स्वामी जी' मुझे भी तो बताओ, क्या बात है ?'

'अरे, चमत्कार हो गया स्वामी जी !'

'क्या हो गया भाई, मुझे भी तो शेयर करो' ! 'अरे लाओत्जू से मुक्ता के लिए आदेश आया है कि 24 घंटे में उसे जर्मनी कम्यून चले जाना है ! ('लाओत्जू से' का मतलब होता है लाओत्जू हाउस से अर्थात् ओशो का। इस मुक्ता को मुक्ता इंडियन कहा जाता था, यद्यपि वह इंग्लैंड या केन्या से है, शायद इसलिए कि कभी गुजराती 'रूट' से रही है।)

'सच कह रहे हो ?'

'हां' स्वामी जी, और इतना ही नहीं, साथ में यह भी आदेश है कि अपना पूरा चार्ज प्रताप जी को दे जाए !'

मैंने भी आश्चर्य मिश्रित प्रसन्नता अनुभव कीया। और वहीं से ओशो-चरणों में अपने प्रणाम निवेदित किया।

फिर तो सचमुच मुक्ता को जब भी देखा 'भाग दौड़' की दशा में ही देखा। 24 घंटे

में जाना हंसी-खेल नहीं। क्या ले जाय, क्या नहीं। वीडियो, आडियो, साहित्य, कपड़े आदि-आदि। फिर इतनी सारी चीजें संभालती थी कि सबका चार्ज देना ही काफी समय की मांग करता था। जो भी हो युद्धस्तर पर भाग-दौड़ कीया उसने और अगले दिन वह जर्मनी जा चुकी थी। बेचारी मुझे धमकी दे रही थी कि—'पहले हमने सोचा था 10-15 दिन आपको मेहमान रखेंगे, पर आप जिस ढंग से बात कर रहे हैं, यह तो बड़ा दुःखद है। (अर्थात अब नहीं रख सकते।) बेचारी को यह नहीं पता कि जब ओशो ने कृपापूर्वक पहले दिन मिलने को बुलवाया था तो जब तक का मेरा वीसा है (छह माह का) तब तक तो रहने के लिए परमात्मा ने ही कह दिया था! आखिर मेरा सिर-दर्द-मुक्ता जर्मनी जा चुकी थी और मैं पुनः हवा की मानिंद मुक्त मस्त था! प्रभु की अनुकंपा अपार है! प्रभु की अनुकंपा अपार है!! अभी 1987 में पाया कि मुझे सहज जो हुआ था वह शत-प्रतिशत सही था, जब ओशो टाइम्स में उसका एक 'क्षमा-याचना' शीर्षक से नोट पढ़ा। वह सबसे माफी मांग रही है क्योंकि उसका व्यवहार कई बार संन्यासियों से ठीक न था!!

□□

ओशो ने एक प्रवचन में 'वर्शिप' पर बोलते हुए कहा—Worship is a quality it has nothing to do with the act it self, it is the attitude...that...you bring to the act'. अर्थात वर्शिप एक गुणवत्ता है। इसका तुम्हारे कार्य से सीधा कोई मतलब नहीं है। यह तो तुम्हारा भाव है जो तुम अपने कार्य के प्रति रखते हो।'

□□

रजनीशपुरम में मेरी जो 'केयर' हुई है, वह पूरे जीवन में कभी भी कहीं भी नहीं हुई। रजनीशपुरम में जो प्रेम मुझे मिला है वह फिर कभी कहीं भी नहीं मिला। रजनीशपुरम में जो सम्मान मुझे मिला है, वह कभी नहीं मिला। उन अर्थों में पूना कम्यून एकदम गरीब रहा है बेचारा! यहां तो सख्त नियम हैं हर चीज के। ओशो ने सच कहा है कि वह कम्यून गरीब है जहां एकाध आलसी न हों कि वे जो मन में आए वही कर रहे हैं; नहीं मन में आए तो कुछ नहीं कर रहे हैं। मुझे लगता है इस तरह की बातें मुझ जैसे (नालायक) लोगों के लिए ही कही हैं, पर यहां तो मात्र उन्हें 'वर्कर' चाहिए। ओशो ने यह भी कहा कि नए लोग आएं तो उनके लिए जगह बनाते जाना; ओशो की यह बात भी वहां किसी ने सुनी नहीं, तभी तो जो जहां बैठे हैं वहां से हिलने का नाम नहीं लेते। एकाध स्थानों पर तो एकदम गधे बैठे हैं, ओशो की भाषा में 'यांकी' पर कोई किसी को हटने को कह नहीं सकता। धंधे के लिए उपयोगी हो, फिर आदमी चाहे थर्ड क्लास हो तो चलेगा। ओशो देह में होते तो अभी तक पचासों परिवर्तन

करते, अब कोई परिवर्तन नहीं होता, भूलकर भी नहीं होता। शून्यो ने ठीक कहा 'डायमंड डेज विद ओशो' में। मैं शत-प्रतिशत सहमत हूं उससे कि ओशो ने कभी किसी की योग्यता देखकर कार्य नहीं दिया। जो भी सामने आया, जो भी उपलब्ध है उसे ही कह दिया कि तुम यह करो। पर वे परिवर्तन में भरोसा करते हैं। कुर्सी पर बैठे लोगों का भरोसा अब अपरिवर्तन में है। उदाहरण के लिए कोई यदि 'ओशो टाइम्स' का संपादन कर रहा है तो वह कर रहा है। पक्की नौकरी है, अब हटाया नहीं जा सकता। चाहे वह कितनी भी मूढ़ताएं कर रहा हो। ऐसी जगहों पर थोड़ा गहराई वाले व्यक्ति रखे जाना चाहिए, आत्मवान व्यक्ति रखे जाने चाहिए, एकडेमीशियन नहीं। यह मेरा अहंकार नहीं बोल रहा है, एक भक्त का हृदय बोल रहा है। भक्त का कोई अहंकार नहीं होता! ऐसे-ऐसे अयोग्य व्यक्ति देखे हैं मैंने, पूना कम्यून में, जिन्हें कम्यून में नहीं होना चाहिए। वे कम्यून के लिए कलंक हैं। पर न केवल वे हैं; वे ठाठ से हैं, उनकी पूछ-पहुंच भी है।

खैर, कहां निकल गया मैं। क्षमा-याचना पाठकों से। तो रजनीशपुरम में जो केयर हुई वह अभूतपूर्व है! सप्ताह में पांच दिन तो जरूर ही कोई न कोई पूछता—'हाउ इज योर बाडी नाव?' [अर्थात् अब आपका शरीर कैसा है?] कभी-कभी मुझे ख्याल आता कि ओशो की करुणा का कहीं भी पार नहीं है। जो मुझे जानते तक न थे, जिन्हें मैंने इसके पहले कभी देखा-जाना न था; वे भी मुझसे मेरे शरीर का हाल पूछते। मैं सोचता संबुद्धत्व की घोषणा 28 जून 1984 को किया था प्रभु श्री ने। उसी समय से शरीर व मन अनेक परिवर्तनों से गुजरने लगा। यहां तक कि संभलना मुश्किल हो गया। (इसका सविस्तार वर्णन 'एक ओशो-शिष्य की अंतर्यात्रा' में मिलेगा)। फिर दिसंबर या जनवरी में किसी के प्रश्न के उत्तर में ओशो ने कहा— 'कुछ नाम तो मैंने महज मजाक में घोषित कर दिया था। और कुछ ही नहीं; तुम सबको मेरे निकट बहुत सजग रहना होगा। क्योंकि मेरा काम करने का अपना ही ढंग है लोगों पर'। किंतु मजाक है कहने पर भी शरीर संभल नहीं रहा था। अब यहां काफी ठीक हो रहा है! घोषणा चाहे मजाक ही रही हो पर यह प्रश्न पूछने वाले ने निश्चित ईर्ष्या से पूछा था। प्रश्न सुनने पर साफ पता चलता है।

□□

स्वामी विनोद भारती अक्सर 'मैग्दलीना' में 'ऐप्रन' पहने किचन कार्य की देख-रेख करते दिखता। वह अनेक बार मुझे कहता, स्वामी जी कोई 'गर्लफ्रेंड' बनाओ। गर्लफ्रेंड न होना रजनीशपुरम के अनुरूप नहीं है, तो मेरे मुंह से निकलता, 'भाई मुझे गर्लफ्रेंड की जरूरत नहीं है, मेरा एक ब्वायफ्रेंड है और वह लाओत्जू में है' (ओशो के लिए कहता)।

□□

एक दिन मैंने खबर किया कि मैं लेखक हूं मेरा ज्यादा उपयोग होगा यदि कुछ लिखूं तो। सो मेरे लिए पब्लिकेशंस में एक डेस्क एक चेयर रख दी गयी, कागज कलम उपलब्ध करवा दिया गया। और मैंने निम्नलिखित अंश निम्नलिखित शीर्षक से इंगलिश से हिंदी अनुवाद किए व इंडिया में जिन पत्र-पत्रिकाओं का पता दिया; उन्हें भेजा गया। वे छपे भी—

(1) हिंसा अमरीका का धर्म है
(रविवार साप्ताहिक में छपा)

(2) संयुक्त राष्ट्र संघ मृत है
('नवभारत' जबलपुर में छपा)

(3) एड्स; तृतीय विश्वयुद्ध से अधिक खतरनाक
('नवीन दुनिया' जबलपुर में छपा)

(4) रजनीशपुरम एक झलक
('आज का आनंद', पूना में 23/9/85 को छपा)

एक प्रश्नोत्तर वार्ता भी तैयार कर रहा था पर शायद इसे बीच में ही छोड़ दिया— जो मैटर मेरे पास उपलब्ध है उसे यहां दे रहा हूं—

संयुक्त राष्ट्र संघ मृत है—ओशो

संयुक्त राष्ट्र संघ के बाबत पूछे जाने पर भगवान श्री रजनीश ने कहा, 'चालीस वर्षों मे संयुक्त राष्ट्र संघ ने स्वयं को सिर्फ नपुंसक सिद्ध किया है, और कुछ नहीं। सं.रा.सं. कब क्या कर सका है ? वह एक डिबेटिंग क्लब के सिवा क्या है ! और वह प्रजातांत्रिक भी नहीं है, क्योंकि किसी भी प्रस्ताव को जिसे सारी दुनिया मान्य कर रही हो, केवल एक राष्ट्र— अमरीका या रूस— स्थगित कर सकता है।'

संयुक्त राष्ट्र संघ की 40वीं वर्षगांठ पर अमरीका ने एक सेंट का डाक टिकट जारी किया है जिस पर लिखा है, 'हम, संयुक्त राष्ट्र के लोग आने वाली पीढ़ियों को युद्ध की विभीषिका से बचाने को कृत संकल्प हैं।' किंतु भगवान ने कहा, 'वे हमें किससे बचाने जा रहे हैं ? वे ही तो वह लोग हैं जिनसे हमें बचना है।'

'सं० रा० संघ आण्विक अस्त्रों के बढ़ते जाते ढेर को रोक पाने में असमर्थ रहा है।...

पागल राजनीतिज्ञों के सिवा दुनिया में कहीं भी कोई युद्ध नहीं चाहता। क्योंकि युद्ध न हों तो राजनीतिज्ञ के पास कोई काम नहीं होता। युद्ध चलता रहे तो वे शक्तिशाली बने रहते हैं।— यदि दूसरा विश्वयुद्ध न हुआ होता तो तुमने एडाल्फ हिटलर, बेनिटो, मुसोलिनी, विंस्टन चर्चिल, रूजवेल्ट का नाम भी न सुना होता। वे युद्ध के कारण ही आकाश में ऊंचे सितारे बन गए। हां, उन्हें महान नेता बनाने के लिए करोड़ों लोगों ने अपनी जान से हाथ धोए।'

'सं० रा० संघ बकवासियों का अड्डा है। हर व्यक्ति अपने राष्ट्र के पक्ष में बोल रहा है। अन्य कुछ भी सुनने को तैयार नहीं।... ख्रुश्चेव सं.रा.संघ के समक्ष अपना भाषण दे रहे थे और वे इतने क्रोध में आ गए कि अपने जूते उतारे और टेबिल पर पीटने लगे। चालीस वर्षों का ऐसा महान इतिहास है... चालीस वर्षों में वे कुछ कर सकने में असमर्थ रहे हैं। ख्रुश्चेव तुम्हारे मुंह पर जूते मार रहा था, उसे भी नहीं रोक सके, वह पूरे सं० रा० संघ पर चीख-चिंग्घाड़ रहा था... यह समय की निपट बर्बादी है।'

'40 वीं वर्षगांठ पर संयुक्त राष्ट्र संघ की मृत्यु घोषित कर दी जानी चाहिए।— मेरी दृष्टि में तो अब समय आ गया है कि दुनिया के लोग राजनीतिज्ञों, उनके पाखंडों, उनके दोहरे मुखौटों को समझना शुरू करें। क्योंकि यदि तृतीय विश्वयुद्ध हुआ, तो इस सुंदर उपग्रह पर कोई जीवन नहीं बचेगा।'

'मैं इस तरह की घोषणा में कतई भरोसा नहीं करता। मेरे पास लोगों के लिए दूसरा ही कार्यक्रम है। प्रथम अपने राजनीतिज्ञों पर भरोसा मत करो। उनकी बदमाशी भरी चालबाजियों में मत आओ। दूसरा स्मरण रखो कि तुम अपने बच्चों, पत्नी, मां-बाप, वृक्षों, पशु-पक्षियों व जो भी जीवन है पृथ्वी पर, सभी के साथ नष्ट होने जा रहे हो।'

'यदि सारी पृथ्वी के लोग सीधे इंकार कर दें और कह दें कि 'हम नहीं लड़ेंगे, क्योंकि इसमें कोई अर्थ नहीं।' और कि हम राष्ट्रों की सीमा-रेखाएं नहीं चाहते।'... यदि दुनिया के लोग अपनी-अपनी सरकारों को बाध्य करें कि 'अपनी फौजों को विदा करो, उन्हें कुछ सृजन करने दो, सीमा-रेखाएं खत्म करो। सभी राष्ट्र व सभी जातियों को घुलने-मिलने दो।...एक नए मनुष्य की जरूरत है, एक नया मनुष्य जो पूरी पृथ्वी को मा महसूस करता हो, छोटे टुकड़ों को नहीं।... मैं तुम्हें इस आग को सारे विश्व में फैलाने के लिए तैयार कर रहा हूं कि सारी पृथ्वी हमारी है।... लोगों को राजनीतिज्ञों के हाथों से उत्तरदायित्व ले लेना होगा। और यह सारी सीमाओं को समाप्त करने की दिशा में पहला कदम होगा।'

'सं० रा० संघ चालीस वर्षों में कुछ भी नहीं कर सका। फिर भी वे धूर्तता भरे दावे करने

की धृष्टता करते हैं कि वे दुनिया को तृतीय विश्वयुद्ध से बचाने जा रहे हैं। बिना किसी प्रमाणिकता के ऐसे दावे करना लोगों को सिर्फ बेवकूफ बनाना है।...वे भारत-पाकिस्तान के, मध्य युद्ध नहीं रोक सकते। पाकिस्तान व बांगला देश के बीच युद्ध नहीं रोक सकते। वे इसरायल व उसके पड़ौसी मुस्लिम देशों के मध्य युद्ध नहीं रोक सकते।...वे जो संधि-रेखाएं बनाते हैं वे ही युद्ध-रेखाएं सिद्ध होती हैं।'

मैं नहीं कहता कि तृतीय विश्वयुद्ध रोकने का कोई सीधा उपाय है। यह तो दुनिया के तथाकथित शांतिवादी कहते हैं। मैंने उन शांतिवादियों को देखा है। वे युद्ध के विरोध में चीखते-चिल्लाते हैं। मुझे उनमें व युद्ध की तैयारी करने वालों में भेद नहीं दिखता। उनका चीखना-चिल्लाना काफी प्रमाण है कि वे उसी श्रेणी के लोग हैं। कमजोर चीखता है—चिल्लाता है। ताकतवर बंदूक उठाता है और अपनी फौजों को सतर्क करता है। शांतिवादी विरोध करते जाते हैं। इससे किसी की मदद नहीं होती। कोई सुनता भी नहीं कि शांतिवादी क्या कर रहे हैं। ऐसे शांतिवादियों, आंदोलनों में मेरा भरोसा नहीं। वह तो उससे लड़ना हुआ जो लड़ाई करना चाहते हैं। यह तो तुम वही कर रहे हो, छोटे स्तर पर, एक स्मैण ढंग से। नहीं, उससे कुछ नहीं होने वाला है।

हम अपना ही एक आंदोलन खड़ा करने जा रहे हैं जिसे तृतीय विश्वयुद्ध से सीधे कुछ लेना-देना नहीं। यदि हम मनुष्य को अधिक आ नंदित, अधिक प्रेमपूर्ण, अधिक शांत, अधिक प्रफुल्ल बना सके, तो तृतीय विश्वयुद्ध के खिलाफ बहुत बड़ी 'रुकावट' खड़ी कर सकेंगे।— नेता अपने लोगों के बगैर नहीं चल सकते। यदि लोग मना कर दें, फौजें मना कर दें, यदि हर व्यक्ति इंकार कर दे और कह दे कि मैं इतना आनंदित हूं कि मरना नहीं चाहता और मैं मनुष्यता को प्रेम करता हूं अतः मनुष्य को मारना भी मेरे लिए असंभव है।...शांत व सुखी आदमी न मरना चाहता है, न मारना चाहता है। अतः सभी तक इस संदेश को पहुंचाओ कि मरने के बजाए नवसंन्यासी हो जाओ।'

(दि रजनीश बाइबिल, वाल्यूम-6 प्रवचन 34 से)

* * *

'एड्स' तृतीय विश्वयुद्ध से अधिक खतरनाक —ओशो

हिंदी रूपांतर = *स्वामी अगेह भारती*

...'एड्स' समलैंगिकता की अंतिम परिणति है। और समलैंगिकता की उत्पत्ति तुम्हारे उन आश्रमों में हुई जहां सारे के सारे पुरुष आश्रमवासी रहे। जहां स्त्री का प्रवेश निषेध

था, अभी भी है। या जिन आश्रमों में स्त्रियां ही स्त्रियां रहीं। और 'एड्स' [Acquired Immune Deficiency Syndrome] का कोई इलाज नहीं है। चिकित्सा-शास्त्र तुम्हारी कोई मदद नहीं कर सकता। वह तुम्हें केवल बता सकता है कि तुम्हें यह बीमारी है और तुम ज्यादा से ज्यादा दो साल और जी सकोगे।

'एड्स' क्या है यह समझना जरूरी है। वह बहुत गहरे में तुम्हारे भीतर जीवैषणा के समाप्त हो जाने का परिणाम है। और जब कोई उस बिंदु पर पहुंच जाता है, जहां उसकी जीने की आकांक्षा समाप्त हो जाती है तब वह सभी प्रकार के संक्रामक रोगों के लिए भेद्य (Vulnerable) हो जाता है। अब उसके भीतर रोगों से संघर्ष करने के लिए 'ऐंटी बाडीज' नहीं बनतीं। अब वह जीवन के खेल से बाहर हो गया है। कोई भी औषधि तुम्हारे भीतर जीवैषणा पैदा नहीं कर सकती। और जब तुम सब तरह के संक्रामक रोगों के लिए भेद्य हो जाते हो, तब चिकित्सा विज्ञान के अनुसार तुम ज्यादा से ज्यादा दो साल जी सकते हो। अधिक संभावना तो है कि तुम छह माह के भीतर विदा ले लोगे।

और खतरा यह है कि जब तुम जानते हो कि छह माह या साल भर के भीतर तुम विदा होने को हो तब अधिक से अधिक लोगों से काम संबंध बनाने की तुम्हारी प्रबल इच्छा होती है क्योंकि अब तुम स्थगित नहीं कर सकते। तुम कल मर सकते हो। 'कल' इतना अनिश्चित पहले कभी न था। अब तुम्हें जो भी करना हो तुम आज ही कर लेना चाहते हो, शीघ्रातिशीघ्र, और जब कोई छह माह के भीतर मरने जा रहा हो, तब वह अनुत्तरदायी हो जाता है, लापरवाह हो जाता है। वह तमाम लोगों से काम संबंध बनाने लगता है। उसे कामुकता के पूरे जीवन को छह माह में सिकोड़ लेना पड़ता है।...जो 'एड्स' के शिकार हैं वे डाक्टर को घूस देने में सक्षम हैं कि वह इस तथ्य को लोगों पर उजागर न होने दे। क्योंकि सिर्फ यह जानकारी कि तुम्हें 'एड्स' है, समाज की दृष्टि में तुम इतने निंदनीय हो जाते हो—वही समाज जिसने एड्स को जन्म दिया, वही समाज जिसने समलैंगिकता को जन्म दिया—तुम उन्हीं पुरोहित, बिशप व पोप की निंदा के पात्र बन जाओगे। और ये ही वे लोग हैं जो 'एड्स' के जन्मदाता हैं ये ही 'वाइरस' हैं।

अतः बाहर के जगत में हर व्यक्ति छुपाना चाहेगा कि उसे 'एड्स' है। और वह अत्यधिक खतरनाक है। इसका मतलब कि वह फैलाता जाएगा। यह काम संबंध द्वारा पकड़ सकती है।...चुंबन पूर्णतः प्रतिबंधित होना चाहिए। इसे सबसे बड़ा कानूनी अपराध घोषित कर दिया जाना चाहिए। क्योंकि 'एड्स' जिस गति से यूरोप व अमरीका में फैल रही है, दस वर्षों में यह सारी दुनिया को प्रभावित कर चुकी होगी। तृतीय विश्वयुद्ध का अब उतना खतरा

नहीं रह गया है क्योंकि रूस व अमरीका की शक्तियां समतुल हो गयी हैं। दोनों अब जानते हैं कि कोई नहीं जीतेगा, सब नष्ट हो जाएंगे। तृतीय विश्वयुद्ध का खतरा अब नहीं रह गया है। 'एड्स' से सारे विश्व को खतरा है और भारी खतरा है। हर छह माह में 'एड्स' के मरीजों की संख्या दो गुनी हो जा रही है। यह जंगल में आग की तरह फैल रही है।

मैं चाहूंगा कि सारी दुनिया के मेरे संन्यासी उनके निकट जो कम्यून (आश्रम) हों उन कम्यूनों में जल्दी से जल्दी चले जाएं। तभी हम उन्हें बचा सकेंगे।

—ओशो

दि रजनीश बाइबिल, वाल्यूम-VII, प्रवचन # 9

अब एक झलक रजनीशपुरम की जो मैंने वहीं से लिखकर भेजी थी और जो पूना से प्रकाशित 'दैनिक आज का आनंद' में छपी थी।

रजनीशपुरम : एक झलक

रजनीशपुरम की एक झलक उस देश के लोगों तक पहुंचाए बिना मन नहीं मान रहा है जिसे आए दिन अपने प्रवचनों में अनेक संदर्भों में भगवान श्री रजनीश प्रायः ही याद करते हैं। जहां सारी दुनिया के लोग इकट्ठे हों, वहां उनके द्वारा किन्हीं संदर्भ में जबलपुर, कटनी, इंदौर व इंडिया को याद किया जाना कैसा स्वाद देता है, यह तो यहां प्रवचन में उपस्थित भारतीय ही जान सकते हैं। अभी कल ही अमरीका के संबंध में किए गए एक प्रश्न का उत्तर देते हुए भगवान श्री ने कहा कि अमरीका अभी अपने शैशव में है, अभी-अभी पैदा हुआ 'बेबी' भारत की तुलना में।...दो दिन पूर्व एक दूसरे प्रवचन में भगवान श्री ने कहा कि भारत में समस्याएं हो सकती हैं, पर भारत के पास एक अपना सौंदर्य भी है जो कि बस उसका ही है। उसके समक्ष अमरीका दरिद्र है, दीन-हीन है। खैर...तो रजनीशपुरम की झलक देखें।

रजनीशपुरम 126 वर्गमील के रैंचो रजनीश पर 2200 एकड़ भूमि पर निर्मित एक ऐसा आश्चर्यजनक शहर है जिसे दुनिया का सबसे सुंदर शहर कहा जाने लगा है, पर मैं तो कहूंगा भारत के ऋषि-मुनियों ने जिस स्वर्ग की कभी कल्पना की थी, वही स्वर्ग भगवान रजनीश ने आज यहां साकार किया है जिसे सारी दुनिया के लोग आश्चर्यचकित होकर देख रहे हैं। रजनीशपुरम में 5000 संन्यासी-संन्यासिनें सदा रहते हैं जिनमें दुनिया के हर हिस्से से आए लोग हैं। पाकिस्तान व कुवैत से मुसलमान परिवारों के लोग तो हैं ही, रूस के भी लोग हैं। सभी जितने प्रेम, सहयोग व सद्भाव से रहते हैं, वैसा पृथ्वी पर अन्य कहीं देखा नहीं

जाता। रहने हेतु घर इतने खूबसूरत बने हुए हैं कि क्या कहना! सारे घर एयर कंडीशंड हैं। हर घर का सामने वाला पहला रूम 'मडरूम' कहलाता है। घर में प्रवेश करते समय जूते-चप्पल उतारकर 'मडरूम' में बने सुंदर रेक पर रख देने होते हैं। घर में चप्पल पहनने की जरूरत नहीं होती क्योंकि पूरे घर में कालीन जैसी मुलायम कारपेट बिछी होती है। टायलट व बाथरूम में आटोमेटिक एग्जास्टर लगे हैं कि आप प्रवेश किए और वे चलने लगे। हर घर में इतनी स्वच्छता रहती है कि मंदिरों से अधिक। पूरा घर व घर की हर चीज हर रोज साफ की जाती है विभिन्न यंत्रों से, कारपेट को मशीन से साफ किया जाता है। टायलट व बाथरूम को साफ करने में किन-किन पदार्थों का उपयोग किया जाता है, मुझे मालूम भी नहीं। हर बाथरूम में साबुन, शैंपू, कंडीशनर, बाडी लोशन, क्रीम, टूथपेस्ट, माउथवाश, आयल व आलमारियों में पच्चीसों टावल्स, जो कि मशीन में हर रोज धुले जाते हैं, 'बगल' में लगाने का अलग यानि बहुत सारी चीजें रहती हैं। हर बेसिन के पास साबुन व अलकोहल व हाथ सुखाने की मशीन लगी हुई है। टायलट में भी बेसिन हैं जहां साबुन व अलकोहल सदा रहता है। हर बार जब भी टायलट का उपयोग करना हो, पहले अलकोहल स्प्रे करते हैं सदा। कोई भी सामान कभी खत्म नहीं होने पाता, खत्म होने के पूर्व पुनः पुनः पूर्ति की जाती रहती है। हर घर में बड़ी-सी डलिया में सेब, संतरे, केले भरे रहते हैं, जब जी में आए, जितना जी में आए, खाओ। खत्म होने के पूर्व डलिया फिर भर दी जाती है। और हां, यहां किसी घर में किसी भी कमरे में, किसी के सूटकेस में ताला नहीं लगाया जाता। लोग मकानों में कीमती से कीमती सामान छोड़कर जिस निश्चिंतता से प्रातः वर्शिप पर निकल जाते हैं और शाम 9 बजे से 10 बजे तक लौटते हैं, वह बेमिसाल है। मैं तो जबसे यहां हूं अपना पासपोर्ट वीसा तक सब कमरे में छोड़कर जाता हूं।

हर घर में चाय, काफी, फ्रूट जूस के लिए सारा इंतजाम है। चाय व काफी के अलग-अलग हीटर। यद्यपि नाश्ते व भोजन व चाय आदि के लिए मैगदलीना कैफेटेरिया जाते हैं, पर हर घर में भी उतना इंतजाम रहता है। हर घर में स्वचलित एयर कंडीशनिंग है। एक निश्चित टेंपरेचर पर थर्मोस्टेट सेट किए गए हैं। वातावरण का उतना टेंपरेचर हुआ, कि एयरकंडीशनर स्वयं चलने लगता है। हर घर में फर्स्ट-एड बाक्स हैं। उसमें कुछ जनरल दवाएं भी रहती हैं। 5000 लोगों के रहने हेतु घर, बिजली, पानी की व्यवस्था व सभी कुछ केवल संन्यासियों द्वारा बनाया व किया गया है। सारे घरों में व शहर में अन्य स्थानों पर जनरल व बाथ टायलट की जगहों पर यानि जहां भी नल या शावर या बेसिन हैं, सभी में 24 घंटे गर्म व ठंडा पानी उपलब्ध रहता है। चाबी बायीं ओर घुमाएं तो उबाल की सीमा तक गर्म पानी, उसी चाबी को दायीं ओर खोलें तो फ्रिज जैसा ठंडा पानी उपलब्ध। फिर

आवश्यकतानुसार ऐडजस्ट कर लेते हैं।

यहां पानी तो कोई कम ही पीता है। पानी की जगह सेब का जूस या लेमन वाटर या संतरे-मौसमी का जूस ही पिया जाता है। आश्चर्य यह है कि सभी कुछ सदा इफ़रात से बना रहता है, भरा रहता है।

रजनीशपुरम शहर बहुत ऊंची-ऊंची पहाड़ियों के मध्य निर्मित किया गया है। पूरे रैंच पर एक भी चिड़िया नहीं थी जब यहां 1981 में भगवान श्री का आना हुआ था। पहाड़ों पर इक्के-दुक्के जुनीफर के पेड़ अवश्य होते थे, पर वे अक्सर सूख जाया करते थे। अब रजनीशपुरम में बहुत सारी चिड़ियां आ गयी हैं। सारे पहाड़ों पर जुनीफर के वृक्ष बड़ी मात्रा में लग आए हैं और बढ़ते जा रहे हैं। वे खूब हरे-भरे रहते हैं बारहों माह। ऐसा लगता है कुछ वर्षों में ही पहाड़ियों पर खासा जंगल हो जाएगा। वैसे भी रजनीशपुरम में अपना ग्रीन हाउस है जो अमरीका में प्रथम है। यहां रैंच पर भगवान के आने से पूर्व पचासों वर्षों से वर्षा नहीं होती थी। अब यहां इफ़रात से बारिश होती है।

शहर की स्वच्छता व लोगों के स्वास्थ्य का जितना ध्यान यहां रखा जाता है, शायद ही पृथ्वी पर अन्य कहीं रखा जाता हो। पूरे शहर में हर बस स्टाप पर हर घर में, हर सार्वजनिक स्थान पर चार प्लास्टिक के बड़े ड्रम रखे गए हैं। अलग-अलग तरह की रद्दी चीजें अलग-अलग ड्रमों में डालना होता है, कागज का टुकड़ा या सेब खा रहे हैं तो उसका छिल्का हर कहीं नहीं फेंका जाता। सिगरेट के लिए पृथक स्थान बनाए हैं हर जगह, जिनमें रेत भरी है। सिगरेट का एक टुकड़ा आप कहीं बाहर पड़ा नहीं पा सकते, उस रेत में घुसा कर चलते बनते हैं। समय-समय पर इन ड्रमों के कूड़े-कचरे प्रतिदिन निकाल लिए जाते हैं। इन ड्रमों की भी अलकोहल से हर रोज सफाई की जाती है।

रजनीशपुरम की यातायात व्यवस्था ओरेगान प्रांत में दूसरे नंबर की है। इस शहर का चार वर्ष का तो इतिहास ही है अभी। भगवान ने इसे विश्व की राजधानी कहा है। स्वभावतः अभी रात दिन इसका विकास जारी है। इस शहर में कहीं से कहीं जाने के लिए किसी भी बस स्टाप पर 5 मिनट से अधिक प्रतीक्षा नहीं करनी पड़ती। अक्सर तो 2-3 मिनट में बस मिल जाती है। हां, बसों को संन्यासी-संन्यासिनें ही चलाते-चलाती हैं। यहां सारा कार्य संन्यासी करते हैं। पृथ्वी पर यह अकेला शहर है जिसकी आबादी 5000 है और जिसके पास 93 राल्स रायस कारें हैं। अन्य पच्चीसों प्रकार की भी कारें हैं। बसों आदि के लिए मरम्मत के लिए बहुत बड़ा वर्कशाप है। रजनीशपुरम का अपना हवाई अड्डा है, जहाज व हेलीकाप्टर हैं। अपनी पुलिस व्यवस्था है जिसे यहां पीसफोर्स कहा जाता है। पीसफोर्स की हर चौकी शीशे

से बनी है, एयर कंडीशंड है। कई भांति की टेलीफोन की व्यवस्था से लैस है। संन्यासियों ने क्रीक में पचासों लकड़ी के पुल बनाए। संन्यासी ही खाना पकाने, सब्जी उगाने, मुर्गी पालन, गाय की डेरी, सैकड़ों प्रकार के ब्रेड व केक बनाने, ज्वैलरी के अत्युत्तम कार्य, अपना पोस्ट आफिस चलाने, तार घर, रजनीश मेडिकल कारपोरेशन का सारा कार्य करते हैं। जहाज चलाना व रिपेयर करना। होटल रजनीश में 145 कमरे हैं। एक दिन रहने के 90 डालर लगते हैं। पर व्यवस्था एवं सुविधा देखकर 90 डालर कम ही लगते हैं। आपके पांच सितारा होटल फीके। उमर खय्याम डिस्को का रंग शाम को देखते ही बनता है। अंगूरों की खासी फसल, स्वास्थ्यकर बीयर भी बनायी जाती है।

यहां हर घर में जितने प्रकार की चीजें हैं सभी का उपयोग करना मैं अभी तक नहीं जान पाया। कैफेटेरिया में जितने प्रकार का भोजन बनता है, मैं क्या, कोई नहीं जानता। कैफेटेरिया में 400 संन्यासी 'वर्शिप' करते हैं। सैकड़ों प्रकार की चीजें तो एक ही दिन में बनती हैं। और दूसरे दिन सब कुछ दूसरा बनता है। रजनीशपुरम का कैफेटेरिया शायद पृथ्वी पर अकेला है जो 24 घंटे खुला रहता है। 60 (साठ) तरह की सब्जियां तो रैंच पर ही उगायी जाती हैं। 15 एकड़ भूमि पर फल लगे हुए हैं। राबिया डेरी की गायें 300 गैलन दूध नित्य देती हैं। कैफेटेरिया में भोजनोपरांत लोगों की प्लेटों में बचे खुचे खाद्यान्न की मात्रा पांच टन प्रतिदिन होती है, जिसकी खाद बना ली जाती है। यहां हर रद्दी चीज को भी पुनः उपयोगी बना लिया जाता है। 170 एकड़ में कृषि कार्य होता है। यहां सारे नगर में जहां भी घास, फूल, पौधे, वृक्ष लगे हैं व खेतों पर हर जगह पाइप्स लगी हुई हैं, जिसमें ऐसे ढंग के फव्वारे बनाए गए हैं जो गोल घूमते व सिंचाई स्वयमेव करते रहते हैं। पृथ्वी पर मात्र यह शहर है जहां 1981 से अभी तक अपराध संख्या 'निल' है।

· यहां संन्यासियों ने बांध बनाए व कृष्णमूर्ति व पतंजलि झीलें बनायी। जहां स्नान करने की जो सुंदर व्यवस्था है ऐसा शायद ही पृथ्वी पर कहीं हो। नई दिल्ली, पूना व काठमांडू के पांच सितारा होटलों के स्विमिंग पूलों में तो ऐसा कुछ नहीं। यहां सफाई व स्वास्थ्य का ध्यान कदम-कदम पर जिस भांति रखा गया है वह कल्पनातीत है। उदाहरण के लिए झील पर स्नान करने जाएं तो वहां जो संन्यासी 'वर्शिप' पर (आपकी भाषा में कार्य पर ड्यूटी पर) रहता है वह हर आने वाले को रूमाल के इतना बड़ा कोई गीला-सा कागज देता है। निर्देश सामने बोर्ड पर लिखा है, संन्यासी भी बता देता है। उसके अनुसार वहां स्नान करने का इच्छुक हर व्यक्ति (स्त्री या पुरुष) बने हुए सैकड़ों कमरानुमा पर्दों के अंदर जाकर उस कागज से अपनी जननेंद्रिय व गुदा को साफ करते हैं, पोंछते हैं। उस कागज पर कोई कैमिकल लगा रहता है।

वापस उस संन्यासी के पास पुनः जाएंगे। कागज यथेष्ट ड्रम में डालेंगे व अल्कोहल से हाथ धोएंगे। अब आप झील में गोता लगाने को तैयार हैं। गोता लगाने के लिए लकड़ी के तमाम प्लेटफार्म बने हुए हैं। गोता लगाकर तैरकर धूप स्नान लकड़ी के उसी प्लेटफार्म पर। टावल वगैरह वहीं मिलती हैं। झील के अंदर कोई पेशाब न करे ऐसा निर्देश है। किसी को जरूरत महसूस हो तो वह बाहर आकर यथेष्ट स्थान पर ही पेशाब करे व पुनः यथावत सफाई करे यदि अभी स्नान करना है तो।

यहां सिटी के मेयर व रजनीश इंटरनेशनल मेडिटेशन यूनिवर्सिटी के चांसलर व घरों के क्लीनर संन्यासी के मान-सम्मान प्रेम में कोई भेद नहीं। सभी एक भांति लाइन में खड़े होते हैं, कैफेटेरिया हो, पोस्ट आफिस हो या बस स्टाप। यदि बस के लिए दस मित्र लाइन में खड़े हैं बस में अभी नौ ही सीटें हैं तो दसवां मेयर हो या कोई, वह रह जाता है अगली बस की प्रतीक्षा करता है। सच यह है कि यहां अलग से कोई पदों का ध्यान ही नहीं देता। यहां हर काम पूजा कहलाता है, सभी बराबर सम्माननीय हैं। यहां हर कोई किसी को नाम से पुकारता है। एक आठ साल का बच्चा भी मेयर को 'हल्लो कृष्णदेव' कहकर पुकारता है।

यहां मेडिकल होम केयर में रहने का मुझे अवसर लगा। चमत्कार है। डॉक्टर, नर्स, मरीज, क्लीनर सभी की एक हैसियत, एक जैसा सम्मान और इतना प्रेमपूर्ण कि मरीज 30 दिन में अच्छा होने वाला हो तो हफ्ते भर में अच्छा हो जाए। आश्चर्यों का आश्चर्य यह है कि यहां दवा की बू का नाम नहीं जैसा कि अस्पतालों में होता है।

मनुष्य के ऐश्वर्यपूर्ण जीवन के लिए जो भी आवश्यक है, वह सब यहां ऐसे उपलब्ध हैं जैसे केवल कल्पतरू की कल्पना में उपलब्ध था, सभी कुछ इफ्रात से। यहां लगता है सब कुछ चमत्कार है ! अमरीका व अन्य पश्चिमी देशों के लोग हैरान होते हैं देखकर कि आदमी हंसते-हंसते, गाते-नाचते हुए इतना श्रम कर सकता है ! और शाम उतना ही प्रसन्न आनंदित नाचता-गाता हुआ। 5000 लोगों का हर रोज का नाश्ता, भोजन, अपराह्न नाश्ता, रात भोजन का अनुमान लगाएं और सभी कुछ समय पर हो जाना है वरना भगवान के प्रवचन में व अपनी-अपनी पूजा पर समय से कैसे पहुंचेंगे। अभी जुलाई में चतुर्थ विश्व महोत्सव के समय 18000-20000 लोगों की व्यवस्था, सभी कुछ चमत्कार लगता है। किचन में भी कभी किसी के चेहरे पर थकान या तनाव या चिंता नहीं देखी मैंने। म्यूजिक बज रहा है, उसकी लय पर नाच-नाचकर पूजा चल रही है। जैसे सब स्वतः चल रहा हो। किचन की कोआर्डीनेटर (आपकी भाषा में इंचार्ज) से बात करिए तो वह हंसती है कि वह खुद चकित है कि सब कैसे चल रहा है मस्ती के साथ।

ज्यादा से ज्यादा कार्य यंत्रों से किया जाता है। यहां सब कुछ पूर्णतः कम्प्यूटराइज्ड है। रजनीशपुरम का अपना करेंसी-कार्ड है जिससे किसी को नकद पैसे लेकर चलने की आवश्यकता नहीं होती। रात में मंदिर (आफिसेज) बंद करते समय टेलीफोन को एक मशीन से जोड़ दिया जाता है। अब रात में कहीं से भी फोन आए, अमरीका या इंडिया कहीं से फोन करने वाले को यह फोन बताएगा कि यहां रात के इतने बजे हैं और कि आफिस बंद है कोई मेसेज हो तो बता दीजिए सुबह मिल जाएगा। अब आप जो भी मेसेज दें वह रिकार्ड हो जाएगा। प्रातः आकर आप एक बटन दबाएं व रातभर के सारे मेसेजेज सुन लीजिए व कार्यवाही करिए।

भगवान श्री के निवास पर 500 के आसपास सफेद मोर हैं। जब भगवान निकलते हैं वे इतनी प्यारी-प्यारी, मीठी-मीठी आवाजें करते हुए उनके पैरों से लिपट जाते हैं व कार तक पहुंचने नहीं देते कि भगवान एक-दो बार रजनीश मंदिर प्रवचन हेतु पहुंचने में लेट भी हो गए। कभी-कभी मेरी आंखें गीली हो जाती हैं कि क्या ये मोर भी ज्यादा समझदार हैं; भगवान श्री के अमरीका आने से भारत ने क्या खोया है, कितना खोया है। यह एक दिन अवश्य महसूस किया जाएगा !

□□

प्रश्न : क्या हमने आपको किसी भांति निराश किया है जिससे आपको बोलना पुनः शुरू करना पड़ा है ?

उत्तर—मुझे निराश करना असंभव है। यह तुम्हारे हाथ में नहीं है। तुम मूसा को निराश कर सकते हो उनके दस आदेशों को न मानकर। मैंने तुम्हें कोई आदेश ही नहीं दिए हैं। तुम मेरे विपरीत नहीं जा सकते। तुम जीसस को बड़ी आसानी से निराश कर सकते हो क्योंकि वे जो भी कह रहे हैं जो भी उपदेश दे रहे हैं, वह मानव स्वभाव के प्रतिकूल है और तुम सब मानव हो, अतिमानव बनना चाह रहे हो। असफलता सुनिश्चित है।

मैंने तुम्हें कोई अतिमानवीय विचार नहीं दिए हैं। मैंने किसी भी भांति तुम्हें कभी तुम्हारे सामान्य जीवन के पार जाने को नहीं कहा, तुम मुझे कैसे निराश कर सकते हो ?

जीसस कहते हैं, 'अपने शत्रु को ठीक वैसा ही प्रेम करो जैसा स्वयं को करते हो,' इस वचन में जो विरोधाभास है वह शायद तुम नहीं देख पा रहे। पहले तुम किसी को अपना शत्रु स्वीकार करो। उस स्वीकार में ही तुमने उससे घृणा कर लिया। और अब जीसस कह रहे हैं उसे प्रेम करो। वे कह रहे हैं, 'प्रेम करो, जिससे घृणा करते हो।'

लोगों ने किया जरूर है पर ठीक दूसरी तरफ से। उन्होंने उनसे घृणा किया है जिन्हें प्रेम किया है। जीसस जब कहते हैं, 'अपने शत्रु को प्रेम करो' उन्हें इस तथ्य का पता नहीं है कि तुम अपने मित्र को भी घृणा किए बगैर प्रेम नहीं कर सकते, कि घृणा और प्रेम एक ही चीज के दो पहलू हैं। जिसे भी तुम प्रेम करते हो, घृणा करते ही हो। कभी घृणा प्रकट होती है प्रेम छुपा होता है; कभी प्रेम प्रकट होता है और घृणा छुपी होती है। और तुम, चौबीस घंटों में एक ही व्यक्ति के लिए प्रेम और घृणा का पहिया कितनी बार ऊपर और नीचे जाता है, इसे देख सकते हो।

जीसस प्रेम के बारे में बात कर रहे हैं, पर इस बाबत कुछ जानते हुए नहीं लगते, क्योंकि पहली जानने की बात यह है कि प्रेम और घृणा दो चीजें नहीं हैं। तुम उन्हें अलग नहीं कर सकते। यदि तुम्हें प्रेम करना है तब तुम्हें घृणा भी स्वीकार करनी पड़ेगी। हां, तुम्हारा प्रेम इतना समझपूर्ण हो सकता है कि वह घृणा को अपने में समाहित कर ले कि तुम घृणा को प्रेम के अनिवार्य अंग की भांति स्वीकार कर लो, कि तुम घृणा को घृणा न करो। और तुम अपने में विभाजन मत निर्मित करो।

तुम कभी मुझे निराश नहीं कर सकते और इसका जरा-सा ही कारण है कि मैंने कभी तुमसे कोई अपेक्षा नहीं की। तुम्हारे सारे मसीहा तुमसे अनेक अपेक्षाएं करते रहे हैं कि तुम्हें यह करना है, यह नहीं करना है। तुम एक बार उनके द्वारा बनाए सिद्धांत के विपरीत गए कि तुम असफल हुए, और वे भी अनिवार्य रूपेण निराश होंगे क्योंकि तुम किसी और के सिद्धांत पर कैसे चल सकते हो।

तुम्हारी अपनी निज की आत्मा है जिसे जिया जाना है। तुम किसी भांति मेरे प्रति उत्तरदायी नहीं हो, मेरा कुछ पूरा करने के लिए। मेरा उद्देश्य मैंने पूर्ण कर लिया है। अब यह तुम्हारा विचार है, तुम्हारी आत्मा है, तुम्हारा जीवन है जिसे जिया जाना है। तुम्हें दूसरा कोई अनुशासन नहीं दे सकता, पर सैकड़ों वर्षों से लोग लोंगो पर हजार ढंगों से शासन करते रहे हैं।

□ □

एक दिन ओशो के अमृत प्रवचन के बाद निर्वाण ग्रोव गया (ओशो के पांच संबुद्ध शिष्यों की समाधि बनी है वहां। हर एक नाम के पूर्व लिखा है—In the sacred memory of Swami..... Disciple of Bhagwan Shree Rajneesh)।

(संबुद्ध स्वामी आनंद विमल कीर्ति। प्रिंस आफ वेल्स आफ हनोवर,ज़र्मनी)

जन्म	संबोधि को उपलब्ध	महापरिनिर्वाण
1. संबुद्ध स्वामी आनंद विमल कीर्ति		
25.1.47	9.1.81 संध्या	10.1.81 प्रातः
2. संबुद्ध स्वामी ध्यान निर्वेश		
22.8.49	7.7.84सूर्यास्त	7.7.84 सूर्यास्त
3. संबुद्ध स्वामी देवतीर्थ भारती		
1908	8.9.79 सूर्योदय	8.9.79 सूर्यास्त
4. संबुद्ध स्वामी आनंद अनंग		
12.11.39	11.6.84 सूर्यास्त	11.6.84 सूर्यास्त
5. संबुद्ध स्वामी बोधि मित्रा		
11.3.1909	15.1.79	23.4.85

मुझे याद आया संभवतः नवंबर 1987 की बात होगी, पूना आश्रम में एक दिन स्वामी निकलंक भारती लाओत्सू हाउस से लगभग दिन के 11 बजे के आसपास बाहर आ रहे थे। मैंने पूछा 'कहां से आ रहे हैं, बहुत आनंदित नजर आ रहे हैं !' (सच, कोई ओशो से मिलकर आने वाला छुप नहीं सकता। उसकी मस्ती भरी शक्ल ही अलग दिख जाती है। और देखो वही यहां भी सच निकला) 'हां' भइया ओशो के पास से आ रहा हूं। गाडरवारा से रात फोन था कि काकाजी का निधन हो गया है। तो ओशो के पास मेसेज भेज दिया था। उन्होंने बुलवाया था कि कौन से काका का निधन हुआ है ? कवि 'चंचल' जी का या स्वामी आनंद सिद्धार्थ का ?

मैंने बताया कि 'यह जानकारी नहीं हो पायी, टेलीफोन कट गया।'

ओशो ने कहा फिर फोन लगाकर पता करो क्योंकि यदि स्वामी आनंद सिद्धार्थ का हुआ होगा तो उनका 'फूल' यहां ले आकर 'समाधि' बनवानी होगी, उन्हें मैंने संबुद्ध घोपित किया है।'

'सो जा रहा हूं गाडरवारा फोन लगाने।' बाद में पता चला कि कवि चाचा चंचल जी विदा हुए थे।

□ □

मा आनंद शीला अपने गैंग के साथ 14 सितंबर 1985 को चली गयी थीं शाम 4 बजे के आस-पास। पर दस-पांच लोगों को छोड़कर किसी कम्यूनवासी को भी न मालूम था, जब तक कि 15 सितंबर को ओशो ने प्रातः अपने प्रवचन में न बताया। 15 सितंबर 1985 वाला प्रवचन हर प्रेमी को सुनना चाहिए। ओशो इतना रुक-रुक बोल पाते हैं। साफ मालूम पड़ता है कि हृदय पर इतना बड़ा आघात लगा है कि वे मुश्किल से बोल पा रहे हैं। जैसे एक-एक शब्द बोलने के लिए बहुत ताकत लगानी पड़ रही हो। शिष्यों के लिए यह एक बहुत बड़ी घटना थी। यह प्रवचन दो कैसेटों में आया है। 90 मिनट बाद दूसरे कैसेट पर तीसरी साइड में ओशो कहते हैं—Because I was silent I had to keep this heavy load on my heart. You will not believe it that many nights I had tears in my eyes for the simple fact that I don't want to reduce my people in a 'slave-camp'. At least while I am alive, I want my people to rejoice life. Work is part of it but not the whole of it. जब ओशो कहते हैं कि You will not believe it that many nights I had tears in my eyes, ठीक इसी क्षण अगेह भारती की इतनी जोर से चीख निकल गयी है कि यद्यपि वे लगभग 60-70 फीट दूर बैठे थे, तथापि टेप पर वह चीख रिकार्ड हो गयी है जिसे साफ सुना जा सकता है। यह ऐतिहासिक प्रवचन सभी प्रेमियों को सुनना चाहिए।

□ □

शीला के रहते ही वर्ल्ड प्रेस कान्फ्रेंस शुरू हो गए थे। ये शीला के आवास पर बड़े हाल में होते थे। उसके जाने के बाद वर्ल्ड प्रेस कान्फ्रेंस रजनीश मंदिर में भी होते और वहां भी होते। शीला का दबदबा इतना था कि उसके रहने पर तो कोई कुछ न कहता उसके जाने के बाद अनेक लोग कुछ न कुछ बताने लगे कि उसने यह किया, उसने वह किया। इस सबका सविस्तार जिक्र प्रभु श्री ने अपने प्रवचनों में किया है अतः उसे यहां दोहराने का कोई मतलब नहीं, पर मैं कहना यह चाहता हूं कि ओशो को जो भी पता चलता कि उसने यह किया, उसने वह किया, वह सब वे विश्व प्रेस कान्फ्रेंस में बता देते। उस समय 'उनका' बताने का अंदाज व भाव ऐसा रहता मानो कोई घर का बड़ा बुजुर्ग बच्चों द्वारा किए गए अपराध खुद पब्लिक को बता रहा हो। पुलिस को बता रहा हो। बताते समय निर्दोष शिशु से लगते ओशो। क्योंकि इतना तो मेरी भी समझ में आ रहा था कि जो तमाम सारी बातें शीला व उसके ग्रुप की बता रहे हैं विश्व प्रेस को, उसमें खुद भी फंसते जाएंगे। कहीं काउंटी आफिस में आग

लगाने की कोशिश, कहीं जल व्यवस्था में कोई चीज मिला दिया जिससे सभी को दस्त लग गए व चुनाव के समय 'मत' देने न जा सके। ये सारे जुर्म शीला के इशारे पर हुए। ओशो को ज्यों-ज्यों पता चलता गया, वे प्रेस को बताते गए। अमरीका के खुफिया विभाग को भी जो न पता चल सकता, वह सब ओशो स्वयं बता रहे थे, अपने घर की पोल स्वयं खोल रहे थे विश्व के सामने। और उसी सबने फंसाया भी ओशो को। क्योंकि उतनी निर्दोषिता को समझ सकना सरकारों व कानूनों की क्षमता के बहुत पार की बात है। आखिर इतने आरोप ओशो ने लगाए, सभी के लिए प्रमाण देने को तैयार, फिर भी कहां शीला गिरफ्तार हुई। शीला गिरफ्तार तब हुई जब नार्थ केरीलीना में ओशो गिरफ्तार हो गए तब।

पर एक बात कहना चाहता हूं। ओशो ने एक महान सदगुरु का कार्य किया। वरना वे चुप भी रह सकते थे। तो हो सकता है नगर भी नष्ट न होता खुद अरेस्ट भी न हुए होते। पर तब वह चतुराई भरी बेईमानी की बात होती, शिष्यों को भी कभी कुछ पता न चलता। उन्होंने जो प्रेस को बताया, वह मेरी समझ में प्रेस से ज्यादा दुनिया में फैले अपने शिष्यों से बताना था। यह एक-एक शिष्य को परम स्वतंत्रता देना था। निजी सचिव द्वारा इतना बड़ा धोखा दिए जाने के बाद, एक-एक व्यक्ति को अपनी स्वतंत्रता एवं अपने बोध से हर कदम चलना व जीना है। अब कोई किसी पर दायित्व न डाल सकेगा। हर एक परम स्वतंत्र है। कोई किसी की बात मानने को बाध्य नहीं है चाहे वह सेक्रेटरी हो, चाहे कोई भी। हां तुम्हारा बोध जिस चीज के लिए गवाही देता हो, वह तुम करो। तो ओशो ने अपने शिष्यों से कुछ भी नहीं छुपाया, उल्टे सब कुछ भीतर से भीतर को उघाड़कर सबके सामने रख दिया। भले चाहे उसका दुष्परिणाम उन्हें खुद को भोगना पड़े। और भोगना पड़ा। अभी तक की दुनिया में सभी सरकारें हत्यारी होती रही हैं। अमरीकी सरकार हत्यारी में भी 'सुपरलेटिव' डिग्री की हत्यारी।

यानि मनुष्य की निम्नतम इकाई द्वारा अपमानित होना क्या उसी सबका परिणाम नहीं है? चुप रह जाते तो कौन अपमान करता? पर हम यह कभी न जान पाते कि निजी सचिव ने धोखा दिया। परिणामस्वरूप सभी निजी सचिवों का अंधानुकरण करते जाते। अब यह जरूरी नहीं रह गया है। सच यह है कि अब एक-एक व्यक्ति स्वतंत्र है। अपने ही बोध से जीना है।

ओशो ने अपने से भी मुक्त कर दिया है जैसा मैंने समझा है। जब वे कहते हैं कि 'बुद्ध से भूलें हुई हैं, महावीर से हुई हैं, मैं तुम्हारे सामने बैठा हूं— ओरेगान आकर क्या तुम सोचते हो, मैंने भूल नहीं की है? मैं पर्याप्त प्रमाण हूं कि बुद्धत्व प्राप्त होने का मतलब यह नहीं कि

तुम भूल-चूक के बाहर हो ! तुम 'बिग मडी रैंच' में गिर सकते हो ! और तब कितना कठिन है इसमें से निकलना ! जितना ही तुम बाहर निकलने का प्रयास करो उतना ही तुम कीचड़ में धंसते जाते हो ! यह इतना साफ है कि मुझे बुद्ध-महावीर की भूलों को उद्धृत करने की कोई जरूरत नहीं है, मैंने भी भूलें की हैं। और मैं भूलें करता जाता हूं लेकिन उससे मेरे बुद्धत्व का कुछ नहीं बिगड़ता, उसका हमसे कोई मतलब नहीं। मैं भूलों का सर्वोत्तम उपयोग करता हूं, बस।' [भगवानः दि बुद्धा फार दि फ्यूचरः पेज 384] तो जब ओशो अपने को भी कहते हैं कि मैं भूल-चूक के बाहर नहीं हूं, तो वे हममें से प्रत्येक को, परम स्वतंत्रता दे रहे हैं, अंधानुकरण नहीं। मजे की बात यह है कि कहता हर आदमी है कि मैं स्वतंत्रता चाहता हूं पर सामान्यतः किसी पर निर्भर होना चाहता है आदमी, किसी गुरु पर, किसी भगवान पर ! क्योंकि स्वतंत्रता उत्तरदायित्व भी साथ लाता है। जो भी हो, ओशो ने मनुष्य को जो गरिमा दी है, इसके पूर्व किसी सदगुरु ने कभी नहीं दी।

□ □

पूरा रजनीशपुरम बहुत बड़ी बात थी। पूरे रजनीशपुरम का हाल शायद कोई भी नहीं लिख सकता। जो वहां स्थायी रह रहे थे व जिन्हें भीतर बाहर सब कुछ पता रहा हो, वे भी यदि रोज नोट्स लेते रहे हों तो शायद काफी कुछ लिख सकते हैं; पर पूरा वे भी नहीं लिख सकते। मैं तो रजनीशपुरम की झलक भी दे पाऊं तो संतुष्ट हो लूंगा। पर लगता है झलक भी दे पाने में मैं सफल न हो पाऊंगा।

□ □

रजनीशपुरम में मैंने पहली बार नीला आकाश देखा। कहते तो हैं आकाश को नीला ही पर मुझको यह सिलेटी रंग का दिखता है। नीला आकाश तो वहीं देखा था रजनीशपुरम में। एकदम गाढ़ा चटख नीला आकाश। अहा !

वहां यदि तेज धूप भी हो और 200 फीट की दूरी पर भी कोई जा रहा हो तो उसके पास रेनकोट तो होगा ही बैग में। क्योंकि कब कहां पानी बरसने लगे कहना मुश्किल। हर संन्यासी के कंधे पर एक बैग अवश्य रहता उसमें कम से कम एक रेनकोट, एक पुल ओवर अवश्य रहता। इनकी जरूरत कभी भी पड़ जाया करती। गर्मी के समय भी मौसम अचानक बदलता वहां।

□ □

ओशो एक प्रेस कान्फ्रेंस में बोले 'अमरीका मेरे लिए बहुत छोटी बात है। मैं सारी

दुनिया के चित्त को स्वच्छ करने के प्रयास में लगा हूं। (आय ऐम ट्राइंग टु डिप्रोग्राम दि होल वर्ल्ड)

□ □

ओशो ने अनेक बार यह कहा है कि यदि दुनिया में 200 लोग इन्लाइटेंड हो जाएं तो तृतीय विश्वयुद्ध नहीं होगा।

□ □

'अमरीका में प्रवचन के समय कटनी, जबलपुर, कश्मीर, इंडिया आ जाता तो बड़ा मजा आता।

एक बार ओशो ने कहा कि दुनिया में सबसे तेज गति प्रकाश की है 1,86,000 मील प्रति सेकेंड। पर आज तक यह किसी ने ध्यान नहीं दिया कि सबसे धीमी गति किसकी है? बड़े से बड़े वैज्ञानिक को भी यह पता न होगा। मैं बताए देता हूं कहकर ओशो ने कहा, 'इंडिया में सरकारी फाइलों की गति सबसे धीमी है।'

□ □

बात चल गयी तो याद आया जिस स्वामी को भी देखो वह कहता है पूना कम्यून में भी राजनीति घुस गयी है। वहां भी अपने ग्रुप व दूसरे ग्रुप के लोगों के लिए अलग-अलग व्यवहार होता है। मैं नहीं जानता कहां तक सच है यह बात! पर यह जरूर है कि सारे लोग क्यों कहते हैं ऐसा? जो भी हो यदि ऐसा है तो ओशो साक्षी हैं यह शर्म की बात है। मैं तो कम्यून में भी नहीं था, रेलवे में नौकरी करता था, पर वहां भी सभी के साथ एक जैसा था, आखिरी दिनों में लोको फोरमैन था। 2500 लोग मेरे मातहत कार्य करते थे। पर मेरा कभी कोई ग्रुप नहीं था। न कोई अपना, न पराया, सभी के प्रति एक जैसा। न जाति का ग्रुप; न धर्म का; न प्रांत का; न जिले का; न ताश का; न शतरंज का; यहां तक कि सेवामुक्त होते समय विदाई समारोह में इस बात का उल्लेख उच्च अधिकारियों ने भी किया। कहां से कहां पहुंच गया। ओशो का शिष्य ही इतनी छूट ले सकता है कि कहीं से कहीं पहुंच जाए, दूसरा कोई तो सोच भी नहीं सकता। अस्तु:

□ □

चार वर्ष के (रजनीशपुरम) कम्यून में एक भी बच्चा पैदा नहीं हुआ। यह है परिणाम बुद्धिमत्ता से जीने का, वरना तो आज (25 सितंबर 1994) को पेपर में पढ़ा बेनजीर भुट्टो का चौथा बच्चा पेट में है!! सोचता हूं यह प्रधानमंत्री हैं? या अंगूठा छाप कट्टर मुसलमान!!

□□

रजनीशपुरम का शवदाह स्थल भी देखने लायक था। एक दिन एक स्वामी जो झील में डूब जाने से विदा हुए थे, उनको 'सेलेब्रेट' किया गया था। एक दिन रजनीशिज्म नामक पुस्तक को। जिस दिन रजनीशिज्म नामक पुस्तक की लाखों कापियां जलायी गई, उस दिन वहां विभिन्न राष्ट्रों के प्रेस रिपोर्टर भी उपस्थित थे।

□□

मैंने पहले कहीं कहा है कि विनोद खन्ना व और भी अनेक मित्र मुझे कहते कि रजनीशपुरम में गर्लफ्रेंड के बिना इस आनंद सिटी के अनुरूप नहीं लगता। मेरी मस्ती में तो कहीं कोई कमी न थी, मैं तो ओवर फ्लोइंग (आनंदातिरेक) की दशा में रहता। मैं बैठता अकेला; एक मिनट आधे मिनट में 10-15 लोग हो जाते आसपास। परिचित-अपरिचित; कोई भी; कौन नहीं हंसी-मस्ती पसंद करता ओशो की दुनिया में!

यह 14 जुलाई 1985 की बात है जब मैं प्रातः ओशो के प्रवचन सुनने हेतु रजनीश मंदिर गया। जिस समय मैं स्थान ग्रहण कर रहा था, मेरे सामने एक महिला बैठी हुई थी जिसका चेहरा स्वभावतः आगे की ओर था। उस पर मेरी नजर पड़ी तो क्षणभर को वह मुझे अच्छी लगी। ऐसे ही जैसे आपको कोई भी अच्छा लगता है। जरूरी नहीं कि वह विरोधी सेक्स हो। समान सेक्स के लोग भी अच्छे लगते हैं। आप बस में बैठे हैं, किसी ऐसे व्यक्ति पर नजर पड़ती है कि अच्छा लगता है, सुखद लगता है। अच्छा लगने वाला समान सेक्स या विरोधी सेक्स का हो सकता है। सवाल सेक्स का नहीं है; और एक व्यक्ति ऐसा बैठा हो बगल में कि लगता है कब यह जाए यहां से। ऐसे यूं ही राह चलते कोई अच्छा लगता है कोई नहीं अच्छा लगता। जो अच्छा (अट्रैक्टिव) लगा उससे आप कहने नहीं जाते, जो अच्छा नहीं (रिपल्सिव) लगा, उसे भी आप कहने नहीं जाते। तो उसी तरह था उस महिला का क्षणभर को अच्छा लगना। बैठते-बैठते क्षणभर को नजर पड़ी और वह अच्छी लगी। बैठते ही आंख बंद किया व बज रहे धीमे म्यूजिक के साथ झूमने लगा।

बैठने का तरीका वहां भी वही था जैसे पूना में है। आगे की छह-सात लाइनें फ्रंट सीट कहलाती थीं। उन पर कौन बैठेगा यह पूर्व निर्धारित रहता था। उसके बाद तो ज्यों-ज्यों लोग आते, बैठते चले जाते। कुछ ही मिनटों में लगभग सारा रजनीश मंदिर भर जाता। और सभी म्यूजिक पर मस्त हो झूम रहे होते। जब ओशो का आगमन हुआ। मुझे अहसास हुआ उनके आने का, मैंने आंखें खोलीं, दोनों हाथ जोड़े। ओशो ने सभी के प्रणाम स्वीकार किए हैं। अब

वे बैठ गए हैं।

बुद्धम शरणम गच्छामि, संघम शरणम गच्छामि, धम्मम शरणम गच्छामि के सस्वर गायन के बाद उनका प्रवचन शुरू हुआ। कभी-कभी आंखें खोलकर उन्हें देख लेता हूं, पर अधिक देर आंखें बंद किए उन्हें सुना हूं। प्रवचन समाप्त होने पर पुनः आंखें खोलीं, प्रभु श्री को दोनों हाथ जोड़कर प्रणाम किया। वे पोडियम से बाहर जाकर, कार में बैठ लेते, कार रवाना हो जाती तब रजनीश मंदिर में बैठे प्रेमी उठते। प्रभु श्री को दो ढाई घंटे सुनना गहन ध्यान में ले जाता। काफी देर तो शरीर चलने योग्य न हो पाता यानि ऊर्जा बहुत भीतर चली जाती। बोलना तो और भी बाद में शुरू हो पाता। इतनी गहन शांति से वापस वाणी में आने में समय लगता। कितना समय लगेगा, यह सभी का अपना अलग-अलग होता।

तो जैसे ओशो अपनी गाड़ी में बैठकर चले, मैं धीमे से उठा और चलने के लिए पीछे घूमा। जैसे चलने को हुआ तो देखता क्या हूं कि वही महिला जो मेरे आगे बैठी थी, मेरे गले मिल रही है। मैं आश्चर्यचकित भी था, आनंदित भी। कई मिनट तक गले मिले रहने के बाद हमने एक दूसरे को देखा और बिना बोले एक साथ रजनीश मंदिर से बाहर निकलने हेतु एक दूसरे के हाथों का सहारा लेते हुए और एक दूसरे को सहारा देते हुए बहुत धीमे-धीमे चलने लगे। चलकर बाहर आए जहां जूते-चप्पल आदि रखने का प्रबंध था। मुझे अगेह से 'ए' की ओर जाना था, उसे कहां जाना है कुछ मालूम नहीं; क्योंकि अभी तो नाम भी ज्ञात नहीं। दोनों ने एक दूसरे की ओर देखा; एक दूसरे से मानो अनुमति ली कि जूते लेकर आगे निकलते और मिलते हैं। उसके बाद जब हम मिले तब तक हम मौन से बाहर आ चुके थे और अब हम बात कर सकते थे। मैंने उसका नाम पूछा—'मा जीवन मदा फ्राम कनाडा'। उसने मेरा नाम पूछा—'स्वामी अगेह भारती, फ्राम इंडिया'। उसने यूं ही मुस्कारते हुए कहा—'वह तो मैं देख सकती हूं तुम इंडिया से हो।'

मैंने उसे बताया कि जब मैं रजनीश मंदिर में आया था तो बैठते-बैठते मेरी नजर तुम पर क्षणभर को अवश्य पड़ी थी और तुम मुझे अच्छी लगी थीं। पर उसके बाद मैं तुम्हें भूलकर म्यूजिक के साथ हो लिया, झूमने लगा। ओशो आए तो उनको अभिवादन करने के बाद दोनों आंखें बंद कर लीं व प्रवचन सुनने लगा। प्रवचन सुनने के बाद चलने के लिए घूमा तो सामने तुम्हें पाया गले मिलने को बढ़ते हुए। यह क्या चमत्कार है! क्योंकि जिस क्षण एक पल को मेरी नजर तुम पर पड़ी, उस समय तुम्हारा मुंह आगे की ओर था। उसने कहा, 'मेरा मुंह आगे की ओर तो था ही, मेरी आंखें भी बंद थीं। मैं ध्यान में थी। और मैंने पल भर को पीछे पीठ पर किसी ऊर्जा का स्पर्श अनुभव किया वह ऊर्जा मुझे इतनी 'सूदिंग' (शांतिदायी) लगी कि

मैंने तय किया कि यह व्यक्ति जो भी हो मेरा मित्र होने जा रहा है। यानि तुम महिला भी होते तो तुम्हें मैं मित्र बनाती। मैंने कहा, 'पर यह और भी अच्छी बात है कि यह पुरुष है !'

'सचमुच' हंसते हुए कहा उसने। और हम खूब हंसे। तब उसने कहा, 'अब मैं चलूं, हम फिर मिलेंगे।'

मैंने पूछा—'कहां' ?

उसने कहा—'यहीं, कहीं अपने आप जहां मिल जाएं।' मैं ज्यादा कुछ कह न सका और हम दोनों अलग हो गए।

मुझे वह बहुत अच्छी लग रही थी और मुझे डर था कि इतने बड़े मेले में (यद्यपि विश्व महोत्सव पर आए ज्यादा लोग जा चुके थे) कहीं उससे भेंट न हुई तो ! पता नहीं कहीं वर्शिप करती है या नहीं ? कहां रहती है ? कुछ भी तो पता नहीं। मैं आज तक यह नहीं समझ पाया कि मैं बड़ी जल्दी किसी के प्रेम में पड़ता हूं और वह भी बहुत समग्रता से। करीब-करीब दीवाना हो जाता हूं। स्वभावतः रात उसकी याद के साथ सोया।

शुक्र है अस्तित्व का कि 15 जुलाई को पुनः प्रवचन के समय हमने एक दूसरे को देख लिया। हम कुछ दूर पर बैठे थे। प्रवचन समाप्त होने पर हम दोनों एक दूसरे के पास आए गले मिले और साथ-साथ बाहर निकले। आज मौन उतना अधिक नहीं था, हम दोनों बातें करते निकल रहे थे। मालूम हुआ कि वह यूनीफार्म लाण्ड्री में वर्शिप करती है। और कि वह मार्च से है यहां। मैंने समझ लिया उसका टेंपल कहां है। हमने एक साथ जरथुस्त्रा कैफेटेरिया में लंच लिया। उसके साथ उसके टेंपल गया। कुछ देर बैठा रहा। फिर शाम को आऊंगा टेंपल बंद होने के पूर्व, कहकर मैं दोपहर की नींद लेने चला गया।

स्पष्ट था कि हम दोनों में मित्रता हो गयी और बहुत गहरी मित्रता हुई। बहुत सी बातों में आश्चर्यजनक रूप से मिलान था। वह मार्च 10 से रजनीशपुरम में रह रही थी, यानि पूरे चार माह से, पर उसने किसी को ब्वाय फ्रेंड न बनाया। उसे भी अनेक संन्यासिनियां कहतीं कि बिना ब्वाय फ्रेंड के होना इस सिटी के अनुरूप नहीं है। और वह भी यही कहती कि मेरा एक ब्वाय फ्रेंड है और वह लाओत्सू (ओशो के निवास) में रहता है और वह काफी है। सोचिए उस लड़की के बाबत, एक तो कनेडियन दूसरे रजनीशपुरम में, तीसरे युवा एवं सुंदर और चार माह किसी को भी ब्वाय फ्रेंड न बनाया था। मुझे तो इतना प्रेम करती कि कहती ओशो मुझे उसके लिए ही इंडिया से बुलाए हैं। आज भी हम मित्र हैं। हमारी उसकी मित्रता की जो महानतम कड़ी थी व है वह यह कि उसका ख्याल था कि मैं ओशो को बहुत प्रेम करता हूं, और

मेरा भी उसके प्रति यही ख्याल था। उसका यह भी ख्याल था कि मेरे साथ उसे मालूम हुआ कि प्रेम में टोटल होना किसे कहते हैं। सबसे खूबसूरत बात यह कि हमारा उसका हर विषय पर 'कम्यूनिकेशन' होता। मैं चकित था कि ऐसे गहरे-गहरे ओशो के प्रेमी और उन्हें कोई जानता तक नहीं। हालांकि बाद में वह इंडिया आयी। और जब गोर्वाच्योव इंडिया आए तो कुछ वीडियो-आडियो कैसेट व कुछ दर्जन भर मित्रों के पत्र ले जाकर गोर्वाच्योव के लिए रूसी दूतावास नई दिल्ली में दिया उसने। उसी ने मित्रों से पत्र आमंत्रित किया। यह उसकी ही सूझ थी। मदा मूलतः 'रशियन' है। 18-19 वर्ष की आयु तक रूस में ही रही, उसके बाद कनाडा आई। दसेक वर्ष हो रहे हैं। तो जब उसने यह सब दिल्ली जाकर दिया तो सबने उसे जाना। फिर जब एक रशियन टीम पूना आयी, तो मदा ने ही उस टीम को आश्रम घुमाया व गाइड किया जिसका वीडियो फिल्म भी बना है।

मदा कई बातों में भारतीयों जैसी है। एक तो वह बहुत साधारण ढंग से रहना पसंद करती है। दूसरे वह सिगरेट या शराब नहीं पीती। वह बीयर तक न लेती थी जो कि रजनीशपुरम में शाम को डिनर के समय मैं भी लेने लगा था। पश्चिमी लोगों में 95 प्रतिशत लोग सिगरेट पीते हैं और धुएं से मुझे बहुत तकलीफ होती है। सो इस तरह की अनेक बातें थीं जिन्होंने हमें बहुत गहराई से जोड़ दिया। वह बहुत स्वाभिमानी भी थी। हम जुलाई के लगभग तीसरे सप्ताह से 3 सितंबर 1985 तक साथ ही रहे। वह 4 सितंबर की प्रातः चली गई। 4 से 8 सितंबर महा परिनिर्वाण दिवस सेलेब्रेशंस थे। उस प्रातः लगभग 400 संन्यासियों को चला जाना था, क्योंकि उनके शिड्यूल 3/9 को समाप्त होते थे। मदा तो जैसा मैंने बताया कि वह बड़ी स्वाभिमानी थी, उसने किसी से यह नहीं कहा कि एकाध दिन और रहने को मिल जाए। उसने तो 15 दिन पहले टिकट बुक करवा लिया था, एक सप्ताह बाद मुझे बताया कि 4 सितंबर को टिकट बुक है उसका जाने को। उसने बताया कि उसका भाई लास एंजल्स में इलेक्ट्रानिक इंजीनियर है वह वहीं जा रही है। यदि वहां कोई काम वगैरह मिल गया तो मेरे इंडिया जाने के पूर्व वह वापस आएगी मुझे मिलने। और यदि लास एंजल्स में काम न मिला तो वह कनाडा वापस चली जाएगी। तब उसके मेरे रहते-रहते रजनीशपुरम आने की कम संभावना रहेगी, पर वह मुझसे मिलने इंडिया अवश्य आएगी। वह मेरे परिवर के एक-एक सदस्य के बारे में भली-भांति जानती थी व बिना मिले भी सबसे परिचित हो चली थी। उसने हर सदस्य के लिए कुछ न कुछ उपहार खरीदा व दिया। किसी के लिए रोब, किसी के लिए आडियो कैसेट, किसी के लिए कुछ, किसी के लिए कुछ, किरन (बेटी) के लिए सोने की चेन खरीदी जिस पर ओशो की दो चिड़ियां बनी हैं।

रजनीशपुरम में एक कैसेट लाइब्रेरी थी, उसमें 30 डालर जमा करना पड़ता था मेम्बरिशप के लिए। सदस्य बनने के बाद दो कैसेट एक साथ सुनने के लिए ले जा सकते थे आप। महीने, दो महीने, छह महीने, साल भर; जब तक आप रहें कैसेट सुनते रहें, और कोई शुल्क नहीं था वहां। और जिस दिन सदस्यता रद्द करनी हो 30 डालर वापस भी मिल जाते। मदा ने कहा तुम कैसेट सुनना जारी रखना, मैं चलकर अथार्टी लेटर लिख देती हूं। और जब जाने लगोगे तो 30 डालर वापस मिलेंगे सो उस 30 डालर से मा योग संबोधि के लिए कुछ लिए जाना। हम 2 सितंबर को भी वहां गए, 3 को भी पर वह लाइब्रेरी खुली न थी। बल्कि 3 को पता चला कि लाइब्रेरी कहीं दूसरी जगह शिफ्ट हो रही है। दो-तीन दिन बाद नए स्थान पर खुलेगी। तो मदा एक अथार्टी लेटर मेरे लिए लिखकर मुझे ही दे गयी। दो-तीन दिन बाद मैं नए स्थान पर गया व लेटर बताकर मदा के स्थान पर अपना नाम चढ़वा लिया। जब तक रहा कैसेट सुनता रहा। आते समय सदस्यता समाप्त कर 30 डालर लिए व जैसा मदा ने कहा था संबोधि जी के लिए कुछ ले आया। शायद एक सुंदर सा छाता व एक रोब।

मा जीवन मदा के साथ एक बहुत मजेदार बात जुड़ी है। उसे भी आपसे बताऊं। 4 सितंबर की प्रातः हसीद कैफेटेरिया में साथ नाश्ता किया। उसे मिरदाद में बस में बिठा दिया व खुशी-खुशी 'बाय' किया, विदा कर दिया। मैंने सोचा भी न था कि उसके चले जाने के बाद मुझे इतनी पीड़ा होगी अतः लास एंजल्स का उसका पता, फोन नं० कुछ भी न लिया था। असल में हम दोनों की मित्रता एक तरह से बहुत बोध पूर्ण थी। उसने कहा कि वह लास एंजल्स का पता वगैरह नहीं लिख रही है, वहां पहुंचकर जैसा होगा वह पत्र देगी। तो मैं उससे पता मांगता यह मुझे ठीक न लगता क्योंकि यदि पता देना जरूरी समझती तो स्वयं ही देती। पर उसके चले जाने के बाद मेरा बुरा हाल था। मैं करीब-करीब रात दिन रोता ही रहता। मुझे नींद भी न आती, लगता मेरा कलेजा बाहर निकला आ रहा है। मैं मदा के बिना जीवित नहीं रह सकता। पर मेरे पास उसका पता व फोन नं० तक न था। एक शाम मैग्दलीना में डिनर लेने के बाद क्रीक के किनारे उस रास्ते पर चलते हुए मैंने इंगलिश में एक कविता लिखी, जिस पर मैं और मदा अक्सर साथ चलते थे। कविता का हिंदी रूपांतर पढ़ें—

'आज
संध्या-भोजनोपरांत
जब मैं चल रहा था अकेला
उस क्रीक (नाले) के किनारे-किनारे
जहां हम दोनों चले थे

अनेक बार—
शीतल बयार,
जो करती थी नृत्य
सदा हमारे आसपास,
—पूछती है चुपके से
मैं अकेला क्यों हूं ?
काले-घने बादल
जो मस्ती में चलते थे
साथ-साथ हमारे
अब एक प्रश्नवाचक मुद्रा में
घूरते हैं मुझे !
और उज्ज्वल सितारे
जो हमारे मार्ग पर
रोशनी फेंकते मुदित होते,
वे मुझे देखते हैं बेबस
सहानुभूति से !
और धरती की कोमल मिट्टी
जो होती थी आनंदित
हमारे स्पर्श से—
पूछती है साफ—'मदा कहां है ?'
इन सबके उत्तर में,
नहीं सूझते शब्द मुझको,
आंखों से टपक पड़ती हैं
दो गर्म बूंदें ! !

□.□

आखिर मुझे याद आया। जब वह कोई ग्रुप कर रही थी तो उसकी एक संन्यासिनी से अच्छी मित्रता हो गई थी। एक दिन हम सबने एक साथ होटल में लंच भी लिया था। क्षीण सी आशा थी कि शायद उसके पास मदा का फोन नं० हो। उसका नाम मालूम था और यह भी कि वह रजनीश इंटरनेशनल मेडिटेशन यूनीवर्सिटी में वर्शिप करती है। शायद कोआर्डीनेट करती है किसी टेंपल में। मैं वहां गया। ढूंढ-ढांढकर उससे मिला व अपना हाल बताया। उसने बताया कि मदा का फोन नं० और पता दोनों हैं, पर रूम पर हैं। वह कल ले आऊंगी, मैं आकर ले लूं। मैंने करीब-करीब जागते रात बितायी। अगले दिन उसके पास से फोन नं० लिया एवं पता भी। और सीधा टेलीफोन बूथ पर जाकर रिंग किया मदा को। वह घर पर न मिली। उसकी मां मिली। पर वह अंग्रेजी न समझती थी, मैं उसकी भाषा न समझता था। काफी देर की कोशिश के बाद इतना भर कम्यूनिकेट कर पाया कि ८ बजे रात पुनः फोन करूंगा मदा के लिए।

8 बजे जब रिंग किया तो मदा ने ही फोन उठाया। वह बहुत प्रसन्न हुई मुझे फोन पर पाकर। उसने बताया कि उसने मेरे लिए पोर्टलैंड हवाई अड्डे पर जहाज की प्रतीक्षा करते हुए पत्र लिखना शुरू किया था, जो जहाज में पूरा किया व लास एंजल्स पहुंचते ही पोस्ट किया। वह बहुत ताज्जुब में पड़ी और सोचने लगी कि मैंने फोन नं० कहां से प्राप्त किया होगा। जब मैंने बताया तो उसने अपनी मित्र के लिए धन्यवाद अनुभव किया। मदा ने मुझे फोन पर, पत्रों में लाख समझाया कि किसी से मित्रता कर लूं पर उसका ख्याल करके दु:खी न रहा करूं। उसे यह बात अच्छी न लगती कि मैं रजनीशपुरम में उसके लिए दु:खी रहता हूं। परंतु मैं किसी दूसरी महिला को मित्र न बना सका। मैं उसी की याद में दीवाना बना रहता। टेंपल में वर्शिप के समय, बस में, कैफेटेरिया में, मेरी आंसुएं गिरती ही रहतीं। किसी ने पूछा 'हाउ आर यू ?' और आंसू बहे। किसी ने कहा 'हैलो' और मैं रोया। मेरा बुरा हाल था।

महापरिनिर्वाण महोत्सव पर स्वामी देवसुधा सदन व स्वामी सत्यानंद भारती आए हुए थे। वे दोनों मूलतः गुजराती भाई हैं नवसारी (गुजरात) के। जाकर कैलीफोर्निया में बस गए हैं। स्वामी सत्यानंद भारती वे ही हैं जिन्होंने 'स्पांशर शिप का लेटर व अन्य कानूनी कागजात भेजा था तब मुझे वीसा मिला था। एक दिन देवसुधा सदन ने मुझे छेड़ दिया कैसे हो स्वामी जी ? और बस मेरा रोते-रोते बुरा हाल हो गया। मैं कभी किसी से कुछ न छिपाता था। उनसे सब कुछ सविस्तार बताया और यह भी कि यदि उसे काम मिल गया तो यहां लौटकर मुझसे मिलने आएगी। काम न मिला तो कनाडा चली जाएगी और फिर एक तरह से सब कुछ अनिश्चित हो जाएगा। देवसुधा सदन ने अपना पता व फोन नं० मुझे दिया व उससे

बताने को कहा कि उन्होंने नया मोटल खोला है। उन्हें किसी विश्वसनीय रिसेप्शनिस्ट की जरूरत है,तो यदि वह पसंद करे तो काम कर सकती है। उसका पता व फोन नं० मैंने देवसुधा सदन को दिया। मैंने उसको फोन पर सब बताया,उसने फोन नं० नोट भी किया। पर जब अगली बार मैं उसे फोन करता व पूछता तो वह कहती कि उसने अभी फोन नहीं किया। आखिर देवसुधा सदन ने स्वयं उसे फोन किया। मदा बेहद बुद्धिमान महिला है। वह फोन पर बात करके भी समझ सकती है कि बात करने वाला जिम्मेदार व्यक्ति है या यूं ही चलता-फिरता। और जो काम बताया जा रहा है क्या वह इस योग्य है कि वह विचार कर सके। जब मैंने अगली बार फोन किया तो उसने बताया कि स्वामी देवसुधा सदन का फोन आया था और वह दो दिन बाद वहां जा रही है 6 बजे प्रातः के जहाज से। स्वामी जी हवाई अड्डे पर आएंगे लेने के लिए। वहां जाकर वह मुझे सूचित करेगी; जहां तक है काम पसंद आएगा उसे। और यदि न पसंद किया तो वापस लास एंजल्स आ जाएगी।... अंततः उसका अनुमान सही निकला,उसने काम पसंद किया। और अब मैं फोन करता तो कलेक्ट काल करता,यानि पैसे मदा 'पे' करती।

बताने लायक बात यह है कि इस बीच मैं बड़ी पीड़ा महसूस करता रहा। यहां तक कि लगा ओशो को बताऊं तभी शायद कोई रास्ता निकले,वरना मैं मर जाऊंगा ऐसा लगता। मैंने 9 सितंबर 1985 को ओशो को जो पत्र लिखा वह यूं है—

Beloved Bhagwan,

Love.

I had a friend, Ma Jivan Mada for a month or so. She left on 4th instant for Los Angles from where if she does not get some job, she will move to her native country, Canada. She left on 4th morning and from then I have been almost all time crying like a child. Living has become difficult. May be in Cafetaria, may be in a Bus, may be in my temple, my tears don't stop. I feel so alone, aloof and empty! I am in bad condition perhaps. I don't understand what to do!

I spoke to her on phone yesterday. She also misses me badly. She was here since March 1985. She loves you tremendously. For the first time, I feel afraid of hearing the word 'Love'. I am under going so much pain.

Please help me! Please help me!!

Your own foolish child
Swami Ageh Bharti
09/9/1985

यहां एक बात यह भी बताना चाहता हूं कि जब भगवान श्री के लिए कोई पत्र देता था तो वह एक ऐसी प्रक्रिया से गुजरता कि खास-खास सभी लोग देख लेते तब ओशो के पास पहुंचता। तो मेरा पत्र सबसे पहले तो मेरी कोआर्डीनेटर ने देखा, तत्पश्चात् स्वामी योग प्रताप भारती के पास गया क्योंकि भारतीयों की केयर अब वे ही ले रहे थे। तो प्रताप ने कहा तो कुछ नहीं पर उसके चेहरे के भाव से मैंने महसूस किया कि शायद उन्हें यह दशा थोड़ी अजीब लगी और पसंद नहीं आयी। क्योंकि रजनीशपुरम में मेरी जो शान थी शायद यह उस सबसे विपरीत पड़ती थी बात। प्रताप जी एक लिहाज से मेरे छोटे भाई होते हैं तो यह भी एक प्वाइंट था।...1984 में संबुद्ध की घोषणा हुई थी, पता नहीं वह क्या थी घोषणा? मजाक था क्या? जो भी रही हो, पर रजनीशपुरम में खास-खास सारे मिनिस्टर्स मुझे जानते थे और अपनी इज्जत अनायास ऊंची थी। और अब मेरे द्वारा यह बचकाना पत्र! तो प्रताप जी को अच्छा नहीं लगा, पर पत्र को रोक भी नहीं सकते थे, अतः अपने ऊपर पत्र शायद न चाहते हुए—उन्होंने बढ़ाया। शायद दूसरे किसी का पत्र होता तो इस तरह का पत्र ओशो तक जाता भी नहीं, पर मेरा पत्र था जो कि रोका नहीं जा सकता था। इन अर्थों में वी.आई.पी. स्टेटस था अपना। उन्हीं की कृपा से था। वे ही जो चाहें करें मैं क्या कर सकता था पर मैं किसी भी कीमत पर अप्रामाणिक नहीं हो सकता, वह भी अपने गुरु से। तो प्रभु श्री का उत्तर आया—कवर पर टाइप किया हुआ था—

Swami Ageh Bharti

भीतर टाइप किया था

Blessings.

Just remain a witness.

तो मैं कहना यह चाह रहा हूं कि ओशो के चरणों में कोई समस्या किसी ने पहुंचाया कि वहां कार्यवाही शुरू। ऐसा नहीं कि ओशो कुछ करते हैं; अस्तित्व ही करता है। तो ओशो ने कहा जरूर कि 'साक्षी बने रहो' पर मैंने साक्षी बने रहने का प्रयास ही न किया। जो सहज हो रहा था उसे ही किया मैंने। तो मैं इसे ओशो का ही आशीष मानता हूं कि मदा को उसका

भाई जो कि अमरीकन है इलेक्ट्रानिक इंजीनियर है, उसे काम न दिलवा पाया और स्वामी देवसुधा सदन ने काम दिया व कुछ दिनों बाद आफर किया कि वह अपने मित्र को चार-छह दिनों को वहां बुला सकती है। स्वामी जी की नई मोटल खुली थी Comfort Inn. उसी में एक फर्स्ट क्लास रूम मदा को रहने के लिए दिया हुआ था। तो मदा 4 अक्टूबर को 12 घंटे लगातार कार चलाकर आई, 5,6, अक्टूबर रही 7 को लगभग 8 बजे दिन में मैं भी रवाना हुआ उसके साथ रजनीशपुरम से विदा लेकर।

मैंने ओशो को लिख दिया था कि मैं अब जा रहा हूं। ओशो का आशीष भी आ गया था Blessings.

तो मदा मुझे लेकर हेवर्ड नामक शहर पहुंची रात 4.30 बजे के आसपास। रूम खोला और जो सोए तो 10 बजे उठे। मैं वहां 8 अक्टूबर से 23 तक रहा। 24 अक्टूबर की प्रातः सेनफ्रांसिसको से न्यूयार्क के लिए फ्लाइ किया। न्यूयार्क से सीधा लगातार 12 घंटे उड़कर कैरो पहुंचा। तब कुवैत और फिर बाम्बे...।

तो मदा के साथ 8 से 23 अक्टूबर तक रहना मेरे लिए बहुत मुक्तिदायी रहा। मैं हर तरह से स्वर्ग में था वहां भी। इतना 'वेल फर्निश्ड रूम'। रोज शाम मदा मुझे कार में लेकर घुमाने जाती। इस सबको यहीं छोड़ते हैं। मूल विषय से ज्यादा दूर चले जा रहे हैं। इतनी स्वतंत्रता नहीं लेनी चाहिए मुझे। संक्षेप में यह अवश्य बता दूं कि सेनफ्रांसिसको में 24 अक्टूबर की विदा हुआ तो अखरा तो, पर वैसी खराब हालत न रही जैसी पहले थी। मदा के साथ काफी जी लिया। अतः उतनी तकलीफ न हुई अब। पर यदि जी न लिया होता तब क्या होता, कैसे, इंडिया वापस आता? ओशो की करुणा अपार है!!

मदा के मुझे बहुत सारे पत्र मिले हैं। सदा आते रहे हैं। एक पत्र जो उसने पूना से 3 अगस्त 1987 को लिखा था— उसमें उसने लिखा था—'तुम सब कुछ छोड़-छोड़कर जैसे भी हो संबोधि को लेकर चले आओ और अब पूना में रहो। किसी भी बात की चिंता मत करो। और अब स्थगित भी मत करो। मात्र 'यह' जगह है रहने की और मात्र 'अभी' समय है।'

मैं जीवन मदा का आज भी धन्यवाद करता हूं कि उसने मुझे कम से कम तीन-चार पत्रों में सब छोड़कर पूना आ जाने को लिखा था। रेलवे के एक तानाशाह ने मिथ्या- आरोप लगाकर मुझे चार्जशीट दिया हुआ था उसी सब में मैं बुरी तरह उलझा हुआ था; नहीं जा सका। उन्हीं दिनों 24 नवंबर 1986 का प्रताप जी का बंबई से लिखा पत्र पढ़ें। वे ही पत्र दूंगा

जो मेरी समझ में, और भी किसी के काम के हो सकते हैं—अस्तुः

बंबई

नवंबर 24, 1986

प्यारे भाई सा॰,

प्रेम।

आपका पत्र 3-4 दिन पूर्व मिला था, हर रोज जवाब लिखना चाहते हुए भी सुविधा न बन सकी लिखने की। कल दोपहर बच्चे यहां पहुंचे हैं। पहले फोन किए फिर शाम मिलने आए सुमिला पर। एक घंटे हम लोग साथ रहे। रूपा भी थी। इन सभी के लिए प्रवचन निश्चित किया हुआ था पहले से, लेकिन भगवान अभी बोल नहीं रहे हैं सो. . .। पहले भगवान 9 नवंबर से 12 नवंबर नहीं बोले, फिर 13 को बोले। फिर 14 नवंबर से अब तक प्रवचन बंद हैं। पूरे नवंबर नहीं बोलने वाले। दिसंबर के बारे में अभी कुछ कहा नहीं जा सकता। गले में तकलीफ हुई थी भगवान को जिससे बोलना बंद किए। यूं भगवान अब बिल्कुल ठीक हैं, किसी प्रकार की कोई चिंता की बात नहीं है। लेकिन बोलना नहीं चाहते भगवान फिलहाल। कारण जो भी हो। बहुतेरे लोग जगह-जगह से आकर लौट रहे हैं। खुशी भी होती है, दुःख भी यह सब देखकर।

बच्चों से मालूम हुआ कि आपकी मनस्थिति व तबियत ज्यादा ही खराब हो गयी थी। अच्छा नहीं लगा, दुःख हुआ इस खबर से। अभी हम क्या कहें इस सब पर। इतना ही कि अत्यधिक विचलित होने की भी क्या बात है। यही तो जिंदगी के रूप हैं, मुखड़े हैं जिनसे हमारे नए-नए साक्षात्कार होते चलते हैं। जिन बातों की हम कल्पना भी नहीं बना सकते ऐसे-ऐसे चेहरे जिंदगी के आ प्रकटते हैं। जो जिंदगी के जितने ज्यादा पहलुओं, चेहरों से मिलता है वह उतना ही Rich होता जाता है भीतर। उतना ही शांत, संयत, सुव्यवस्थित होता जाता है। जीवन प्रतिक्षण संन्यासी के लिए चुनौतियों से भरा हुआ होता है। सदा नई-नई चुनौतियां—उनके बिना जीवन यूं भी व्यर्थ है। चुनौतियां सुख लाती हों किसी क्षण में, हंस लें; दुःख लाती हों किसी क्षण में, दुःख लग रहा हो भीतर से, रो लें, जी भर के रो लें—समग्र से इतने एक होकर कि रोने वाला स्वयं समग्र ही हो, आप नहीं—लेकिन तबियत खराब कर लेने, बिगाड़ लेने से क्या फायदा। जितना आपसे निष्ठापूर्वक बने, कर्म करते चलें। बस। बिना बहुत हिसाब-किताब में पड़े। चिंतित न बनें। दुःखी भी हों, खुश भी हों, केवल चिंतित न हों। क्योंकि वह केवल दिमाग की उपज है, उसका और कहीं अस्तित्व नहीं, न उसकी अपनी कोई असलियत है। आप सौभाग्यशाली हैं कि जीवन ने अपने अनेकानेक मुखड़े दिखा देने के

लिए आपको चुना है। याद रहे, आपके 'बॉस' मिस्टर शर्मा अस्तित्व को नहीं चला रहे हैं। आप भी नहीं, मैं भी नहीं, कोई भी नहीं। यह बस चल रहा है—स्वयं से, स्वयं में। हम, आप, वे, सबको मिलाकर अस्तित्व पूर्ण है। हम उसी में हैं, वही हैं। भगवान कहते हैं:

Existence is made of stuff called LOVE. इसका मतलब अस्तित्व शुद्ध करुणा है। यदि हमारा हृदय इसे ठीक-ठीक हृदयंगम करे तो हम जीवन में दुःखी हो सकते हैं, सुखी हो सकते हैं, यह केवल सतह पर रहेंगे, किंतु हम विचलित नहीं हो उठ सकते। हम अपनी गरिमा से आपूरित बने रह सकते हैं— Seriousness नहीं, एक तरह की Serenity और आपकी वही आत्म-गरिमा, आत्म-प्रतिष्ठा इन शर्माओं को सही दिशा दे सकती है, वह स्वतः होता है।

हमारे सदगुरु इस बात के जीते-जागते प्रमाण हैं कि जीवन का हर क्षण चुनौतियों से ही भरा हुआ है

□ □

जो जितना बड़ा होता है उसके सामने वैसी ही बड़ी चुनौतियां उपस्थित होती हैं

□ □

जीवन चुनौतियों में ही है।

आप शर्मा को माफ कर दें, प्रत्येक को माफ कर दें, स्वयं को माफ कर दें। और एक प्रकार का मस्त नया जीवन, शांत, स्वस्थ, सीधा-सादा, स्वयं में आश्वस्त व अधिकाधिक participating शुरू होने दें। सारे तूफान शांत होंगे, जिन बातों को लेकर आप परेशान होते हैं, क्या करना, क्या नहीं करना जैसी अनिश्चय की स्थिति बनती है उन सबके उत्तर आप आपके भीतर से ही ले सकेंगे क्योंकि Clarity आनी शुरू होगी। अभी बहुत सारी बातों ने आपके मन को घेरा होगा, सबके उत्तर अभी ही मत खोजने में लगें। मेरा तो ख्याल है, जीवन जो कुछ लाया है उसे सहज स्वीकृति पूर्वक जीना शुरू करें, फिर आप अधिक शांत रूप से सही निर्णय ले पाएंगे। अनिर्णयों की स्थिति टूटेगी। यह मैंने जो कुछ कहा यह कोई उपदेश नहीं है। मेरे जो अपने जीवन में से कुछ अनुभव हैं आपसे निवेदन किए। अन्यथा न लेंगे। आपकी परेशानियों का मुझे खूब एहसास है, किंतु उनमें लड़खड़ाने से क्या होगा ! हम ठीक हैं।

सबको प्रणाम सहित—

प्रताप

मदा का अंतिम पत्र मुझे 16 मई 1994 को मिला है जिसमें वह बहुत उत्तेजित एवं आनंदित है। उसे ही शेयर करने के लिए पत्र लिखा है। उसने लिखा है कि दिसंबर के प्रथम सप्ताह में पूना आ रही है, ओशो के मंदिर में सात सप्ताह के लिए। उसने पूछा है कि क्या मैं वहां मिलूंगा। तो अब उस प्यारी मित्र को नमस्कार के साथ उसको यहीं छोड़ता हूं; पर एक शेर के साथ—

इक बूंद के एवज में जन्नत को बेच डाले,
जाहिद गरीब इतना दिल लाएगा कहां से !

□ □

रजनीशपुरम में कितनी सख्त हुकूमत थी शीला की इसका एकाध उदाहरण—

एक दिन अपराह्न 3 बजे हमारे 'टेंपल' में हड़कंप सा मच गया। जिसको देखो वही फटाफट सफाई करने में लग गया कोई पुस्तकों को अचानक और करीने से रखने लगा। कोई कुछ करने लगा, कोई कुछ, पूछा तो पता चला पास वाले मैदान में कोई 'साइट' देखने शीला आ रही है, सो पास में ही है, यहां भी आ सकती है, मुझे यह थोड़ा विचित्र सा लगा। वे आ रही हैं तो वे तो कम्यून-माता जैसी हैं। इसमें इतना हो-हल्ला मचाने की क्या बात है शीला की इतनी दहशत मानते थे लोग !

4 सितंबर 85 को जो 400 संन्यासी-संन्यासिनें बसों में भर कर पोर्टलैंड हवाई अड्डे तक छोड़े जा रहे थे, वे प्रायः सभी चार से पांच-साढ़े पांच माह रजनीशपुरम रहकर जा रहे थे। अब उनके पास पैसे नहीं थे, सो वापस जा रहे थे। मदा ने बताया कि उनमें से दो संन्यासिनों ने निवेदन किया कि मात्र एक दिन महापरिनिर्वाण महोत्सव के प्रथम दिन; 4 सितंबर को और रुक जाने दिया जाए पर यह संभव नहीं हो सका !

□ □

शायद तीन जुलाई 1985 की ही बात है, ओशो के अमृत प्रवचन के बाद रजनीश मंदिर से बाहर निकल रहा हूं। सविता पास आकर पूछती है 'क्या आप प्रताप से मिलेंगे ?'

मैंने कहा, 'हो सकता है भेंट हो जाए, कह नहीं सकता।' उसने कहा, 'यदि मिलें तो कहिएगा मैंने याद किया है ?' मैंने प्रश्नवाचक मुद्रा में उसकी ओर देखा और पूछा— 'आप'— ?

उसने कहा—'सविता !'

'ओह ! आप वही सविता हैं जो मेरे लिए अंगूठी ले आयीं थी इंडिया ?'

'हां वही'

इतनी बात होने के बाद भी मैं उत्साहित न हुआ, मेरे भीतर से कुछ न निकला।

बाद में जब मदा से मेरी मित्रता हुई तो मैंने किसी प्रसंग में बताया भी कि सविता जब पूना गयी थी,मेरे लिए ओशो ने अगूंठी भेजी थी,तो इसके हाथ से अगूंठी प्राप्त करने में लगा कि ओशो के ही हाथों प्राप्त कर रहा हूं। इतनी 'ग्रेसफुल' लग रही थ्री,मानों सीधे आकाश से उतरी कोई देवी हो। पर वही सविता यहां मुझे दिखी तो जाने कैसे कांतिहीन-सी,बेरौनक-सी, चेहरे पर काली छाया-सी। यहां तक कि मैं स्वयं से पहचान भी न पाया। मदा ने कहा 'हो सकता है तुम खुद उस समय सही 'स्पेस' में न रहे हो ?'

पर जब शीला अपने गैंग को लेकर भगी तब पता चला,उसी गैंग में सविता भी थी, बल्कि दो-तीन प्रमुखों में एक थी। तो उसके विचार दूषित हो चुके थे, इसलिए चेहरे पर कालिमा थी।

□□

एक बात और ख्याल आ गयी है 1982, 1983, 1984 में विश्वमहोत्सव के समय भारतीय मित्र टेंट में ठहराए गए थे। टेंट कहने से अनुमान न लगेगा जिसने देखा न हो। वे टेंट भी घर जैसे ही थे। यानि वे भी सर्वसुविधा संपन्न थे। पर उसके चार्जेज कम थे। सबसे ज्यादा चार्जेज टाउन हाउसेज के थे। वहां बहुत धनवान पश्चिमी लोग ही ठहरते थे। पर मेरे प्यारे गुरु ओशो की लीला अपरम्पार है। उन्होंने कहा इस बार विश्वमहोत्सव यानि चतुर्थ विश्वमहोत्सव 1985 के समय सारे भारतीयों को टाउन हाउसेज में ठहराया जाए। तो इस बार 'उनके' आदेशानुसार हमें टाउन हाउसेज में रहने का सौभाग्य मिला। टेंट के (कम) चार्जेज देकर टाउन हाउसेज में रहने को मिला इस बार। भारतीयों का प्रभु श्री कितना ख्याल रखते रहे हैं ! ! उनकी आर्थिक कमजोरी का उन्हें सदा ख्याल रहा। तभी तो एक बार पूना-1 डेज प्रवचन में कहा कि 'भारतीय तो बेचारा किसी तरह यहां तक (पूना तक) आ जाता है वही उसके लिए बहुत है।' इस बार तो पुरम में हालत यह थी कि टाउन हाउसेज का बस स्टाप इंडियन स्टाप कहलाने लगा था।

□□

अब मैं रजनीशपुरम रहते-रहते कुछ प्रवचनों के एकाध वाक्य जो कभी नोट कर लिया था उन्हें देना चाहूंगा। रजनीशपुरम के बाबत बहुत कुछ भूल-भाल गया,फिर रजनीशपुरम को कोई लिखकर नहीं बता सकता। वहां तो बस हुआ जा सकता था। वह तो सदगुरु का महान

प्रयोग था, जहां कि हममें आनंद के स्फुलिंग, जागरण के स्फुलिंग तिरते रहते ! अस्तु:—

17 जुलाई 1985: जीसस ग्रोव में वर्ल्ड प्रेस कान्फ्रेंस 19.00 से ।

18 जुलाई को उक्त प्रेसवार्ता का वीडियो दिखाया गया 9.00 से 10.45 बजे ।

18 जुलाई नेशनल चैनल लाइन पर उस इंटरव्यू के अंश 'गुड मार्निंग अमरीका' के अंतर्गत दिखाया गया ।

19 जुलाई पुन: प्रेस कान्फ्रेंस

20 जुलाई के प्रवचन में ढेर सारे प्रेस रिपोर्टर उपस्थित, आस्ट्रेलिया, केन्या, इटली, जर्मनी आदि से ।

20 जुलाई को रजनीश मंदिर में 14.00 बजे से ओपेन प्रेस कान्फ्रेंस । 150 प्रेस रिपोर्टर उपस्थित । लगभग 100 कैमरा सक्रिय ।

एक प्रेस रिपोर्टर ने पूछा—

'क्या आप किसी तरह रेवरेंड जिम जोंस से मिलते-जुलते हैं ?'

ओशो ने कहा—'मेरे व मेरे लोगों के सिवा पूरी दुनिया रेवरेंड जिम जोंस से मिलती-जुलती है ।'

'वी आर दि वनली होप'

'मात्र हम आशा हैं पृथ्वी के ।'

20 जुलाई के प्रेस कान्फ्रेंस में ही ओशो ने कहा—'अमरीका मेरे लिए बहुत छोटी बात है । मैं सारे विश्व के चित्त की सफाई करने की कोशिश कर रहा हूं । मेरे लोग सारी दुनिया में हैं ।' और कि 'मैं तुम्हारे मुर्दा समाज में 'फिट' नहीं 'बैठने वाला' मैं समाज को ही बदलने में लगा हूं ।'

23 जुलाई तमाम दुनिया के अपने संन्यासियों को आमंत्रित करता हूं कि वे अपने निकट के कम्यूनों में चले जाएं ।'

24 जुलाई के प्रवचन से—'भय अहंकार का भोजन है । जिससे भय लगता हो, वही करो ।'

26 जुलाई 'मैं तुम्हारे साथ नृत्य करने वाला हूं । वास्तव में मैं अनुग्रहीत हूं, तुमने मुझे इतना प्रेम किया है ।'

☐ आज के प्रवचन में भारत के प्रोफेसर एस० एस० राय को 15 मिनट तक याद

करते रहे !

☐ आज विद्रोही (रिबेलियस) की परिभाषा दी कि वह इतना सच्चा और सिंसियर है कि उसकी रुचि तुम्हें पराजित करने में नहीं है। उसकी रुचि सत्य क्या है, जानने में है।'

आज मैंने अपनी डायरी में ओशो के लिए अंग्रेजी में लिखा जिसका हिंदी रूपांतर—

हर रोज
हर क्षण
हम अपने घर साफ करते हैं
अच्छे सुस्वादु भोजन पकाते हैं
तुम्हारे स्वागत में !
हर रोज, हर क्षण
तुम आते हो
और हम उत्साहित होते हैं
नाचते हैं, आह्लादित होते हैं ! !

☐ ☐

27 जुलाई

ओशो ने किसी प्रेस कान्फ्रेंस में कहा कि उनका कोई अनुयायी नहीं है, वे किसी के गुरु नहीं हैं। इससे कोई भोला-भाला पश्चिमी शिष्य परेशान हो उठा। उसने अपने दिल की बात लिखकर ओशो को पूछा तो ओशो ने आज के प्रवचन में कहा—'परेशान मत होओ, मैं तुम्हें छोड़ नहीं रहा हूं। मैं तुम्हारा गुरु हूं, और तुम मेरे अनुयायी हो। (आय ऐम योर मास्टर यू आर माई फालोअर्स) पर इसे गुप्त रहने दो किसी से कहो मत।'

ओशो पिछले तीन दिन से यथार्थतः नाच रहे हैं। ठीक जब वे पोडियम पर आते हैं, और प्रवचन के बाद जाते समय। लेकिन आज का दिन तो कमाल का था। वे नाच रहे थे, नाच रहे थे, कि अचानक उन्होंने अपने हाथ से संकेत किया और विवेक को बुलाया। विवेक बड़ी कोमलता से पोडियम पर आ गई; और ओशो उसके हाथ को हाथ में लेकर काफी देर तक नाचे।

28 जुलाई

'मैं राजनीतिज्ञों के खिलाफ नहीं हूं, मैं राजनीति की आवश्यकता के खिलाफ हूं; मैं

अदालतों के खिलाफ नहीं हूं, मैं अदालतों की आवश्यकता के खिलाफ हूं। यदि लोग अपराध नहीं करें, तो अदालतें क्या करेंगी ? अतः मेरा जोर लोगों के स्तर बढ़ाने पर है।'

□ □

आज मैंने कृष्णमूर्ति झील में मदा के साथ स्नान का आनंद लिया। वह बड़ी गजब की तैराक भी है।

29 जुलाई

आज ओशो ने प्रवचन समाप्ति पर विवेक व तीन और संन्यासिनियों को बुलाया व उनको चारों ओर करके, स्वयं बीच में खूब नृत्य किए।

30 जुलाई

2 घंटे 55" का प्रवचन ओशो ने कहा '6 अगस्त सारे राजनीतिज्ञों के लिए परमाणु शस्त्र बढ़ाने पर पूर्ण रोक की घोषणा का दिन होना चाहिए, और या फिर कुर्सी खाली करें, हम नए राष्ट्रपतियों, नए प्रधानमंत्रियों का इंतजाम करेंगे जो बेहतर व्यवस्था दे सकते हैं।'

31 जुलाई 1985

'मैं वह सब करूंगा जो मुझे तुम्हारे करीब ले आता है। मैं एकदम साधारण हूं इसलिए किसी दिन जब तुम मुझे डिस्को में पाओ तो हैरान मत होना। मैंने तुम्हें तुम जैसे हो वैसे स्वीकार किया है, बिना किसी शर्त के। कृपा करके तुम मुझे भी स्वीकार करो।'

1 अगस्त 1985

संयुक्त राष्ट्र संघ की युद्ध रोकने में नपुंसकता की विपद चर्चा और कि वह भी अमरीका के हितों की सेवा में है।

3 अगस्त 1985

'ध्यान एकदम वर्तमान में होना है और उस अस्तित्व की लय में जो तुम्हें घेरे हुए है।'

'सारे धर्मों ने विश्वास आरोपित करके मनुष्य को मूढ़ बनाए रखने की चेष्टा की है।'

'हमें यह लाल (गेरूआ) रंग इतनी तेज गति से सारे विश्व में फैला देना है कि बेवकूफ राजनीतिज्ञ इस सुंदर पृथ्वी को नष्ट करें उसके पूर्व पृथ्वी गैरिक हो जाए। तब वे नष्ट नहीं कर पाएंगे।'

'हमें यह लाल (गेरूआ) रंग इतनी तेज गति से सारे विश्व में फैला देना है कि बेवकूफ राजनीतिज्ञ इस सुंदर पृथ्वी को नष्ट करें उसके पूर्व पृथ्वी गैरिक हो जाए। तब वे नष्ट नहीं कर पाएंगे।'

4 अगस्त 1985

'इंलाइटेनमेंट तो बस कूड़ा है। तुम्हारे लिए इंलाइटेनमेंट से बेहतर कुछ है।'

'तुम परम सौभाग्यशाली हो!'

'मैं स्वतंत्र हूं। मैं बुद्ध से अधिक स्वतंत्र हूं, महावीर से अधिक स्वतंत्र हूं। मेरा इंलाइटेनमेंट सब कुछ से स्वतंत्र है, इंलाइटेनमेंट से भी।'

कोई पूछता है 'मेरी रुचि आपकी भांति सर्वोत्तम में है मुख्यतः स्त्रियों के बाबत परंतु हर प्रेम-प्रसंग का तनाव व पीड़ा में अंत होता है?'

ओशो—'अधिकारी बनो, योग्य बनो, अर्जित करो। कुछ भी तुम्हारी सामर्थ्य व क्षमता के पार की बात नहीं घट सकती है। तुम सदा वही पाते हो जिसके कि तुम अधिकारी हो।'

4 अगस्त 1985

रात 09.20 बजे मदा और मैं घूमते-घामते पोस्ट आफिस के पास पहुंच रहे थे, कि हमने देखा कि प्रेस कान्फ्रेंस के बाद जीसस ग्रोव से ओशो आने को हैं। अतः हम भी प्रभु श्री के दर्शन करने वहीं सड़क के किनारे खड़े हो गए।

एक मिनट बाद ही ओशो आए और सड़क पर उनकी कार, संन्यासियों के प्रेम अभिवादन स्वीकारते, धीमे-धीमे आगे बढ़ी। हम ओशो को नजदीक से देख लेने के बाद बस फिर चलने को थे कि इतने में देखते हैं उमर खय्याम डिस्को की ओर भीड़ बढ़ रही है। हमें याद आया 31 जुलाई को ओशो ने कहा था कि—'किसी दिन जब तुम मुझे डिस्को में पाओ तो हैरान मत होना।' उस दिन से तमाम शिष्य जो डिस्को में नहीं जाते थे, वे भी जाने लगे थे। आखिर आज ओशो उमर खय्याम डिस्को में नाचते हुए घुस गए। कुछ क्षणों को सारा वातावरण महाउत्सव, महालीला का क्षण बन गया। लोग नाच-नाचकर पागल हो-हो गए। और कुछ मिनट बाद ओशो निकले, गाड़ी में बैठे और अपने आवास की ओर गए।

अगली सुबह प्रवचन में ओशो ने यह कहते हुए मीठी चुटकी ली कि—'मैं नहीं मान सकता कि महावीर को पसीना नहीं होता था, क्योंकि कल जब मैं उमर खय्याम में घुसा तो मेरे

लोग पसीने से लथपथ थे। (स्मरणीय है कि ओशो को किसी भी तरह की गं (से एलर्जी है—लेखक)

8 अगस्त 1985

हर आदमी जितनी अधिक स्त्रियों के साथ संभोग करना संभव हो उतनी कर सके, यह छूट होनी चाहिए। हर स्त्री जितने अधिक पुरुषों के साथ संभोग करना संभव हो उसे करने की छूट होनी चाहिए। यह समृद्ध करता है। (इट इनरिचेज) हर व्यक्ति 'यूनिक' है, बेजोड़ है। वरना यदि एक स्त्री एक पुरुष से चिपक जाती है, वही दुर्गंध ! यदि पुरुष एक स्त्री से चिपक जाता है तो वही भूगोल ! वह ऊब जाता है !'

इस प्रवचन में ओशो ने बताया कि उन्होंने असंख्य स्त्रियों को प्रेम किया है।

9 अगस्त

'स्वयं का सम्मान करो, स्वयं को प्रेम करो। धर्म या राष्ट्र के नाम पर अपना बलिदान मत करो।'

15 अगस्त

'अमरीका अभी बेबी है 300 वर्ष की बेबी। इंडिया के पास 90,000 वर्ष की समझ है।

बाइबिल, कोरान, वेद जहां भी खोलो, सब कचड़ा है: ऐसा नहीं कि तुम्हें खोजना पड़ेगा कि कहां है। नहीं, कहीं भी खोलो, कचड़ा तुम्हें पा लेगा।' आज भारत के बाबत काफी बोले। 250 भारतीय महोत्सव में आए थे, 250 को वीसा नहीं मिला।

16 अगस्त 1985

2 घंटे 8 मिनट का प्रवचन, गांधी की बुरी तरह खिंचायी की। एक बार कटनी स्टेशन पर गांधी व हरिदास (गांधी का पुत्र) अलग-अलग दो गाड़ियों से पहुंचे और वहां से दूसरी ट्रेन से तीसरी दिशा में जाना था। यह संयोगवश था। हरिदास ने बूढ़े मां-बाप को देखकर उन्हें मिलना चाहा। उनके पास गया। लेकिन गांधी ने खिड़की बंद कर ली और बा को अपने बेटे को खिड़की से भी न देखने दिया। वह मां उसे देखने को रोती रह गयी। पर गांधी ने कहा: यदि तुम उसे देखोगी तो मैं तुम्हें भी त्याग दूंगा जैसे हरिदास को त्यागा हुआ है।'

हिटलर में ईमानदारी थी, पूर्णता थी, साहस था और वह स्पष्टवादी था। ये गुण थे उसमें। उसने दुरूपयोग किया सही, पर मैं उसके गुणों को इंकार नहीं कर सकता। और फिर

दुरूपयोग करने के लिए वह अकेला उत्तरदायी नहीं है, यदि गहरे में देखा जाए। उसे किसी कला विद्यालय ने स्वीकार नहीं किया, वह चित्रकार बनना चाहता था। उसे किसी आर्कीटेक्ट स्कूल ने प्रवेश नहीं दिया। वह एक स्त्री के प्रेम में पड़ा, उसने भी उसका तिरस्कार किया। केवल फौज ने स्वीकार किया उसे। सो... !'

17 अगस्त 1985

आज ओशो प्रवचन नहीं करेंगे, यह सूचना कल शाम जरथुस्त्रा कैफेटेरिया में प्रसारित हो गयी थी। कल शाम प्रेस कान्फ्रेंस भी रद्द कर दी गयी थी। ओशो के गले में कुछ तकलीफ है।

कल प्रातः प्रवचन के समय साफ मालूम पड़ता था कि ओशो के गले में तकलीफ है। आवाज सामान्य नहीं थी कल। गला बहुत भारी, मोटा व फटा-फटा लगता था। पर वे बोलते गए। और 2.'08" बोले, कल इतना न बोले होते तो शायद गले में इतनी तकलीफ न हुई होती।

18 अगस्त 1985

आज भी प्रवचन न हुआ। प्रवचन व प्रेस कान्फ्रेंस 16 से 19 अगस्त तक रद्द ही रहे। 20 अगस्त को प्रातः प्रवचन रद्द ही रहा पर सायं प्रेस कान्फ्रेंस हुई।

21 अगस्त प्रातः 2.'30" का प्रवचन मात्र एक प्रश्न का उत्तर दिया प्रभु श्री ने। प्रश्न क्या था, किसी प्रेमी ने नागपुर से पेपर की एक कतरन भेजी थी जिसमें तत्कालीन राष्ट्रपति ज्ञानी जैल सिंह ने नागपुर में किसी भाषण के दौरान कहा था—कि भारत में इतनी बुराइयां हैं, ओशो अमरीका क्यों चले गए? इस पर टिप्पणी करने का निवेदन किया गया था प्रभु श्री को। और वे 2.'30" बोले। उनकी करुणा अपार है! भारत के लिए उनका प्रेम अपार है!

ओशो ने कहा आबादी यूं ही बढ़ती रही तो जल्दी ही भारत एक ज्यादा बड़ा इथोपिया हो जाएगा। 50 प्रतिशत लोग भूख से मर जाएंगे और जहां 50 प्रतिशत लोग मर गए हों, तो 50 प्रतिशत जो बचे हों क्या वे इतनी लाशों के बीच सुख-चैन से रहेंगे?

गर्भपात कानूनन वैध होना चाहिए। जन्म दर पर सख्त नियंत्रण होना चाहिए। भारत के प्रेसीडेंट को चार सालों बाद ख्याल आया है कि मैं अमरीका चला आया हूं। और मैं वहां था तो क्या कभी वे आए कोई समस्या के बाबत राय लेने? मैं केवल फुसला सकता था लोगों को, भरोसा दिला सकता था। मेरे पास और कौन सी ताकत थी? वह मुर्दों का देश है दस

वर्षों में सारे मुल्क की हालत बदल सकती है, बस थोड़ा अधिक वैज्ञानिक समझ की जरूरत है, थोड़ा अधिक यथार्थपरक होने की जरूरत है।

मुझे उस देश से अपरिसीम प्यार है। यदि प्रेसीडेंट जैलसिंह मुझे लेने आते हों तो मैं अभी चल सकता हूं; और मेरी यदि सुनी जाए तो मैं आश्वासन देता हूं कि दस साल में दीया लेकर ढूढ़ने पर भी एक गरीब आदमी नहीं मिलेगा!'

मुझे ओशो की बातें सुन कभी-कभी ऐसा लगा है कि हमारे गुरुदेव अतिवादी हैं, जो कहते हैं उसे बहुत ज्यादा कह जाते हैं। पर कभी दो दिन बाद, कभी सप्ताह दो सप्ताह बाद, कभी दो माह बाद हमेशा इस बात की पुष्टि हुई है कि ओशो सदा उचित कहते हैं। मैं ही उतना देख नहीं पाता।

वैसे ही उस दिन ज्ञानी जैल सिंह पर भी मुझे करुणा आयी और लगा कि ओशो ने ज्यादा ही कह डाला बेचारे को। पर जब ओशो नवंबर 1985 में इंडिया आए व कुल्लू में रहे तब ज्ञानी जैल सिंह गए ओशो से मिलने अथवा कुछ भी विचार-विमर्श करने? इसका मतलब वे जो बोलते हैं उसका कोई अर्थ नहीं रहता, मूर्च्छा में अल्ल-बल्ल कुछ भी बक जाते हैं। अगर सचमुच नागपुर वाली बात होश में कही होती तो कुल्लू जाना था—विचार-विमर्श करना था भारत की बुराइयों पर। मगर नहीं, कभी भूलकर भी नहीं गए।

मुझे अहसास हुआ कि ओशो नपी तुली बातें कहते हैं। हम ही उतनी दूर तक नहीं देख पाते। फिर भी यह उनकी अनुकंपा है जो पीछे-पीछे मुझे दिखता जाता है।

□ □

22 अगस्त

2.'35" का बहुत सुंदर प्रवचन। 25 अगस्त के प्रातः प्रवचन के दौरान एक कोई जीसस का जंगली पागल रजनीश मंदिर में बहुत तेजी से घुस आया। आश्चर्य की बात है मिरदाद रिसेप्शन पर ही पीसफोर्स की चौकी है उसके बाद दो जगह और, यह तीन किलोमीटर तक घुसकर रजनीश मंदिर में घुसा है। जो भी हो मैं तो चकित ही हो सकता हूं और तो कुछ अपने हाथ में है नहीं।

□ □

ओशो ने बार-बार प्रायः हर प्रवचन में चाहा कि उनके लोग आसपास के कम्यूनों में जाकर रहने लगें, तभी वे एड्स से बचाए जा सकेंगे।

□ □

यह कोई डायरी नहीं है। किसी-किसी दिन के प्रवचन के लिए सिर्फ लिखा है—'फार आउट', एक्सलेंट तो उन तारीखों को छोड़ता चल रहा हूं। किसी दिन के प्रवचन की कोई खास टिप्पणी नोट की है तो उसे बता रहा हूं बस।

□ □

26 अगस्त को प्रवचन के दौरान ओशो ने चुटकी बजाया। 27 को हाथ कुछ खास अंदाज से घुमाया। 28 अगस्त को जयंती भाई को याद किया।

आज संध्या जीसस ग्रोव प्रेस वार्ता में जाने का सौभाग्य। अहा! ओशो आए, कारसे उतरने के बाद, दोनों ओर संन्यासी बीच में नाचते-नाचते आए। मजा आ गया!

□ □

ओशो ने प्रवचन में बताया कि यहां पक्षी तक सड़क को इतना धीमे व विश्रामपूर्वक पार करते हैं कि बस ड्राइवर्स को बस धीमी करनी पड़ती है और कई बार तो रुकना पड़ जाता है ताकि वे सड़क पार कर सकें।

□ □

पूज्य माता जी (ओशो की माता जी) शाम 06.50 बजे अपने घर के बाहर दोनों हाथ जोड़कर खड़ी हो जाती हैं उस सड़क की ओर देखती हुई जिधर से ओशो प्रेसवार्ता हेतु जीसस ग्रोव जाते हैं। माता जी के घर से उस सड़क की दूरी लगभग दो तीन सौ फीट होगी। अतः वे नित शाम 6.50 बजे दोनों हाथ जोड़े खड़ी रहती हैं।

5.9.85

दुनिया के सारे पुरोहितों और राजनेताओं को जेलों में होना चाहिए। वे अपराधी हैं; उन्होंने दुनिया के निर्दोष लोगों का शोषण किया है।

7.9.85

आज के प्रवचन में प्रभु श्री ने मेरा एक प्रश्न लिया है: आखिरी वाक्य बोलते-बोलते प्रभु श्री हंस दिए हैं जो कि टेप में है।

'Beloved Bhagwan,

Could you please explain the relationship between spontaneous living with awareness and conditioning of mind? How can one be certain that something is one's nature and not conditioning?'

Answer: 'If you are in doubt, it is conditioning. If there is no doubt, it is awareness. It is very simple criterion.'

अर्थात्—

क्या आप कृपा करके जागरूकता से सहज जीवन जीने व संस्कारित मन (मन की कंडीशनिंग) में भेद समझाएंगे? कोई कैसे निश्चित समझे कि यह उसका स्वभाव है, कंडीशनिंग (संस्कार) नहीं?

'यदि तुम्हें संदेह है तो कंडीशनिंग है यदि संदेह नहीं है तो जागरूकता है। यह बहुत सीधा सा मापदंड है।'

9.9.85

मैं ठीक अभी देह छोड़ सकता हूं।

15.9.85

आज प्रातः प्रवचन में पता चला कि शीला भाग गयी।

16.9.85

7 बजे शाम रजनीश मंदिर में विश्व प्रेस कान्फ्रेंस; 5 बजे सारे टेंपल बंद ताकि सभी तैयार होकर आ सकें।

17.9.85

05.45 बजे शाम अचानक सूचना मिली कि आज भी रजनीश मंदिर में विश्व प्रेस कान्फ्रेंस होगी, 07.30 बजे शाम। अतः हम अपने-अपने मंदिर बंद किए और प्रेस कान्फ्रेंस में आ गए।

आज के बाद से हर संन्यासी हर रोज प्रवचन में जाने लगा। पहले एक दिन छोड़कर—alternate day – जाया करता था। निश्चित यह ओशो का निर्देश होगा।

□ □

इस बीच 18/9/85, 19/9/85, सारे प्रवचनों में मुख्यतः शीला के दुष्टतापूर्ण कारनामों की चर्चा रहती। 19/9/85 को ओशो ने कहा, 'शीला को कभी भी ध्यान में रुचि नहीं थी।'

20.9.85

शीला की करतूतों की सविस्तार चर्चा, बहुत गंभीर प्रवचन! ओशो तक के दूध में एक

बार विष मिलाया गया। शीला ने एक बार एक वैज्ञानिक संन्यासी से पूछा कि क्या वह कोई ऐसी मशीन बना सकता है जो मृत्यु की किरणें (death-rays) छोड़ती हो ?

संन्यासी ने कहा, 'हां' पर किसके लिए ?

जब उसे मालूम हुआ कि संन्यासियों के लिए तब उसने बनाने से इंकार कर दिया।

23.9.85

पूरा प्रवचन बड़े 'हाई पिच' पर दिया गया। अनेक संन्यासियों के प्रति ओशो ने नाराजगी प्रकट की, 'इडियट', व 'स्टुपिड' शब्द उनके लिए कहे। उन्होंने यह भी कहा मैं ऐसे लोगों से तंग आ गया हूं !

24.9.85

प्रात: प्रवचन के अतिरिक्त आज फिर रजनीश मंदिर में 9 से 10.55 बजे रात तक प्रेस कान्फ्रेंस रखी, (ऐतिहासिक प्रेसवार्ता)

25.9.85

आज प्रात: प्रवचन में दूसरा प्रश्न अगेह भारती का था। पूरे 01'.07" बोले प्रभु श्री। आज मुझे फ्रंट सीट से भी नवाजा गया था।

26.9.85

आज प्रवचन के समय पहली बार मैंने ओशो को थका-थका सा महसूस किया। मानो वे एक-एक शब्द कठिनाई से बोल पा रहे थे। आज ही यह घोपित किया क 'माला पहनना जरूरी नहीं, गेरूए कपड़े जरूरी नहीं। रजनीशिज्म पुस्तक जला दी जाएगी। कोई अपने को रजनीशी न कहे, शीला वास्तविक सांप निकली... ।' ओशो मुझको अत्यधिक उदास दिखे !

27.9.85

ओशो ने प्रात: प्रवचन में बताया कि; शीला ने एक साक्षात्कार में कहा कि वह ओशो की प्रेमी है। मैं वेश्याओं को प्रेम नहीं करता। मैंने बहुत से लोगों को प्रेम किया है, किसी भी जीवित व्यक्ति से अधिक, लेकिन शीला ?... अपनी याद्दाश्त को बहुत खींचता हूं और मुझे करुणा है पर शीला ?... नहीं, शीला कभी भी मेरी प्रेमी नहीं रही।

28.9.85

किसी ने प्रश्न कर दिया कि शीला-कांड के बाद क्या नारी के प्रति आपके मन में

सम्मान कम हुआ है ? ओशो ने कहा: 'मेरे मन में नारी के लिए वही सम्मान है जो पहले था। शीला ओस की एक बूंद के सदृश्य है। उसका कोई मूल्य नहीं है। मेरा स्त्री के लिए आदर ज्यों का त्यों है।

29.9.85

रजनीश मंदिर में ४ बजे शाम मीटिंग। कानूनी सलाहें दिया अपने चीफ एटर्नी नीरेन ने कि यदि किसी को कोई गिरफ्तार करना चाहे या कुछ भी पूछे या करे तो वह चुप रहे, इतना ही कहे कि मेरे एटार्नी को बुलाए बिना मैं कोई बात न करूंगा बस। एटार्नी का फोन नंबर... है।

02.10.85

काम व पूजा में भेद ?

ओशो ने बताया कि कोई भी चीज जिसमें तुम्हारा हृदय हो, वह पूजा हो जाती है।

तारीख याद नहीं पर एक दिन प्रवचन में पहला ही प्रश्न था कि 'ओशो' हवा में ऐसी अफवाह है कि आप एक-दो दिन में गिरफ्तार होने वाले हैं। कृपया टिप्पणी करें।

ओशो ने कहा, 'अहा ! यह तो बहुत सुंदर है। इसी एक अनुभव से वंचित हूं वह भी पूरा हो जाएगा। मैं बहुत उत्तेजित हूं जेल जाने के लिए। और अच्छा हो कि वे हथकड़ियां लगाएं, लेकिन उन्हें 5000 हथकड़ियां लेकर आना पड़ेगा, क्योंकि मुझे गिरफ्तार करना इतना आसान नहीं है। मेरे साथ 5000 लोग चलेंगे जेल। और दुनिया में अमरीकी दूतावासों का कार्य करना असंभव हो जाएगा। मेरे लोग सारी दुनिया में हैं। और मेरे लोग भी अमरीकी जहाजों का अपहरण कर सकते हैं। यह सही तो यही सही ! पर इतना वे समझ लें कि मुझे अरेस्ट करना आसान नहीं होगा !

□ □

रजनीशपुरम एक अर्थ में तो जगह का ही नाम था, पर गहरे अर्थों में जगह नहीं, वह तो एक ऊर्जा क्षेत्र का नाम था, एक ऐसी समग्रता का, कि जहां हुआ जा सकता है, बताया जाना कठिन है। जहां लोगों के चेहरे प्रात: निकलते सूरज जैसी लाली से आभामय रहते। जहां की हवा में प्रेम व आनंद इफ्रात से था कि हाथ से छू लो !

ओशो की उस अदभुत नगरी से मैं 7 अक्टूबर को अपनी मित्र मा जीवन मदा के साथ कार में रवाना होकर कैलीफोर्निया गया। वहां 23 अक्टूबर तक रहा। 23/10 की रात हम

दोनों स्वामी देवसुधा सदन के घर मेहमान थे। प्रातः हम उनके ही घर से चले। देवसुधा सदन, उनकी पत्नी संध्या व बच्चे सीमा, वीणा एवं आशीष तथा मेरी मित्र मदा सभी हवाई अड्डे पर विदा देने आए। 24 अक्टूबर की प्रातः सन्फ्रांसिस्को से उड़ा। बंबई आया 26 अक्टूबर की प्रातः 6 बजे के लगभग। स्वामी देवसुधा सदन के यहां से स्वामी किशोर भारती को फोन किया था कि मा सुजाता को खबर कर देंगे। अतः मा सुजाता व स्वामी आनंद देव भारती हवाई अड्डे पर लेने आए थे। उस दिन व रात दोस्तों से मिला व आराम किया। 27 अक्टूबर को बंबई से पूना गया। यहां मा किरन भारती (पुत्री) व स्वामी राघवेंद्र भारती (पुत्र) पूना कम्यून में रहते थे और वे प्रतीक्षा कर रहे थे। इन्हें बंबई से ही फोन पर बताया था कि आ गया हूं। तब तो पूना आश्रम में इतनी जगह रहती थी कि अंदर ही ठहरते थे। रात दस साढ़े दस का समय रहा होगा, मैं अपने कमरे में यूं ही विश्राम कर रहा था, जब किरन दौड़ती हुई आयी कि 'बाबूजी, ओशो अरेस्ट हो गए हैं! भाई जी (जयंती भाई) एवं सभी राधा हाल (जहां आज बुकशाप है) में बैठे न्यूज सुन रहे हैं। मैं झट से कूदकर बिस्तर से बाहर आया और छोटा टेप रिकार्डर साथ लेकर भागा राधा हाल को। वहां सभी न्यूज के इंतजार में बैठे हैं। मैं भी बैठ गया।

यहां एक संन्यासिनी की नासमझी का एक नमूना बताना चाहता हूं। जरूरी तो यह न था, पर यह एक अध्ययन का विषय हो जाता है कि क्यों ज्यादातर ऊंची कुर्सी वाले मूढ़ों जैसा आचरण करते हैं? कुर्सी उन्हें मूढ़ बना देती है? या वे मूढ़ होते ही हैं, कुर्सी मात्र उनकी मूढ़ता को प्रकट करने का अवसर बनती है? जो भी हो, यह घटना पाठकों को कुर्सी प्रेम से दूर रखने में सहायक होगी। यद्यपि एक अर्थ में पूरा भारत कुर्सी-पूजक है। कुर्सी पर गधा बैठा हो तब भी यह नहीं देखेंगे, उसकी मसकाबाजी में लगे रहेंगे।

तो घटना यूं है कि जब मैं राधा हाल पहुंचा तो एक बड़ी सी कारपेट बिछी हुई थी जिस पर सामने की ओर लगभग 15 से 20 बच्चे बैठे थे, पीछे की ओर बैठे थे जयंती भाई, मा योग प्रेम व और भी 10 – 5 लोग पर आज मुझे याद नहीं कि कौन-कौन थे। वहीं किरन भी बैठ गई आकर पीछे। मैंने एकदम आगे, बच्चों की टोली के भी आगे ऐसी पोजीशन ग्रहण किया जहां अपने छोटे टेप रिकार्डर पर न्यूज रिकार्ड भी कर सकूं। इसलिए टेप रिकार्डर तैयार लेकर गया था। मैं सिर झुकाकर बैठा था; एक तो उस न्यूज से विचलित था इसलिए, दूसरा पीछे बड़े लोग बैठे थे, उनके प्रति आदरभाव बनाए रखने के लिए। सामने ऊंचाई पर शायद टी.वी. या रेडियो रखा था, मुझे आज स्मरण नहीं है। न्यूज आने की प्रतीक्षा में थे सभी। उस प्रतीक्षा-काल में बच्चे बहुत ज्यादा शोर मचा रहे थे। उत्पात कर रहे थे। यहां तक कि मेरी

सहन शक्ति के बाहर हो गया तब मैंने बच्चों को कहा— 'बेटा तुम लोग शोर मत करो, चुपचाप बैठो।' इस पर पीछे बैठी मा योग प्रेम ने अगेह भारती के लिए कहा—'बच्चों को कोई कुछ न कहे, पसंद न हो तो यहां से चला जाए, ओशो ने हमें सब कुछ सेलेब्रेट करना सिखाया है, दुःख मनाना नहीं।' यह मुझे किरन ने शायद अगले दिन बताया था। वह पीछे बैठी थी, उसने सुना था। शायद रघू ने भी सुना था। मैंने तो उस समय नहीं सुना था। और यह अच्छा था कि मैंने नहीं सुना।

मा योग प्रेम कौन थीं? मा योग प्रेम कोई नहीं थीं। भाई जी जयंती भाई कम्यून के सर्वेसर्वा थे और प्रेम उनकी मित्र थीं। और कोई उनका पदनाम नहीं था। पर वे सर्वेसर्वा बनी बैठी थीं। उन दिनों पूना कम्यून से जो भी लेटर्स रिलीज होते, सब पर वे ही हस्ताक्षर करतीं। जयंती भाई जैसा कोमल एवं प्यारा व्यक्ति मैंने शायद ही दूसरा कोई देखा हो पर उनमें यही एक कमी थी (मेरी दृष्टि में) कि वे मा योग प्रेम को कुछ कह नहीं सकते थे। वह कुछ भी करे, वे कुछ कह नहीं सकते थे। मुझे उस दिन बेहद पीड़ा हुई यह जानकर कि ओशो का जेल जाना सेलेब्रेट कर रही है प्रेम! और अगर मुझे बच्चों का शोरगुल, फिल्मी गाने-गाना पसंद नहीं आ रहा है तो मैं यहां से चला जाऊं। कहीं यह भी शीला से जुड़ी तो नहीं है?

खैर वह इस सब पर सोच विचार करने का समय व अवसर न था। ओशो गिरफ्तार हो गए हैं यह बहुत बड़ी घटना थी मेरे लिए! आज भी है। मैं रीगन, मोरार जी भाई व उन सारे राजनीतिज्ञों को आज भी माफ नहीं कर सका हूं। जिनका परोक्ष या अपरोक्ष रूप से उस घटना में हाथ था।

यह बता न दूंगा तो कहानी अधूरी रह जाएगी कि बाद में जब ओशो जेल से छूटकर इंडिया आए तो लोगों ने ओशो से प्रेम की बहुत सारी शिकायतें कीं। और ओशो ने जयंती भाई को कहा कि आप काफी काम कर चुके हैं अब कुछ दिन रिलैक्स हों। तब जयंती भाई जो पूना कम्यून के इंचार्ज थे उन दिनों, साथ में मा योग प्रेम, दोनों रिलैक्स होने अहमदाबाद चले गए। उनके स्थान पर स्वामी आनंद स्वभाव को रखा ओशो ने; जो कि और भी अधिक पोच साबित हुए। क्योंकि जब ओशो विश्वयात्रा से वापस बंबई व बंबई से पूना आए तो स्वभाव का ही जमाना था, जब वह पुलिस कमिश्नर ओशो के कक्ष में घुस आया था। मैं तो आज भी नहीं समझ पाता कि उस कमिश्नर को घुसने की अनुमति स्वभाव ने कैसे दे दी? कमिश्नर या अर्थात कोई भी, कैसे घुस आ सकता था; यदि गेट पर कोई ढंग का संन्यासी—मैं तो कहूंगा आत्मवान संन्यासी— होता तो। पर शायद ज्यादातर उद्योगपतियों व व्यापारी वर्ग के लोगों का सरकारी अधिकारियों से भय खाने का संस्कार मुश्किल से और धीरे-धीरे जाता

है। कमिश्नर की ऐसी की तैसी ! ! गेट के अंदर कैसे जा सकता था वह ! ! खैर... !

कहानी यहीं खत्म नहीं होती। बाद में लीलाधारी प्रभु श्री जयंती भाई को वापस कम्यून में ले आते हैं और मा योग प्रेम बाहर रह जाती हैं, आज भी वे बाहर ही हैं। और यह उचित हुआ। जयंती भाई बहुत योग्य व्यक्ति हैं (मेरी दृष्टि में)। कम्यून को उनसे वंचित नहीं होना चाहिए। कुछ थोड़े से ही तो ढंग के संन्यासी हैं कम्यून में वरना ज्यादातर बचकाना पार्टी है। इस प्रसंग को अब यहीं छोड़ देता हूं। संबंधित लोगों से क्षमा मांग लेता हूं। क्योंकि सवाल आज का नहीं है। अगर यह दुनिया रही तो ओशो को अरबों-खरबों लोग प्यार करेंगे। हमसे बहुत ज्यादा प्यार करेंगे। वे ओशो के बारे में अधिक से अधिक जानना चाहेंगे। उन्हें किन-किन झंझटों से, तकलीफों से गुजरना पड़ा है। उन्हें दुश्मनों ने कितनी तकलीफें दी हैं, दोस्तों ने कितनी तकलीफें दी हैं—भले ही बेइरादे। तो अस्तित्व को साक्षी मानकर सारी मनुष्य जाति को सामने रखकर जब कुछ कहा या लिखा जाता है तब हमारा तुम्हारा कुछ व्यक्तिगत नहीं रह जाता। न छवि, न मान-सम्मान। फिर यदि हम साधक हैं तो हमें कलेजा चौड़ा रखना चाहिए। खैर... ।

तो उस रात हम न्यूज नहीं सुन सके, जहां तक याद है कोई न्यूज नहीं आया। अगले दिन जयंती भाई को मैंने सविस्तार बताया कि ओशो ने अमरीका में क्या कहा था जब किसी ने प्रश्न पूछा कि 'अफवाह है कि आप एक या दो दिन में गिरफ्तार कर लिए जाएंगे।'

मैं 29 अक्टूबर को सतना के लिए चल दिया क्योंकि संबोधि वगैरह का बुरा हाल होगा और अभी मैंने उन्हें खबर भी न दी थी कि मैं भारत आ चुका हूं। मैं सरप्राइज देना चाहता था। पर 29/10 की रात 11.50 पर बंबई वी.टी. से मेरी ट्रेन छूटती तो 11.40 बजे मैंने संबोधि को बता दिया कि मैं आ गया हूं और महानगरी एक्सप्रेस से आ रहा हूं, वातानुकूल में रहूंगा।'

□□

सात

अब मैं सतना के एक सजग पत्रकार श्री निरंजन शर्मा द्वारा अपना एक साक्षात्कार जो सतना से प्रकाशित 'देशबंधु' में ४ दिसंबर १९८५ को प्रकाशित हुआ था; वह तथा मित्रों द्वारा उस दौरान लिखे कुछ पत्र देकर 'रजनीशपुरम यात्रा' को विराम देता हूं। साक्षात्कार यूं प्रकाशित हुआ था—

देशबंधु, सतना ४ दिसंबर ८५

रजनीश भक्त परीक्षा में खरे नहीं उतरे

स्वामी अगेह भारती से बातचीत

[श्री रजनीश इस समय न केवल भारत, वरन सारी दुनिया के अखबारों की सुर्खियों में छाए हुए हैं। भारत से उनका अमरीका जाना वहां अमरीकी सरकार और स्वयं अपने भक्तों के जाल में उलझ जाना, गिरफ्तारी, मुकदमेबाजी, अपराध स्वीकार और फिर अचानक भारत लौटकर अमरीका को साक्षात नर्क की संज्ञा देना सर्वत्र चर्चा का विषय बना हुआ है। इस समूचे कांड के अधिकांश दृश्यों के प्रत्यक्षदर्शी रजनीश भक्त श्री अगेह भारती से इस बारे में जो विस्तृत चर्चा हुई उसे हम अपने पाठकों के ज्ञानवर्द्धन के लिए प्रकाशित कर रहे हैं। सतना निवासी श्री अगेह भारती नगर में रजनीश ध्यान केंद्र के संचालक हैं और रजनीश जी को भगवान मानते हैं। इसी कारण उन्होंने अपनी बातचीत के दौरान उन्हें 'भगवान श्री' संबोधन से पुकारा है। हम इसे उन्हीं के शब्दों में दे रहे हैं।]

प्रश्न :—अमरीका में रजनीश जी के विरुद्ध वातावरण बनने का प्रमुख कारण क्या था ?

उत्तर :—इसकी प्रमुख वजह यह थी कि भगवान श्री को ईसाइयत के लिए बड़ा खतरा माना जाने लगा था। उन्होंने पोप और ईसाइयत के खिलाफ सीधा जेहाद छेड़ दिया था। जैसे उन्होंने पूछा था कि यदि अमरीका वास्तव में धर्म निरपेक्ष प्रजातंत्र है तो बाइबिल की शपथ दिलाने का नाटक क्यों ? इन गतिविधियों से नाराज होकर ही शीला के साथ मिलकर षड़यंत्र किया गया।

प्रश्न :—अमरीकी अदालत में लगाए गए जुर्म रजनीश जी ने स्वीकार किए हैं। इस संबंध में आपका क्या कहना है ?

उत्तर :—भगवान श्री के खिलाफ लगाया गया एक भी आरोप सिद्ध नहीं हुआ। इसलिए ही सारे आरोप वापस ले लिए गए। शादी कराने की बात भगवान ने स्वीकार अवश्य की क्योंकि कोई भी स्त्री पुरुष यदि शादी करना चाहते हैं और कोर्ट में जाकर शादी कर लेते हैं तो इसमें भगवान श्री का क्या दोष है ? इससे तो अमरीकी सरकार की मूर्खता ही सिद्ध होती है। सच यह है कि दुनिया के विचारकों को एकजुट होकर अमरीकी सरकार से पूछना चाहिए कि उसने किस अपराध में भगवान रजनीश को गिरफ्तार किया था और कोई भी अपराध न बता सकने की हालत में विश्व के समक्ष अमरीकी सरकार को क्षमा मांगनी चाहिए। कम से कम भारत सरकार को तो पूछना ही चाहिए।

प्रश्न :—रजनीश जी की गिरफ्तारी पर आपकी प्रतिक्रिया क्या है ?

उत्तर :—भगवान श्री को गिरफ्तार करने वाले निश्चित ही दुष्ट और रावणी प्रवृति के लोग हैं। उन्हें जेल में उनकी शारीरिक आवश्यकताओं के अनुसार सुविधा न दिया जाना (जैसे कि उन्हें धुएं से एलर्जी है और उन्हें सिगरेट पीने वालों के साथ रखा जाना तथा बदबूदार कंबल देना, जिस तरह का भोजन वे लेते हैं उस तरह का भोजन शिष्यों द्वारा उपलब्ध कराए जाने को मना कर देना, उनके द्वारा कोई आपत्ति न करने के बावजूद अपराधियों की भांति हथकड़ी और बेड़ी डालकर रखना, अस्थमा के मरीज हैं ये जानते हुए भी सीलन भरे कमरे में रखना, सोने के लिए स्टील की नंगी बेंच बिना तकिए के देना, मांसाहारी भोजन देना जिसे कि वे खा न सकें और भूखे रहें, मानवीय अधिकारों का भयंकर हनन है।

प्रश्न :—शिष्यों ने दिल्ली और बंबई सारी दुनिया में अमरीकी रवैये के प्रति विरोध प्रकट करने के लिए अमरीकी दूतावासों के समक्ष मौन व शांत, मगर जोरदार प्रदर्शन किए।

क्या आप मानते हैं कि इन प्रदर्शनों ने उन्हें छुड़ाने में सहयोग किया है ?

उत्तर:—निश्चित ही प्रदर्शनों का भी सहयोग है मगर रजनीशपुरम के हमारे संन्यासी वकील भी रात दिन लगातार प्रयत्न करते रहे, उसी दरम्यान वहां के अधिकारियों ने यह समझ भी लिया कि रजनीश जी के विरुद्ध कोई जुर्म बनता नहीं। तथापि संन्यासियों द्वारा प्रदर्शन के समय मेरी दृष्टि में, दुनिया के सारे रजनीशियों से चूक हुई है। उन्हें आगे आकर गिरफ्तारियां देना था। सारी दुनिया में लाखों रजनीशियों को जेल में होना चाहिए था। कुछ थोड़े से लोग कानूनी चिंता लेने के लिए बाहर रहने चाहिए थे। क्योंकि भगवान श्री ने वर्षों पहले अनेक बार कहा है कि जीसस को सूली लग गई क्योंकि उनके मात्र बारह शिष्य थे और वह भी गैर पढ़े-लिखे, गरीब-गुरबे। यदि जीसस के पास ऐसे योग्य एवं सक्षम शिष्यों की इतनी बड़ी संख्या होती जैसी मेरे पास है तो जीसस को सूली लगाना आसान न होता। और मैं देखता हूं कि भगवान श्री के इतने सारे शिष्य सारी दुनिया में होने के बावजूद वे सूली लगाए जाने की स्थिति में थे। वे बारह दिन जेल में रहे और दुनिया के शिष्य प्रदर्शन कर-कर के लौट आते थे। शिष्यों द्वारा हुई उस चूक से मैं बहुत दुःख अनुभव करता हूं।

प्रश्न :—आपने गिरफ्तारी क्यों नहीं दी ? क्या आपको यह बाद में ख्याल आया ?

उत्तर:—मुझे यह ख्याल प्रदर्शन वाले दिन भी था। बल्कि इस बात को लेकर एक प्रमुख स्वामी जी से मेरी काफी गरमा-गरम बात भी हो गयी थी और सैकड़ों संन्यासी गिरफ्तारी देने को आतुर थे। एक दो प्रमुख संन्यासियों ने रैली भी नहीं निकलने दी क्योंकि वहां धारा 144 लगी थी। मुझे ये बात ही बेहूदी एवं हास्यास्पद लगती थी क्योंकि धारा 144 बारह नवंबर तक के लिए घोषित थी अतः 15 नवंबर को रैली निकलेगी जिसमें ये मांग की जाएगी कि भगवान श्री को जेल में यातनाएं न दी जाएं और यह कि रिहा किया जाए। 28 अक्टूबर से भगवान जेल में थे और यह 6 नवंबर की बात है। इस सबसे मैं भी और मेरे साथ बहुत सारे संन्यासी उद्विग्न और अप्रसन्न थे। लेकिन उन प्रमुख स्वामी ने कहा कि आप नहीं जानते उच्च स्तर पर बात चल रही है, वह सब बिगड़ जाएगी। हालांकि उनकी बात से मुझे तसल्ली नहीं हुई क्योंकि वे ही यह कह रहे थे कि 15 तारीख को रैली निकलेगी और मुझे लग रहा था कि 15 नवंबर तक तो भगवान श्री की देह छूट सकती है। और भगवान श्री के कमरे में वहां बम रखा हुआ मिला भी जो कि भगवान श्री का जीवन नष्ट करने के लिए पर्याप्त था।

बाद में उच्च स्तरीय कार्यवाहियां व हमारा सिर पटकना, रोना-चिल्लाना भी किस काम आता ? और 15 नवंबर तक हम अपने घरों में बने रहें यह कैसे संभव होगा यह समझ में नहीं आ रहा था जबकि भगवान श्री जेल में थे। लेकिन उच्च स्तर पर कार्यवाही चल रही

है यह जोर दिए जाने पर मैं भी कन्फ्यूजन में आ गया।

प्रश्न :—आप अपने गुरु भाइयों से काफी क्षुब्ध मालूम पड़ते हैं ?

उत्तर:—निश्चित ही और क्षोभ का कारण भी बता दिया। और अभी भी मेरा स्पष्ट मत है कि भगवान श्री की शान के अनुरूप कदम उठाने में संन्यासी असफल रहे हैं। जिसका कि भगवान श्री को भी अहसास है।

प्रश्न :—क्या आप रजनीश जी से मिल आए उनके अमरीका से आने पर ?

उत्तर:—नहीं, अभी नहीं जा सका अब तीन माह बाद ही जाऊंगा।

प्रश्न :—क्या आप नई सेक्रेटरी में भरोसा करते हैं ?

उत्तर:—मैं भरोसा सभी में करता हूं। लेकिन मेरी समझ सभी से नहीं मिलती और मैं अपनी समझ का सम्मान करता हूं। शीलाकांड के बाद और उपरोक्त चूक के बाद मैं किसी सेक्रेटरी अथवा पदारूढ़ संन्यासी की बात आंख मूंदकर मानने की बजाए अपनी समझ के अनुसार आचरण करने को स्वतंत्र अनुभव करता हूं।

अंत में कुछ पत्र पढ़वाकर रजनीशपुरम यात्रा फिलहाल समाप्त करता हूं।

स्वामी चैतन्य वीतराग (श्री कमलेश शर्मा) का 31.10.85 का पत्र:

'भूतो न भविष्यति'

प्रिय स्वामी अगेह भारती,

प्रेम।

आज किस दुर्दशा को प्राप्त हो गया हमारा यह समुदाय—देखो जरा।

हमें उन्होंने अपना सर्वस्व —सारा पुण्य दिया और हमने उन्हें अपने पाप पहना दिए।

उन्होंने अपनी करुणा की अजस्त्र वर्षा से हमें भिगो दिया, स्नान करवाया अपने अमृत से—और हमने उन्हें मरूभूमि में छोड़ दिया और जला रहे हैं अपने विषों से !

नहीं, अब समय आ गया है कि जो सोए हैं, जो तटस्थ रहकर तमाशबीन बने रहे, और जो आंख के होते हुए भी अंधे बने हुए थे, कान के होते बहरे बने हुए थे वे जाग जाएं, वे आंखें खोलें, और देखें कि क्या हो गया है। और विचारें कि इसमें अपना-अपना कितना हाथ है।

मैं आशा करता हूं कि सद्‌गुरु भगवान श्री रजनीश जी के शिष्यगण, यह हमारा

संन्यासी समुदाय जागेगा, उन्हें जागना ही पड़ेगा। भगवान जैसे कोई सदगुरु नहीं हुए और न हम लोगों के जैसा शिष्य ही। वे जितने महान् हैं हम उतने ही अधम सिद्ध हुए!

आज संपूर्ण शिष्य समुदाय पर कलंक लग गया। यह कलंक किसने लगाया?

हमने ही तो। यही हम लोगों का प्रतिदान रहा—यही हमने अपने भगवान को दिया—प्रेम का बदला उनकी हत्या की साजिश से? और इस तरह का जहर घोला कि उन्हें हथकड़ियां पहननी पड़ीं। यही हमारा अनुग्रह था?

ऐसा अधम काम तो आज तक इतिहास में किसी शिष्य ने नहीं किया, किसी गुरु के साथ नहीं हुआ!

यह क्या हो गया? इसमें संपूर्ण शिष्य समुदाय के सामूहिक मूर्च्छा का परिणाम लक्षित हो रहा है। जो किसी एक व्यक्ति के कृत्य का रूप लेकर प्रकट हुआ है। शीला की चेष्टा में जो भी व्यक्ति भगवान के समुदाय में मूर्च्छित हैं, उन सबकी परोक्ष रूप से हिस्सेदारी है। शीला तो ज्वालामुखी का मुख है। बाकी असली विष सारी जिम्मेदारी तो संपूर्ण समाज की है जो हिंसा, ईर्ष्या, कलह और राजनीति से लबालब भरा हुआ है!

समय आ गया है कि प्रत्येक अपना-अपना चेहरा ठीक से देख लें—नहीं तो यह खेल कहां जाकर खत्म होगा यह तो प्रभु ही जानें। अच्छा हो समय रहते भगवान के दिए दस्तकों को हम सुन लें। भगवान अमर हैं; वे सूर्यों के सूर्य हैं; वे स्वतः प्रकाशमान हैं; वे अजेय हैं; वे महानतम हैं; वे करुणा की प्रतिमा हैं; वे अटल हैं; अकंप हैं; वे एकमात्र सम्राट हैं! वे स्वतंत्रता की मूर्ति हैं—उनको कोई बांध नहीं सकता। लेकिन हमें तो जागना ही होगा। मूर्च्छा में बहुत कुछ गंवा चुके हैं हम। अब जागें।

—वीतराग स्वामी

□□

उसी लिफाफे में दूसरा अदिनांकित पत्र :

प्रिय शिव जी,

प्रणाम।

आप यह न सोचें कि कमलेश ने बेमौसम मल्हार कैसे छेड़ दिया। न यह सोचें कि कमलेश से यही अपेक्षा थी।

मैं किस कदर विचलित हुआ हूं, वह आप समझेंगे या नहीं समझेंगे यह आप पर निर्भर

है।

लेकिन इतना जरूर महसूस कर रहा हूं कि जरूर हममें कमजोरी थी, और है जिसक कि परिणाम आज सदगुरु को भोगना पड़ रहा है। और साथ-साथ यह भी महसूस कर रहा ह कि हमारा समुदाय आज किस दुःख-संताप में पड़ गया है। यह अनहोनी कैसे होनी हो गयी यह चमत्कारों का चमत्कार है।

इतनी देर क्यों हो रही है ? क्या कर रहे हैं लोग ? कैसे हम लोगों में इतना धैर्य आ गया ! हमारे भगवान को बलात हमसे दूर कर दिया गया और कैसे प्रसन्नता पूर्वक यह देख रहे हैं हम ? जवाब दो मुझे, जवाब चाहिए।

मेरे प्रिय, उन्हें हमारे मध्य होना चाहिए। और जल्दी। जो कर सकते हो करो। जो जो-कर सकता है करे। क्षण मात्र की देरी—प्रलय सदृश भयानक है। मेरी प्रार्थना सुनो !

उन्हें हमारे बीच लाकर दे दो ! !

—*कमलेश*

□□

स्वामी योग प्रीतम
(डॉ० प्रीतम सिंह बागरेचा)
प्राध्यापक, हिंदी-विभाग
राजकीय महाविद्यालय, भीलवाड़ा (राज०)

'प्रभु-प्रसाद'
229, काशीपुरी, भीलवाड़ा-311 001
(राज०)
दिनांक 22/12/85

मेरे अजीज दोस्त स्वामी अगेह भारती जी,

हमारा ढेर सा प्रेम—ढेर से प्रणाम !

आप आए- बहार लाए। मुझे लग रहा है जैसे आप प्यारे प्रभु श्री को लेने के लिए ही अमरीका गए थे और वहां से उन्हें भारत रवाना करने के बाद ही खुद भी लौट आए हैं। महज पत्र से तो क्या तसल्ली होगी—आपसे मिलकर आपको छूकर ही कुछ बात बन सकेगी। न जाने कितनी वार आपका ख्याल आया है कि इस संपूर्ण घटना चक्र के साक्षी हैं आप वहां—क्या न गुजरी होगी आप पर भी। भगवान श्री के भारत आ जाने के बाद आपके भी आ जाने की खबर जानना चाहता था, सो पिपरिया व स्वामी सुखराज भारती जी से आपके भारत आ जाने की खबर मिल गयी। मैंने परसों ही पिपरिया लिखा है मा प्रेम निधि को कि अगेह जी से तो मिलकर ही तसल्ली होगी।

मैं स्वयं भी पत्र संपर्क करने ही वाला था कि आपका प्रेषित अखबार 'देश बंधु' कल ही मुझे मिला है। इसमें आपका साक्षात्कार पढ़कर मजा आ गया। आपने मुझे यह भेजकर बहुत अच्छा किया इसके लिए मैं आभारी हूं। कुछ ऐसा ही सोच-विचार मेरा भी है। (इसी अंतरंगता के कारण आपको उक्त संबोधन देने का मन हुआ है।) मैंने यहां अपने सभी साथियों के बीच तब कहा था कि भगवान श्री वहां गिरफ्तार हो गए हैं। यदि यहां इस बात को लेकर हमें भी गिरफ्तारियां देनी पड़े तो यह हमारा सौभाग्य होगा। पर विडंबना देखिए कि यहां केंद्र पर दिल्ली के 'डिमांस्ट्रेशन' तक की सूचना नहीं थी, जो तार द्वारा या फोन से दी जा सकती थी। यह सूचना भी हमें उसी दिन अखबार से मिलती है। यदि पूरे विश्व में लाखों संन्यासियों द्वारा गिरफ्तारियां दी जातीं तो मजा ही आ जाता। इतिहास में यह बात बेमिसाल साबित होती और दुनिया को पता चलता कि इस बुद्ध-पुरुष भगवान के साथ कितनी बड़ी शक्ति है। इन्हें अकेले समझकर कुछ नहीं किया जा सकता है—इतनी आसानी से गिरफ्तार नहीं किया जा सकता है। आपने बिल्कुल ठीक टिप्पणी की। दरअसल यह बहुत बड़ी चूक थी। पर जब हम संपूर्ण व्यवस्था के साथ जुड़े होते हैं तो हमारा निजी सोच एक तड़प - एक छटपटाहट बनकर रह जाता है। इक्का-दुक्की गिरफ्तारी देने का तो कुछ अर्थ न होता। यह बात रजनीशधाम पूना या राजयोग दिल्ली को तुरंत देखनी-समझनी थी। सब जगह तुरंत तार दिए जाने थे इसके लिए।

यहां हमें वास्तविक स्थिति की जानकारी देने वाले सरक्यूलर्स भी इतनी देरी से मिल रहे थे कि भगवान श्री की गिरफ्तारी पर अब क्या किया जाए और क्या नहीं—यही ठीक से समझ में नहीं आ रहा था और इधर एक-एक दिन निकलना भारी हो रहा था। ऐसे में मैं अपने कक्ष में बैठकर जो कुछ व्यक्तिगत तौर पर कर सकता था, करता रहा। ढेर सारे कागज रंगता रहा। पत्र एवं काव्य प्रधानमंत्री जी को अमरीकी सरकार को, यहां के बुद्धिजीवियों के नाम तथा इस घटना के विरोध में स्वतंत्र काव्य-रचनाएं लिख-लिखकर भेजता रहा। भगवान श्री के विरुद्ध लेखों और व्यंग्य लेखों की झड़ी लग गयी थी, उनके उत्तर पत्रों में लिख-लिखकर देता रहा। छपे बहुत कम, अनछपे बहुत रह गए, पर यहां मैं सुबह से देर रात तक यह कलम का युद्ध जारी रखे हुए था। यही अपने बस में था।

साक्षात्कार में आपकी अंतिम बात हमें बेहद पसंद आयी कि 'किसी पदारूढ़ संन्यासी की बात आंख मूंदकर मानने के बजाए अपनी समझ के अनुसार आचरण करने को स्वतंत्र अनुभव करता हूं।'

वहां (अमरीका के' पुरम में) जो भी हो रहा था वह भगवान श्री के संकेत के बिना नहीं

हो सकता तथा भगवान श्री की जानकारी में है सब कुछ—इसी मुगालते में तो हम मारे गए और आंख मूंदकर मानने की प्रवृत्ति के कारण (जो तब भगवान श्री के प्रति श्रद्धातिरेक के कारण सह लिया जा रहा था) शीला के तानाशाही रवैये को प्रोत्साहन मिला और फलतः एक सुंदर स्वर्गतुल्य हरे-भरे कम्यून को उजड़ जाना पड़ा।

मैं भी अब सोचता हूं कि कहीं भी किसी भी पदारूढ़ संन्यासी द्वारा, चाहे वह भगवान श्री के साथ वाले कम्यून का हो या पूना के कम्यून का, गलत लगने वाली बात का दबंग होकर जरूर विनम्र प्रतिरोध करना चाहिए। कम से कम तब तक सहमत नहीं होना चाहिए जब तक अपने को समझ में न आ जाए।

□□

भाई मेरे, 23.12.85

दूसरा पृष्ठ भी ले लेता हूं। कहने को तो और भी कई बातें रह गयी हैं।

एक तो यही कि 'देशबंधु' में आपका अवधूत जैसा चित्र बहुत अच्छा लग रहा है। आप हैं भी अक्खड़ अवधूत की ही तरह। काफी बदला हुआ चेहरा है जैसे कि अमरीकी संन्यासी ही लग रहे हो। (वैसे संन्यासी न अमरीकी होता है और न भारतीय।)

दूसरी बात—भाई स्वामी योग प्रताप भारती जी के संबंध में जानना चाहता था कि वे भारत आ गए हैं या नहीं! यदि आ गए हैं तो क्या रजनीशधाम में ही रह रहे हैं—जैसी कि संभावना की जा सकती है। और कौन-कौन भारतीय मित्र' पुरम से भारत लौट आए हैं? जैसे वैराग्य अमृत जी, चैतन्य कीर्ति जी आदि। तीसरी बात यह है कि भगवान श्री के इंटरव्यू धड़ाधड़ विभिन्न पत्रिकाओं में आ रहे हैं जिससे सब जगह सर्दी में भी सरगर्मी बनी रहती है। यह मजेदार बात हो रही है। इन दिनों भगवान श्री संवाददाताओं (विश्व भर के) से ही बात कर रहे हैं। अभी 'धर्मयुग' में छपा इंटरव्यू बहुत ही अच्छा गया है। पहली बार इतना प्रेमपूर्ण व्यक्ति इंटरव्यू लेता हुआ दिखाई दिया। अलबत्ता कुमार प्रशांत और मनु भाई भीमानी (जिसे अभी पूरा नहीं पढ़ा है) की बातें तो कचरा जैसी ही लगीं। आप अपनी प्रतिक्रिया धर्मयुग को जरूर लिखें। मैं भी लिख रहा हूं। और अंत में फिर याद दिला दूं कि कम से कम मध्यप्रदेश के सभी 'दैनिकों' को युक्तिपूर्वक लिखकर इंटरव्यू लेने आने के लिए उकसाइए—प्रेरित कीजिए कि आप समस्त घटना चक्र के साक्षी रहे हैं—अमरीका में, और उन्हें वास्तविक तथ्यों से अवगत कर सकते हैं। वे प्रश्न लेकर आएं या लिख भेजें। बात अभी

गरमा-गरम है, अतः कर डालिए— जल्दी ही।

भागम-भाग में यह सब लिख रहा हूं। तैयार होकर कालेज जाना है; शेष फिर।

बहुत प्यार के साथ—

योग प्रीतम

(पुनःश्च)

यहां आज रविवार का कीर्तन ध्यान होगा। आपका इंटरव्यू सभी साथियों को बताऊंगा। अभी पत्र यहीं बंद करता हूं। पत्र दीजिएगा। शेष अगले पत्र में। आप इस तरह और भी संपादकों को या संवाददाताओं को पत्र लिखकर इंटरव्यू के लिए आमंत्रित करो तो और अच्छा हो। सप्रेम—

योग प्रीतम

□□

अब स्वामी योग प्रताप भारती का पत्र

भुइहा

मार्च 15, 1986 सायं 05.05

श्रद्धेय भाई अगेह जी,

प्रणाम।

दिनांक 4-7 मार्च का आपका पत्र। क्लिपिंग्स के लिए धन्यवाद। उस रोज सुबह सात–साढ़े सात बजे जैसे सोकर उठा व चौपाल से बाहर आया विनय ने बताया कि सुबह छः –सवा छः बजे उन्होंने बी.बी.सी. से हिंदी में खबर सुनी थी और कि भगवान फिर गिरफ्तार कर लिए गए हैं। लगा एक पल को कि विनय से समाचार सुनने व समझने में भूल हुई हो शायद, किंतु जिस प्रकार उन्होंने बताया उससे 99.9% यकीन बैठ गया। सारे दिन रेडियो पर प्रयास करता रहा पर कहीं से और कुछ न सुनने को मिला। उसी शाम 7 या 8 के आसपास फिर बी.बी.सी. ही मदद में आया। उसने बताया कि 'विश्वप्रसिद्ध आध्यात्मिक नेता भगवान श्री रजनीश छोड़ दिए गए हैं और वे स्पेन चले गए...'। राहत मिली। ये मूर्ख आकाशवाणी वगैरह स्वयं को रेडियो नेटवर्क मानते हैं। रेडियो सर्विस के नाम पर ये कलंक हैं मनुष्य जाति व दुनिया पर। दो कौड़ी के और छिछोरे राजनीतिज्ञ (Politician), जो स्वयं का पूरा पता भी ठीक-ठीक न लिख सकते हों, उनकी मुर्गी को जुखाम हो जाए तो ये खबर

प्रसारित करते हैं और एक विश्वप्रसिद्ध हस्ती जिसके लाखों-करोड़ों चाहने वाले हों, उसके साथ इतनी बड़ी-बड़ी घटनाएं घटती रहें और ये एक शब्द तक नहीं बोलते अपने सड़ियल प्रसारण में। ये समाचार एजेंसीज हैं बीसवीं सदी की! कितना गर्त में मनुष्य को ले चलने के ख्याल में हैं ये राजनेता और ये तथाकथित बुद्धिजीवी, समझ से परे है बात! पहली बार बी.बी.सी. की प्रमाणिकता समझ में आयी है। ब्रिटिश लोग विज्ञान में पीछे पड़ गए हैं, टेक्नालाजी व अन्य सभी दौड़ों में भी, किंतु एक अत्यंत महत्वपूर्ण विद्या रेडियो मीडिया सर्विस में सारे जगत के लिए जाज्वल्यमान प्रतीक स्तंभ हैं। पहले जहां भी किन्हीं दो दलों के बाबत (यथा: हिंदुस्तान-पाकिस्तान का युद्ध हो, या ऐसे ही अन्य किन्हीं का) कुछ समाचार देता था तो बी.बी.सी. पर सदा पक्षपातपूर्ण समाचार देने का दोष लगाते थे लोग। मैं तटस्थ था इस मसले पर, किंतु कोई प्रमाण न होते मेरे पास। अब मैं जानता हूं कि बी० बी० सी० की गलती केवल यह होती थी वह ऐसे समाचार भी देता था जो युद्धरत दलों में से कोई एक जानते हुए देना न चाहता था। जो भी हो, बी० बी० सी० जैसे नेटवर्क्स की जरूरत है संसार को।...

लिखने में तो मुझे भी तकलीफ सी होती है, यही कारण है कि शीला पर निबंध बीच में रुका पड़ा है। किंतु पूरा तो करूंगा ही उसे। सतना आकर शायद मैं आपके संस्मरणों में भी मदद कर पाऊं। यहां तो बहरहाल नहीं ही रह पाऊंगा अभी, इस बार कम से कम।

16.3.86 , 04.40 P.M. यहां गर्मी काफी पड़ने लगी है। गर्म हवाएं चल पड़ी हैं। फसलें पकी जा रही हैं। आशा है आपके काम में आपके आसपास का वातावरण ठीक हो जाएगा। इन लोगों को क्या तकलीफ है जो ये नाराज हैं! अजीब है ये दुनिया!

वहां सबको स्मरण प्रणाम व प्रेम।

मदा को पत्र लिखते हों तो मेरे स्मरण दें।

समाचार पत्र तो नहीं देखे मैंने किंतु आज सुबह नागेंद्र बतला रहे थे कि भगवान नीदरलैंड्स आ गए हैं और कि एंटीलोप भी पुनः पहुंचना चाहते हैं, ऐसा वक्तव्य उनके किसी मित्र ने पेपर्स में देखा है।

सप्रेम—

प्रताप

□ □

ॐ नमो भगवान श्री

बोकारो स्टील सिटी
दिनांक 12.4.86

श्रद्धेय स्वामी जी,

आपका पत्र मुझे मिल गया था। 8.4.86 से 10.4.86 तक पटना में ध्यान शिविर के लिए सपरिवार गया था। सोचा था कि शिविर के बाद आकर आपको पत्र लिखूंगा।

शिविर में खूब आनंद रहा, भगवान श्री की अपरिसीम करुणामयी ऊर्जा में खूब स्नान हुआ। पश्चिमी जर्मनी से मा अनामिका जो' पुरम कम्यून में थीं, यहां आई हुई थीं, उन्हीं ने शिविर का आयोजन किया था। करीब 40 – 50 नए संन्यासियों को भी दीक्षित किया गया था, उन्हीं के द्वारा। करीब 200 – 300 संन्यासी उपस्थित हुए थे।

वहां पर पता लगा कि भगवान श्री के निवास स्थान के लिए करीब 20 एकड़ जमीन मसूरी के आसपास चुन ली गयी है। कीमत करीब 60 लाख है। करीब-करीब 40 – 55 लाख इकट्ठे हो चुके हैं और बाकी पैसों का इंतजाम हो रहा है। उस स्थल की वीडियो फिल्म तैयार की गयी थी। भगवान श्री ने ओ.के. कर दिया है। इसके अलावा आपके पास और सूचना हो तो लिखें। भगवान श्री शायद अभी एंटीगुआ में हैं।

आपने डयूटी के संबंध में लिखा—स्वामी जी क्या किया जाए और 2 – 4 माह तपश्चर्या कर ली जाए। शायद प्रभु श्री की यही मर्जी है।

स्वामी जी मेरी तरफ से कोई जल्दी नहीं है, बिल्कुल निर्भार रहिएगा, किसी प्रकार की चिंता न लीजिएगा—आपके आनंद को देखकर मैं भी आनंदित हूं। इससे बड़ा कोई पुरस्कार नहीं।

मेरे पिता श्री बहुत निगेटिव हैं; यदि सतना में आपसे उनकी मुलाकात में उनकी कुछ 'निगेटिविटी' रही हो, उसके लिए क्षमा कीजिए।

आपसे मिलने की बड़ी इच्छा होती रहती है, याद भी आती रहती है। देखो जुलाई गुरु पूर्णिमा पर यदि पूना आना हुआ तो आपसे एवं आपके परिवार से मिलता हुआ जाऊंगा।

मा संबोधि, कृष्णदेव, अमृत, गीतू, सोमू, सत्यानंद एवं सभी अन्य मित्रों एवं अन्य प्रेमियों को मेरे प्रणाम।

शेष प्रभु श्री की कृपा। जय रजनीश !

स्वामी प्रेम चिन्मय

मा जीवन मदा का पत्र कैलीफोर्निया से :

My darling, Oct 30-'85

Love.

I saw Bhagwan last night for 1/2 an hour on NBC night line interview from prison. He looked like suffering from back pain and His asthama is coming back He said. He was wearing green prison-uniform. I could not sleep all the night. It was like a nightmare. I was in a dream as if He is my baby, small helpless. I am trying to take care of Him, trying to hold Him but somehow not being able to do so, as if some people or some force preventing me from watching out and taking Him in my hands. He was looking like such an innocent child during the interview, at one point He was as if ready to cry that people are so insensitive to His pain & they are forcibly making Him suffer, but then sometimes He smiled, so sweet, so loving. He ended the interview with such a childlike beautiful smile. I pray He is out of that place tomorrow & they will let Him out on bail.

I felt so much love for Him, so much wanting to protect Him as I have never felt before. All day, today I felt like drunk. I am not being able to do anything. Seeing Him in that green jail uniform was too much to bear, but I should admit that He looked attractive and very beautiful even in that uniform, He did not have His hat on either.

I hope all this is really over soon and He could be taken care of by sannyasins once again. Three days in jail should satisfy His earlier desire to have this experience. The Indian Government should request to have him back from the US Government & it should treat Him like a king if He goes back to India.

Sannyasins all over the world should really stand up for

Bhagwan's truth, which is also our truth. I am enclosing several articles of Oct 29-30 including the one in the Hayward Daily Review' that I was interviewed on.

I thought you will be proud of me. The next day I sent to the Newspaper a Press Conference given by Bhagwan in the Rajneesh Times and some other inserts from your magazine.

This might be a long hearing so we should all be alert and supporting Bhagwan's vision and His health.

Darling, I hope your trip was not too tiring. I missed you much, really!

Oct 31st

The first day of hearing happened today this evening on the news they said the court did not come to any conclusion yet and that He has to spend another day in prison. They want to send Him to Portland for trial. They have refused Him bail and His special food. They are real bastards! I did not sleep last night either, He was constantly in my mind' being in prison and I was half consciously sending Him energy all night'.

I was not able to work today either, I feel totally out of balance. If I had enough money at least I could have been in Charlotte by now. How can we help Him? Perhaps we all, all the sannyasins, should write letters to U. S. Government officials. He looked very pale today when they showed Him going to court with handcufs on.

I really wish you were here now. I need someone who can cry with me. I feel very much alone with the pain of Bhagwan's suffering and stupidity of people.

I am thinking to write letters to Reagon, US Marshal's office and may be to some other officials, or may write open letters to newspapers. I wish you were here to help me.

I just heard on the news that there were 10 threats to bomb the prison where Bhagwan was being kept. Tomorrow morning will be another hearing.

Is this world ever going to wake up or would they remain retarded for ever?

What do you say Ageh Bharti, what can or should we do? I will write to you again soon. I passed my driving test 87% this time. In about 5 or 6 weeks. I should get my driving licence. Vishram & Premdeva are going to the Ranch for two days tomorrow. They are borrowing Suddhasadan's car. He lovingly agreed to give them his car for driving to the Ranch. I hope Bhagwan will be back to India soon.

Blessings,

to you, Sambodhi & children

love for all, Mada

COMFORT INN

HAYWARD, U.S.A. November 6 – 1985

24997 Mission Boulevard, Hayward,

California 94544(415) 538-11 NN

Ageh Bharti,

I love you.

You are a real Blessing for me. You make my heart melt more and more.

It seems or feels to me as if something very deep hidden in my subconscious still believes in a very deep pain, as if I have been deeply hurt by humans. So I have created a shield, a barrier and to protect myself I have closed my heart. Bhagwan must have sent you to me to help me to break that shield open my heart.

I am so grateful to you for calling me today. I have been feeling so alone & isolated since Bhagwan's arrest. There is no one here that I could really share my tears with. I have been roaring like a wounded lion that has no one to help him to heal the wound.

At first, I thought to go to Charlotte where Bhagwan was, then they said He will be moved to Portland for the hearing, so I thought I will wait & go to Portland, yet another thought comes that I should be continuing my work here to have enough money to follow Bhagwan when He goes to India.

I never stop sending Him energy of my love and caring, it even does not stop in my sleep. I was not being able to sleep the first there days, now, it feels better. I am able to sleep I feel He is feeling better now.

I wake up with the thought of Bhagwan and I go to sleep with the same thought. Please God, take care of Him and let this end soon.

Beloved, your phone call today has made me cry all day, even now I am sitting with a box of Kleenex by my side.

Now that I am writing to you, I feel much better. I am feeling more and more now that I do not wish to continue living alone any more. It is a great revolution in my consciousness, as in many many lives I have chosen the path of aloneness. The only cure for me is living with Bhagwan in His Commune.

Oh Lord! Let His beauty and grace pass on to us and lead us to the ultimate truth.

Ageh Bharti, I am grateful to you for the love you give me.......

Oh yes, then I took Bhagwan's picture and Helen's picture in my arms and putting them to my heart as if protecting them, started turning with the same words. I felt at that moment as a great mother capable of protecting the whole world. You Ageh, were also in my arms, in my heart and in my mind. And I felt very Blessed that you are here on this earth for me with all your love and caring. Forgive me, I started crying again, feeling free to cry is a beautiful gift you left me.

I was interrupted here by a phone call from Sw. Sahajanand Bharti from Canada (I have told you about him). He is asking me to go and stay with him in Toronto. He already phoned me 3 times asking me to go there. I am not going anywhere till I know what is happening with Bhagwan. I am just reminded to tell you, that this morning while taking my shower, no, last night while taking my bath, I started singing 'Bhagwan your blessings endlessly shower ... and suddenly a thought came that I need to get a tape recorder and record my singing and some talking for you and send it to India. So you can say that I read your mind or that I picked up your thoughts. So, you really didn't need to phone me all the way from India to ask me to record my voice for you, my wireless antenna had already got it.

It seems that it is not only crying that I learned from you but also writing long letters like a book.

Beloved friend, forgive me for not being nice to you on few occasions. Some kind of anger still seems to be hidden inside that I have not been able to figure out yet, it of course has nothing to do with you or anybody else.

I apologize for all the spelling mistakes I have committed. I do not feel like checking the dictionary because I know I will repeat them again. I have a bad memory for spelling, so what to do? You will need to live with it.

I know that you are crying, and I kiss your tears. You repeatedly have said you wished you had never met me, but I can never say that, on the contrary, I always thought and said that I am very grateful for having met and known you.

I remain in your heart for ever.

Yours Mada
December 25-'85
Montreal

Hello Love,

Beloved Agch.

Upon my arrival to Montreal I received your letter of November 28th that was waiting for me. I arrived here by 9 p.m. December 20th today I received your second letter of December 10.

I am glad you finally started your work. It may make you feel a little better financially as I can imagine you and Sambodhi must be going through somewhat a hard time with no income for six months. We all go through certain difficulties at times but all to remember is that 'this too shall pass!'

Today I heard a very disturbing rumour that Vivek has not been granted a visa and had to leave India, as well as other western sannyasins that were granted only a 3 weeks visa. Politicians are politicians and now they prove to be real bastards!

I can not imagine Bhagwan without Vivek, does this mean that He would be moving again? It looks like we have no place on this planet . . .

Sheela seems to have destroyed much. She proved to be a real Judas. The Montreal Commune seems to be growing and doing well, sannyasins are feeling even stronger connection to Bhagwan now than ever before.

I personally feel absolutely blank, I feel absolutely ignorant about everything, I am only being able to witness my thoughts and feelings, for the first time coming close to witnessing feelings. I am absolutely not worried about anything except the thought of not being able to see Bhagwan anymore, but I feel it is only a thought. In reality He has not left anything for me to hang on to, I at the same time feel tremendous freedom when I accept the thought of not being able to see Him. Only one thing seems to be hurting me now more than the hurt I felt when He was in jail and that is Vivek not being able to be with Him.

But, I must confess, in spite of all these mixed emotions, somewhere deep down I trust He will not leave us just like that, or is it still my hope and longing to see Him?

Love, regarding my visit to India, it might be probably around February 15th. It will be beautiful if we could go to see Bhagwan, no, it will be faaar out. I decided to go to Bombay first, then to Poona, then I could visit you and Sambodhi in Satna for few days, then stay in the south Goa for 1 or 2 weeks to enjoy the ocean which I missed a lot, and perhaps in March go to Delhi and Manali if possible, or if Bhagwan is still there.

It may very well be that between now and February 15 much might change and my plans might change with it but at this moment this is how I imagine it to be.

I could call you when I reach Poona, so please, with your next letter enclose your work phone no.

Sw Sahaj has arranged for his brother to pick me up from

Bombay and bring me to Poona where they live. So you need not worry about meeting me in Bombay. From Poona I could take a train to Satna, and you could meet me there.

So, in short, if it is the will of that which created me to be there, I will see you in February.

Please convey my love to Sambodhi, with my best wishes to both of you from the new year 1986.

HAPPY NEW YEAR

Love, Mada

□□

ओशो पोर्टलैंड वीसा दफ्तर में

एक मई 1981 से लगातार मौन के पश्चात ओशो अमरीका के पोर्टलैंड वीसा दफ्तर में 14 अक्टूबर 1982 को स्थायी नागरिकता के लिए गए। वीसा दफ्तर में उनसे पूछे गए प्रश्न अविश्वासपूर्ण तथा पाशित्य बघारने वाले ही थे। जैसे कि आमतौर पर पूरे संसार में शासक वर्ग के कर्मचारियों के रहते हैं लेकिन फिर भी ओशो के उत्तरों में उनकी दृष्टि तथा धार्मिक कार्य-प्रणाली का सुंदर दिग्दर्शन हुआ। उसी को दर्शाते हुए कुछ प्रश्न-उत्तर प्रस्तुत हैं :—

प्रश्न: 11 अप्रैल 1981 को पूना में घोषणा की गई कि 1 मई 1981 के पश्चात आप केवल मौन से ही वार्तालाप करेंगे और आपके कार्य का नया अध्याय शुरू होगा। क्या यह ठीक है ?

उत्तर: 'हां' यह ठीक है। इसके पश्चात एक महीना, जो कि मैं पूना में रहा मेरे सात हजार संन्यासी वहां मेरे साथ रहते थे। मेरे मौन में एक घंटा सुबह बैठने पर मेरे आसपास मौन में ही बैठते थे। यहां भी एक दो बार हम इसी प्रकार बैठे हैं। ऐसा ही सब कुछ धीरे-धीरे हर रोज होने लगेगा। यह मौन के आदान-प्रदान में प्रार्थना का एक रूप है।

प्रश्न: क्या इस मौन स्थिति में जाने का आपका अपना निश्चय है ?

उत्तर: मेरा अपना निश्चय है।

प्रश्न: अच्छा यह मौन स्थिति कब तक चलेगी ?

उत्तर: यह चलेगी।

प्रश्न: कब तक ?

उत्तर: जब तक मैं दोबारा न बोलना चाहूंगा। मैंने इतना अधिक बोला है कि मुझे लगा, जैसे मैं दीवारों से बोल रहा हूं। यह सब निस्सार हो गया था।

प्रश्न: इसका अभिप्राय यह हुआ कि मुझे भविष्य में दोबारा बोलने की कोई निश्चित तिथि नहीं दे सकते ?

उत्तर: मैं तो आने वाले कल के प्रति भी कुछ नहीं कह सकता।

प्रश्न: क्या आपके न बोलकर कार्य करने की विधि किसी प्रकार से आपके स्वास्थ्य से भी संबंधित थी ?

उत्तर: नहीं, बिल्कुल भी नहीं, मैं तो वर्षों से कह रहा था कि एक दिन मैं बोलना बंद कर दूंगा तथा केवल मौन में ही आदान-प्रदान होगा।

प्रश्न: आपने अपना अंतिम प्रवचन कब दिया ?

उत्तर: उसी दिन जो आपने पहले बताया।

प्रश्न: अच्छा, जो मैं जानता हूं, कि ऐसी घोषणा की गई थी कि 1 मई से आप बोलना बंद कर रहे हैं ?

उत्तर: वही अंतिम रहा होगा।

प्रश्न: जो आपके वर्तमान साथी हैं उनके अतिरिक्त आप और किससे मौन वार्तालाप करते हैं ?

उत्तर: ऐसा बताना मुश्किल है, क्योंकि उत्तर बौद्धिक कम बल्कि हृदय से अधिक जुड़ा है।

प्रश्न: मैं जानना चाहूंगा आप किस माध्यम से वार्तालाप करते हैं ?

उत्तर: मैं किसी माध्यम में भी नहीं उलझता, मैं तो केवल मौन होकर प्रार्थना के भाव में बैठ जाता हूं।

प्रश्न: अच्छा, परंतु क्या आप इस मौन अवस्था में किसी से बातचीत करते हैं ?

उत्तर: नहीं, लेकिन प्रार्थना का भाव ही संक्रामक हो जाता है।

प्रश्न: क्या आप शीला से बात नहीं करते ?

उत्तर: 'नहीं' मैं शीला से प्रतिदिन ~~त करता हूं लेकिन वह दूसरा ही मामला है।

प्रश्न: अच्छा तो मैं यह जानने के लिए उत्सुक हूं कि आप मौन अवस्था में होते हुए किससे बातचीत करते हैं ?

उत्तर: केवल शीला से। क्योंकि उसे मेरे पास काम लाना होता है और जो निर्णय वह नहीं कर पाती उसका उत्तर मैं खोजता हूं। जो कि उसे पूछना होता है।

प्रश्न: इसका अभिप्राय हुआ एकमात्र वही है जिससे आप वार्तालाप करते हैं ?

उत्तर: 'हां'

प्रश्न: मेरे देखे जब आप अपने धर्म में किसी को आने की दीक्षा देते हैं तो मैं अनुमान से कह सकता हूं कि इसे आपके धर्म में संन्यास की दीक्षा देने की रीति कहा जाता है। क्या यह ठीक है ?

उत्तर: 'ठीक है।'

प्रश्न: क्या यह सत्य है कि प्रारंभ में केवल आप ही संन्यास देते थे ?

उत्तर: 'केवल मैं ही।'

प्रश्न: क्या यह अब बदल गया है ?

उत्तर: अब मैंने यह उत्तरदायित्व दूसरों को दे दिया है क्योंकि और अधिक लोगों की चेतना उस स्तर तक उठ गयी है।

प्रश्न: और किसी के द्वारा संन्यास का प्रतिपादन करने की मंजूरी आंपने कब दी ?

उत्तर: 'पूना में।'

प्रश्न: क्या आप जानते हैं कितने व्यक्ति संन्यास दे सकते हैं ?

उत्तर: 'लगभग तीस'

प्रश्न: लगभग तीस ?

उत्तर: 'हां'

प्रश्न: क्या आप यह बता पाएंगे संन्यास से आपका क्या अभिप्राय है ?

उत्तर: 'हां'

प्रश्न: मेरा अभिप्राय संक्षिप्त में जानने से है अगर आप बता पाएं तो ?

उत्तर: 'हां, संन्यास से मेरा अभिप्राय क्षण-क्षण सजगतापूर्वक, अहोभाव में बिना किसी विचार के जीवन जीना है। क्योंकि पुराने सभी धर्म लोगों को इस जन्म में अथवा अगले जन्म

में आशा दिलाकर बांधते हैं। मुझे यह सब उनके प्रलोभन की वृति का शोषण प्रतीत होता है यह धार्मिक नहीं है। यह कोरा व्यापार है। मेरी दीक्षा का अभिप्राय है कि आप किसी प्रकार के पुरस्कार की आशा नहीं बांधते। अगर आप कर्म से प्यार करते हैं तो फिर उसी प्यार से कर्म करें। मेरे लिए कर्म ही उपासना है और किसी प्रकार की प्रार्थना की आवश्यकता नहीं। न किसी मंदिर अथवा गिरजे की आवश्यकता है। यहां तक कि भगवान में विश्वास करने की भी आवश्यकता नहीं।

मैं कोई विश्वास ही नहीं देता, मैं केवल जीवन जीना सिखाता हूं, जो कि है। उसके लिए विश्वास करने की आवश्यकता नहीं। और किसी पुरस्कार की मत सोचो। पुरस्कार तुम्हें चालाक तथा लोभी बनाता है, फिर तुम कुंठिल रास्तों से उसे प्राप्त करने की चेष्टा करते हो।

संन्यास एक बिल्कुल नए प्रकार का धर्म है। धर्म—जो कि परमात्मा के बारे में सोच-विचार नहीं करता। यह भी नहीं सोचता कि वह है कि नहीं तथा अगले जन्म के झंझट में भी नहीं पड़ता। संन्यास का होना ही अस्तित्व को जानना है। जो तुम्हारे भीतर है। इस चेतना से जो कुछ भी तुम कर रहे हो उसको प्यार के साथ करो किसी भी प्रकार के पुरस्कार की इच्छा को छोड़कर। अगर उसमें से कुछ भी प्राप्त नहीं होता है तो चिंता नहीं क्योंकि ऐसा कर्म स्वयं ही पुरस्कार है।

प्रश्न: आपकी बहुत सी उन किताबों में जो कि मैंने पढ़ी हैं, आपने बुद्धत्व प्राप्ति की स्थिति का जिक्र किया है। मैं यह जानने को उत्सुक हूं कि आपका बुद्धत्व से क्या प्रयोजन है ?

उत्तर: बुद्धत्व से अभिप्राय है कि पूर्णतः सचेत तथा जागरूक होना। साधारणतः हम सचेत नहीं होते हैं और न ही जागरूक। हम काम करते हैं या तो आदत की वजह से या शारीरिक प्रवृति के कारण। जैसे कि फ्रायड के अनुरूप चेतन मन तथा अचेतन मन और जुंग के अनुसार सामूहिक अचेतन मन की बात कही है। और मैं कहता हूं अति अचेतन और सामूहिक अचेतन मन की बात। इस सामूहिक चेतन मन की प्राप्ति के लिए वे जड़ों की ओर जा रहे हैं जबकि मैं फूलों की ओर।

लेकिन वह सभी आपस में एक दूसरे से जुड़े हैं। यह सभी तरीके और विचार, अपने में उसको जानना है जो कि केवल साक्षी है। उदारहण के लिए मैं अपने शरीर को देख सकता हूं यकीनन मैं शरीर नहीं हूं। मैं अपने हाथ को देख सकता हूं इसमें दर्द हो रहा है। पर मुझे

दर्द नहीं हो रहा है। मैं दर्द का साक्षी हूं। मैं अपने विचारों को देख सकता हूं, मैं विचार नहीं हूं। मैं दृष्टा हूं। और मैं दृष्टा को भी देख सकता हूं। अर्थात मैं दृष्टा का भी दृष्टा हूं। वही घड़ी है जिसके उपरांत कुछ नहीं। उसके आगे तुम जा नहीं सकते। वह बुद्धत्व है। बुद्धत्व का साधारण अभिप्राय है कि तुम इतने जागरूक हो गए, कि तुम प्रकाश से इतने भर गए, कि वह तुम्हारे जीवन को ओत-प्रोत करके तुम्हारे चारों ओर से बहना प्रारंभ हो जाए, फिर तुम बांट सकते हो।

प्रश्न: ऐसी बहुत सी बातें हैं जो आपने लिखी हैं। ऐसी बहुत सी बातें हैं जो कि आपके संबंध में लिखी गई हैं। मेरे पास इतना समय नहीं था कि जो भी आपके बारे में पढ़ा है उस पर अन्वेषण कर सकता। मैं आपके लिखे या आपके बारे में लिखी गयी बातों में से आपके सामने कुछ पढ़ रहा हूं। तो मैं केवल इतना चाहता हूं कि आपने वे बातें कहीं कि नहीं, क्या आप मेरे लिए इतना कर सकेंगे। क्या आप मेरा अभिप्राय समझ गए हैं?

उत्तर: 'हां'

प्रश्न: अच्छा अब ऐसा मेरा विचार है कि वास्तव में यह वक्तव्य है जो कि आपने अपने 'बुक आफ दि बुक्स' प्रवचन माला जुलाई 1979 में दिया है :

यह आश्रम एक छोटे रूप में आगे छलांग लेने के लिए प्रयोग मात्र है। यह तो मैं प्रयोग कर रहा हूं। नया कम्यून बड़े आकार का होगा। उसमें 10,000 संन्यासी साथ-साथ रहते हुए होंगे जो एक देह, और एक जीवन की भांति रहते होंगे, किसी की कोई संपत्ति नहीं होगी। प्रत्येक व्यक्ति उपयोग करेगा, प्रत्येक व्यक्ति आनंद मनाएगा। प्रत्येक व्यक्ति सुविधापूर्वक रहेगा, जितना भी हम जुटा सकेंगे उतनी ही ऐश्वर्य से प्रत्येक व्यक्ति जीएगा। परंतु किसी का भी कोई आधिपत्य नहीं होगा, क्या यह आपने कहा था?

उत्तर: 'हां मैंने कहा था'

प्रश्न: क्या आपको याद है?

उत्तर: पूरे संसार में हम इस प्रकार के कम्यूनों की रचना कर चुके हैं। अब हमारे कम्यून हैं: दो कम्यून ईटली में, एक सिसली में, एक इंग्लैंड में, दो हालैंड में, एक जापान में और एक फ्रांस में, एक भारत में, एक नेपाल में और भी कई देशों में हैं।

प्रश्न: क्या आप इन सबको एक कम्यून समझते हैं?

उत्तर: वे कम्यून अलग-अलग हैं।

प्रश्न: क्या रजनीशपुरम वह कम्यून है जिसकी आपने उस समय बात की थी?

उत्तरः यह अमरीका के लिए कम्यून है।

प्रश्नः अच्छा, क्या आप अपने आपको एक धार्मिक शिक्षक समझते हैं?

उत्तरः मुझे इसका विश्लेषण विस्तार से करना होगा।

भारत में शिक्षकों की पांच श्रेणी हैं। पहली का नाम अरिहंत है, वह शिक्षक भी है और गुरु भी, गुरु होने का अर्थ है कि जो कुछ भी कह रहा है उसमें वह घट चुका है। उदाहरण स्वरूप जीसस एक अरिहंत हैं क्योंकि वह जो भी कहते हैं वह उनका आत्मानुभव है। वह कहते हैं यह मेरा स्वानुभव है। दूसरी श्रेणी सिद्धों की है। सिद्ध केवल गुरु हैं। उन्होंने स्वयं जाना तो है मगर उसे बताने की क्षमता नहीं रखते। जो उन्होंने जाना है उसे बता नहीं सकते हैं। एक प्रकार से वे गूंगे हैं। और विश्व में ऐसे बहुत से संत हुए हैं जो नहीं बोले क्योंकि शब्दों में वह उस अनंत को नहीं पाए। वे भी बुद्ध हैं। शिक्षक हैं। तीसरी श्रेणी को आचार्य कहते हैं। जो केवल एक शिक्षक है गुरु नहीं। जो भी वह सिखा रहा है उसे ठीक से पूरा जानता है लेकिन अपने स्वानुभाव से नहीं। जीसस एक अरिहंत हैं और पोप आचार्य हैं। यह बाइबिल के आधार पर हैं अपने पर नहीं। चौथी श्रेणी उपाध्याय की है जिसको, जो वह कह रहा है उसका भी निश्चय नहीं है। शायद उसके कुछ अंश सत्य हों। पी.डी. औस्पेस्की ने गुरजियफ पर एक किताब लिखी है 'इन सर्च आफ दि मिरेकुलस' जिसके उपनाम हैं 'फ्रैगमेंडस आफ दि मिरेकुलस' तथा 'एन अननोन टीचिंग' और इन उपनामों के देने में उसने पूरी सत्यता बरती है—केवल अंश, क्योंकि वह केवल अंश ही समझ सका था। शेष उसकी समझ के बाहर था। उसे भी एक शिक्षक कहा जाएगा। और पांचवीं श्रेणी साधु की है। साधु वह है जिसने अभी कुछ भी जाना नहीं है लेकिन निश्छल भाव से उसे जानने का पूर्ण प्रयास कर रहा है। वह तुम्हारे से केवल एक कदम आगे है। लेकिन वह भी उतना तो सिखा ही सकता है। वह कुछ प्राप्त की घोषणा नहीं करता और न ही बहुत दृढ़ता से कह सकता है कि ऐसा ही है।

अंग्रेजी भाषा इस संदर्भ में बहुत गरीब है अंग्रेजी में केवल एक ही शब्द है। बहुत से दूसरे मामलों में भी, जहां तक धर्म का संबंध है गरीब है। अंग्रेजी में केवल एक ही शब्द है टीचर, तुम मुझे टीचर कह सकते हो लेकिन हमारी भाषा में ट· बहुत ही निम्न श्रेणी की बात है।

प्रश्नः आप स्वयं को इन पांच श्रेणी में कहां रखेंगे?

उत्तरः मैं अरिहंत हूं। आप मुझे महाशिक्षक कह सकते हैं क्योंकि मैं स्वाधिकार से

बोलता हूं। न मैं जीसस के कंधों पर चढ़कर बोल रहा हूं, न ही बुद्ध के, न कृष्ण के। मैं जो कहता हूं, वह कहता हूं। जो मैंने जाना है। जो मैंने नहीं जाना है वह कहता नहीं हूं!

प्रश्नः क्या आप समझते हैं शीला बुद्धत्व को प्राप्त हो गई है?

उत्तरः नहीं, अभी नहीं।

प्रश्नः क्या उसे संन्यास देने का अधिकार है?

उत्तरः आचार्य होने के नाते उसे संन्यास देने का अधिकार है। पांचों श्रेणियां संन्यास दे सकती हैं। परंतु मेरी अनुमति से ही संन्यास दे सकती हैं। वह स्वयं अपने अधिकार से संन्यास नहीं दे सकतीं।

प्रश्नः क्या शीला अभी नहीं पहुंची? (ज्ञान को उपलब्ध होना)

उत्तरः वह किसी क्षण भी पहुंच सकती है। लेकिन अभी तक नहीं पहुंची है।

(पूना आश्रम के चलने के बारे में वाद-विवाद होता है। ओशो दिन प्रतिदिन आश्रम के चलने और आध्यात्मिक कार्यों का विवरण देते हैं।)

इन छोटी-छोटी चीजों के लिए मैं उन्हें पूर्ण स्वतंत्रता देता हूं जहां तक दीक्षा का तथा आतंरिक रूपांतरण का संबंध है संन्यास पूर्ण, संपूर्ण है। या तो आप पूरे संन्यासी हैं या नहीं हैं। आप दुविधा की स्थिति में नहीं रह सकते। यह लोकतांत्रिक नहीं हो सकता। क्योंकि यह तो सोये लोगों से पूछने जैसा है कि क्या तुम जागना पसंद करोगे? तो सोये व्यक्ति को तो जगाना होगा, उससे पूछा नहीं जा सकता। हो सकता है वह कुछ अवरोध भी करे। वह लड़ भी सकता है, कि आप उसके सुंदर सपनों में विघ्न डाल रहे हैं। मैं समाज की बात नहीं कर रहा। समाज और राजनीति में लोकतंत्र पूर्णतया ठीक है लेकिन किसी भी आंतरिक रूपांतरण की विधि में लोकतंत्र नहीं चल सकेगा। यह कभी नहीं हुआ।

प्रश्नः क्या कभी फाउंडेशन के व्यापारिक मसलों में आपकी कोई सलाह ली जाती है?

उत्तरः 'नहीं'

प्रश्नः क्या जायदाद खरीदने के बारे में भी?

उत्तरः नहीं, मुझे कुछ पता नहीं।

प्रश्नः आपको रजनीशपुरम की प्रगति और उसके निर्माण के संबंध में कुछ नहीं कहना है।

उत्तरः 'नहीं'

प्रश्नः क्या आपको पता है कि ओरेगान में आपके बहुत से संन्यासियों ने शादियां कर ली हैं ?

उत्तरः 'मैंने सुना है।'

प्रश्नः क्या आप इन शादियों को स्वीकार करते हैं ?

उत्तरः कुछ नहीं। न तो मैं इन्हें स्वीकार करता हूं और न ही अस्वीकार। यह उनका काम है। अगर वह यहां शादी करना चाहते हैं तो यह पूर्णतया उन पर है।

प्रश्नः क्या आपकी राय में उन्हें यह शादियां सारी उमर इस संबंध में बने रहने के विचार से करनी चाहिए।

उत्तरः नहीं,इस जीवन में कुछ भी जीवन भर के लिए नहीं हो सकता। केवल बेकार की तथा पाखंडयुक्त चीजें ही जीवन भर हो सकती हैं।

प्रश्नः अवश्य यह मैं समझता हूं कि प्रत्येक व्यक्ति के जीवन में चीजें बदलती रहती हैं।

उत्तरः हर व्यक्ति बदलता है, हर चीज बदलती है, हो सकता है ऐसा लगे, हम सारा जीवन एक साथ रहेंगे, कल को यह ऐसा नहीं भी लग सकता।

प्रश्नः क्या उस समय कोई ऐसा आश्वासन नहीं होना चाहिए जबकि वह शादी करने जा रहे हैं ?

उत्तरः नहीं कोई भी भविष्य का आश्वासन बंधन बन जाएगा और बंधन विनाशकारक होगा। आप इस क्षण के लिए आश्वासन दे सकते हैं। मैं इस क्षण के लिए कुछ कह सकता हूं। कल के बारे में मैं कुछ नहीं कह सकता। कौन जानता है कि कल क्या होगा इसलिए मेरे लिए तो शादी एक कामचलाऊ साझेदारी है। अगर यह काम आए तो अच्छा। अगर यह सारी उमर काम आए तो भी अच्छा। अगर काम न पड़े तो करो नमस्कार। मैं इसे किसी प्रकार की पवित्रता की संज्ञा नहीं देता। यह एक संस्था है और कामचलाऊ साझेदारी जैसे कि और व्यापारिक संस्था होती हैं। कोई अधिक चिंता लेने जैसी नहीं।

प्रत्येक शादी के पीछे तलाक होते रहते हैं। या तुम एक न एक दिन पाखंडी हो जाते हो। बाहर हंसते रहते हो, कहते हो प्रिये, परम प्रिये और आपका यह मतलब नहीं होता। या तलाक के कारण समाज तुम्हें लांछित करता है। सीधी बात यह है कि यह एक कामचलाऊ साझेदारी होनी चाहिए। दो व्यक्ति साथ रहना चाहते हैं, बढ़िया।

प्रश्न: आपके पूना से चले जाने के पश्चात पूना आश्रम के तोड़े जाने संबंधी बहुत से लेख कुछ पत्रिकाओं में लिखे गए थे ? ऐसा बताते हैं कि कुछ एक पत्रिकाओं में... ?

उत्तर: आश्रम आज भी विद्यमान है।

प्रश्न: अच्छा, बहुत छोटे आकार में। सही है ?

उत्तर: ऐसा होना ही था, क्योंकि मैं वहां नहीं रहा और पिछले डेढ़ वर्ष से वहां गया भी नहीं हूं।

प्रश्न: क्या आप जानते हैं भारत में कितने गुरु हैं ? केवल अंदाजा ?

उत्तर: यह तो बहुत मुश्किल है, भारत में हजारों लोग होंगे।

प्रश्न: आप धन संपत्ति को कैसा महत्व देते हैं ?

उत्तर: हूम्म ...

प्रश्न: आप धन संपत्ति को कैसा महत्व देते हैं ?

उत्तर: धन ऐश्वर्य को सभी धर्मों ने लांछित किया है। और शक्ति को सराहा है। मैंने उन सभी धर्मों को दोषी ठहराया है। कारण उन्होंने गरीबी को बढ़ावा दिया है। जिसके कारण दुनिया में गरीबी टिकी है। मैं धन की निंदा नहीं करता। धन एक ऐसा पूर्ण साधन है जो कि मनुष्य की हर विद्या में, उन्नति में सहयोगी हो सकता है। वह मनुष्य की जिंदगी को सब प्रकार से ऐश्वर्यपूर्ण बनाता है। इसलिए मैं पदार्थवादी आध्यात्मिक हूं। मैं कोरा आध्यात्मिक नहीं हूं और न ही मैं केवल पदार्थवादी ही।

प्रश्न: उसी पुस्तक में जिसके मैंने संस्मरण पढ़े मुझे एक कहानी मिली जो ऐसे एक गुरु के बारे में बताती है जो कि 700 वर्ष पहले हुआ। 21 दिन के उपवास पर बैठा। लेकिन 18 वें दिन उसकी हत्या कर दी गयी। और उसी गुरु ने 700 साल बाद दोबारा जन्म लिया। जन्म लेने के पहले तीन दिन तक न तो वह रोया और न ही उसने कोई आहार लिया। क्या यह कहानी आपके बारे में कही गयी है ?

उत्तर: 'ठीक है।'

प्रश्न: क्या आपको पता है यह कैसे हुआ ?

उत्तर: मैंने बता दिया है।

प्रश्न: क्या आपका, कभी कोई मानसिक असंतुलन, नशीली दवाओं की आदत अथवा शराब की आदत के लिए कोई इलाज हुआ है ?

उत्तरः मैं तो लोगों के मानसिक असंतुलनों का इलाज करता रहा हूं।

प्रश्न: क्या कभी आपका नशीली दवाओं के प्रयोग के कारण इलाज हुआ ?

उत्तरः मैं तो चाय तथा काफी तक भी नहीं लेता।

इस पुस्तक का समापन मल्टीवर्सिटी पूना के चांसलर स्वामी सत्य वेदांत के उस पत्र से करना चाहता हूं जो 28 अगस्त 1988 को 'धर्मयुग' में प्रकाशित हुआ था। तो लें, पढ़ें वह पत्र :—

भगवान श्री रजनीश की 'सुर्खियों के पीछे' स्तंभ में हरीश पाठक द्वारा की गयी आलोचना और लगभग इसी ढर्रे की अन्य आलोचनाओं को देखकर एक बात स्पष्ट होती है—पत्रकार और आलोचकों को भगवान श्री के चोंगे, टोपी, उनकी कारें, उनके प्रेमी इत्यादि बातों से इतनी जलन पैदा होती है कि वे वस्तुओं से हटकर, व्यक्ति को देख ही नहीं पाते।

देश की ही नहीं विदेश की सरकारों, संस्थाओं, धर्म गुरुओं को अकेले हाथों झकझोरने वाले; अनेक दुष्चक्रों और अन्यायपूर्ण व्यवहारों के बावजूद भी सत्य से समझौता किए बिना जिन्होंने सारे विश्व में एक वैचारिक क्रांति को जन्म दिया है, उन्हें मात्र तिरस्कारपूर्ण और दांभिक शब्दों द्वारा झुठलाया नहीं जा सकेगा !

□ ■ □

डायमंड बुक्स ओशो साहित्य

सहज योग-भाग एक

सहज योग-भाग दो

का सोवै दिन रैन

मरौ हे जोगी मरौ

नाम सुमिर मन बावरे

सद्गुरु समर्पण

उड़ियो पंख पसार

मेरा मुझमे कुछ नहीं

सत भाषै रैदास

राम नाम रस पीजै

राम नाम निज औषधि

इक साधे सब सधै

धर्म और राजनीति

शिक्षा और जागरण

शून्यता है महामुक्ति

क्रांति सूत्र